U0940369

党章的历程

黄黎 著

出　　品：图典分社
责任编辑：侯俊智　刘志宏
封面设计：汪　阳
责任校对：曹楠楠
责任印制：孙亚澎

图书在版编目（CIP）数据

党章的历程／黄黎 著．—北京：人民出版社，2013.5（2018.7 重印）
ISBN 978－7－01－011941－0

I. ①党…　II. ①黄…　III. ①中国共产党－党章　IV. ① D219

中国版本图书馆 CIP 数据核字（2013）第 068410 号

党章的历程
DANGZHANG DE LICHENG

黄　黎　著

人民出版社 出版发行
（100706　北京市东城区隆福寺街 99 号）

环球东方（北京）印务有限公司印刷　新华书店经销

2013 年 5 月第 1 版　2018 年 7 月北京第 4 次印刷
开本：710 毫米 ×1000 毫米 1/16　印张：19.25
字数：295 千字

ISBN 978－7－01－011941－0　定价：45.00 元

邮购地址 100706　北京市东城区隆福寺街 99 号
人民东方图书销售中心　电话（010）65250042　65289539

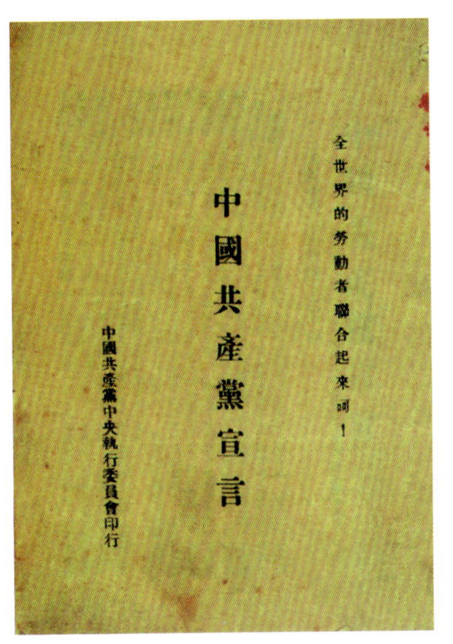

中共二大印行的《中国共产党宣言》

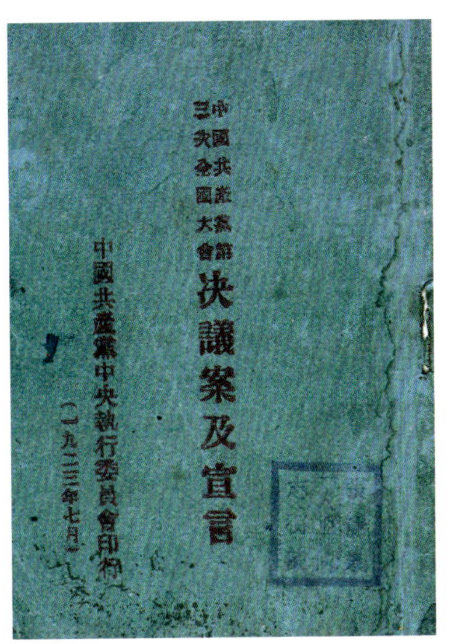

中共三大印行的《中国共产党第三次全国大会决议案及宣言》

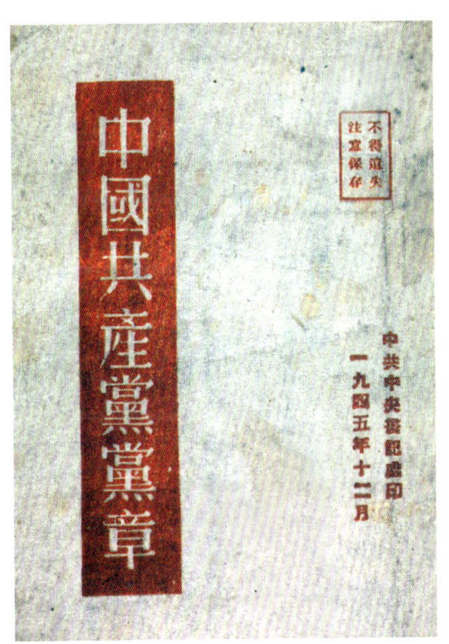

中共七大印行的《中国共产党党章》

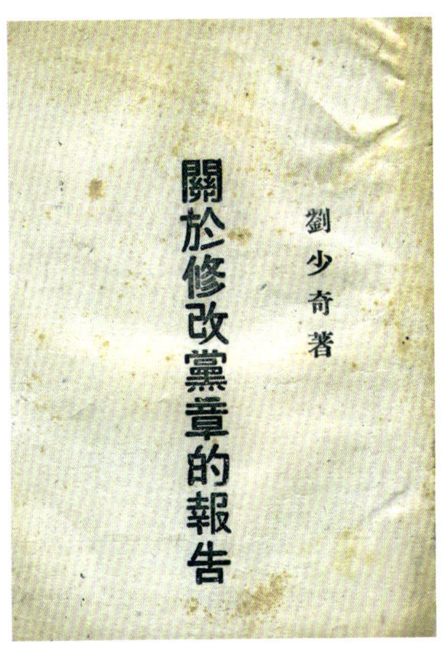

中共七大印行的刘少奇《关于修改党章的报告》

解放战争时期，胶东新华书店印行的《关于修改党章的报告》

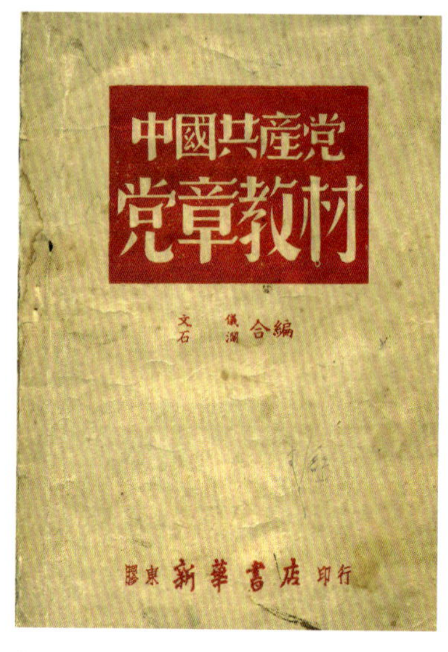

解放战争时期，胶东新华书店印行的《中国共产党党章教材》

解放战争时期，苏中新华书店印行的《党章》

解放战争时期，大连东北书店印行的《中国共产党党章》

20世纪50年代华北局党校编写的《中国共产党党章教材》

中共八大印行的《中国共产党章程》

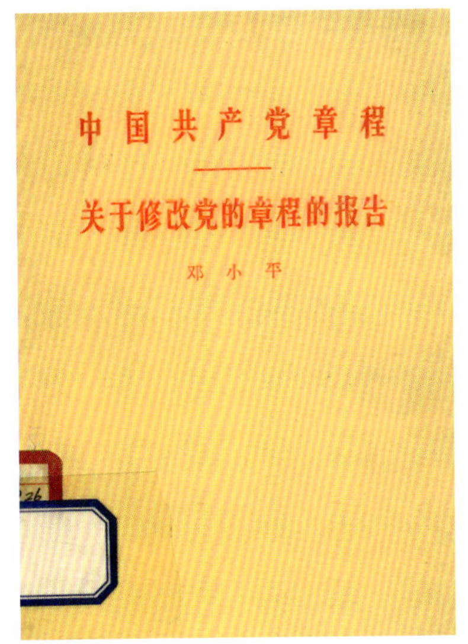

中共八大《中国共产党章程》及邓小平《关于修改党的章程的报告》

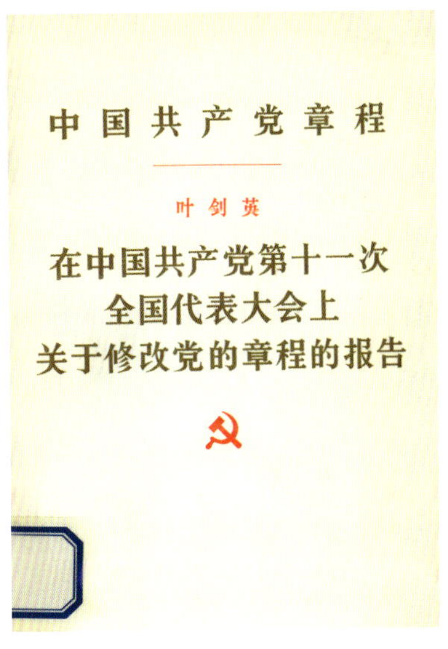

中共十一大《中国共产党章程》及叶剑英《在中国共产党第十一次全国代表大会上关于修改党的章程的报告》

人民出版社出版的各种《中国共产党章程》单行本

中共十九大印行的《中国共产党章程》

重印前言

党章，是照耀中国共产党人前行的火炬。它既凝结着我们党在实践探索中获得的与时俱进的硕果，更是迈向未来的指针。在它的指引下，一代又一代革命者用自己的血汗和生命写就了中国共产党风雷激荡的伟大历程。邓小平曾经说过："国要有国法，党要有党规党法。党章是最根本的党规党法。没有党规党法，国法就很难保障。"这充分体现了党章在党内生活中的地位和作用。

党章，是凝结了党的基本历史和共产党员标准的生动教材。早在建党之初，我们党就开展了自觉而深入的党性教育，让共产党员时刻不忘自己姓"党"，牢记自己是中国共产党的一员。正是这些有力的教育，赋予了中国共产党强大的凝聚力和动员力。在血雨腥风的革命战争时期，共产党人的信仰来自救亡图存的民族使命，来自对光明前途的坚信与渴求；在热火朝天的社会主义建设时期，这种信仰来自自强不息的时代精神，来自对通过劳动奉献建设一个强大新中国的壮志与豪情；在波澜壮阔的改革开放新时期，这种信仰来自解放和发展社会生产力，实现国家现代化，逐步让人民群众共同富裕起来。可以说，通过党章的教育，无论历史如何变迁，对党和人民无限忠诚，保持先进、纯洁和优秀，始终是共产党人如磐的根和不变的魂。

党章，是党内最高法规，更是每一个普通党员的行为指导，也是衡量党员是否合格的根本标准。2016年年初，中共中央办公厅印发了《关于在全体党员中开展"学党章党规、学系列讲话，做合格党员"学习教育方案》，再次体现了党中央从严治党的决心，对于保持并发展党的先进性和纯洁性具有重大意义。“两学一做”学习教育，首要的是学习党章，因为党章是立党、治党、管党的总章程。只有学习党章才能领会党章，才能遵守党章，才会去贯彻党章和维护党章，从而成为一名合格的党员。

一部部党章的制定与完善，见证了我们党一步步走向成熟，成为中国革命、建设和改革事业的坚强领导核心。日前，中国共产党第十九次全国代表大会已经胜利闭幕。大会通过了关于《中国共产党章程（修正案）》的决议，把习近平新时代中国特色社会主义思想同马克思列宁主义、毛泽东思想、邓小平理论、“三个代表”重要思想、科学发展观一道确立为党的行动指南。这是中共指导思想上又一次重大的与时俱进。因此，了解党章制定与完善的来龙去脉，可以结合目前形势和任务更好地学习党章，严格遵守党章，坚决贯彻党章，坚定维护党章，把中国特色社会主义伟大事业和党的建设新的伟大工程推向前进。

党章，像一面镜子，每个党员都可以通过它看到自己在思想上、行动上的缺陷，并通过对党章的学习来加以纠正。站在这面镜子前，在端正自己思想的同时，不妨问一下自己：

你知道从党的一大到十九大，中国共产党的历史上总共制定修改过多少部党章吗？

你知道中国共产党的第一部章程诞生于何时何地吗？

你知道在建党96年的历程中，党章曾经历过哪些修改和演进吗？

作为一名党员，你应该如何加深对党的纲领与宗旨的理解，又需要牢记哪些义务和权利呢？

希望读者朋友们能够从这本《党章的历程》中找到答案。

目录

第二章　中国共产党的第一部党章

第三章　大革命时期对党章的三次修正

第七章　在“文化大革命”中曲折发展的党章

第八章　改革开放初期恢复发展的党章

第九章　改革开放新阶段的党章

第十章 新世纪之初不断创新发展的党章

第十一章　继往开来谱华章

第十二章　中国特色社会主义新时代的党章

前　言
通过党章看党史

党章是党的根本大法，也是立党之本，与党内其他法规制度不同，它所规定的都是党内生活中最重大最根本的问题，是党的理论、政治、思想和组织状况的集中反映。自成立之日起，中国共产党就公开声明以马克思主义为指导思想，并以实现共产主义社会制度为最终目标。围绕这一目标，中国共产党人在不同的时期分别制定出各种政治路线，并在党章中得以体现。正如邓小平指出的，“正确的政治路线要靠正确的组织路线来保证。”①

在90多年的历程中，中国共产党先后制定通过了18部党章。每一部党章都是在一定的历史条件下制定的，在革命、建设和改革的不同发展阶段，当历史条件发生了变化，党章就要及时进行修改。从党的一大通过的党纲，到党的二大诞生的第一部党章；从党的七大党章确立毛泽东思想在全党的指导地位，到党的八大党章提出全面建设社会主义的任务；从党的十二大在拨乱反正的历史进步中对党章作出重大修改，到党的十八大根据形势和任务的变化对党章进行适当修改。党章的逐步完善与创新，体现了中国共产党从幼年走向成熟的历史过程，记录了中国共产党思想、理论和政治路线与时俱进的发展轨迹。

作为党的生活准则和行为规范，党章采用高度概括的语言，一般不展开论述。因此，提到党章的时候，大多数读者的第一感觉都是枯躁的文字。其

---

① 《邓小平文选》第三卷，人民出版社1993年版，第380页。

实，党章的制定与修改，是革命与建设发展到一定阶段的产物，每句话都是高度的理论概括和实践经验的提炼。

一直以来，有一个问题不断在我的脑海里浮现，那就是：怎样写党史才能达到学术性与可读性的结合呢？也许只有用细节支撑内容并让文字饱含真情的时候，才能与读者的内心产生共鸣。本书之所以定名为《党章的历程》，就是想以党章为节点，深入研究产生历部党章的时代背景、当时党的主要任务、党的政治思想和组织状况、制定党章的出发点和要解决的主要问题。通过对历部党章的发展脉络进行梳理，从而构建出党的整个历史进程，而不是单纯从党章条文上寻找与过去不同的所谓“新提法”。只有这样，才能对党章作出科学的研究与客观的评价。

让学术研究成果为大众共享，力求思想性、学术性、可读性三者的统一，写出有吸引力、感染力的作品，是党史工作者的价值追求。希望能够通过自己的努力，让党章变得可亲、可信又可敬，让读者知道共产党人信仰的坚定、生命的多情，知道敌人的残酷，同时也知道精神的不朽与超越。正是因为许多人的共同努力，我们才有可能收集起散落在岁月中的那些历史片段，才有可能如此近距离地将其触摸，这无疑是我们的幸运。

让我们通过一部部党章的修改过程，重温中国共产党走过的艰难曲折而又壮丽辉煌的历程吧。

第一章
党章的雏形

一、马克思主义的传播与中共建党思想的讨论

马克思主义在中国的传播

马克思主义形成于19世纪40年代，最初是作为一种学说、观点介绍到中国来的。据考证，中国人最早接触马克思主义学说可以追溯到1899年2月，上海广学会出版的《万国公报》第121期刊载的《大同学》第一章“今世景象”一文，是迄今为止中文报刊对马克思及其言论的最早介绍。《大同学》译自英国社会学家本杰明·颉德的《社会演化》一书，由英国来华传教士李提摩太译、中国人蔡尔康撰文，先在《万国公报》分期刊发，后于1899年5月结集出版。而中国人在自己的著述中最早介绍社会主义并提到马克思的是资产阶级改良派代表人物梁启超。中国的资产阶级、小资产阶级思想家在向西方寻求救国救民的真理时，开始接触到了社会主义思潮和马克思主义学说，但也仅仅把它作为一种反对资本主义剥削压迫和医治社会弊病的最新学说来进行介绍的。

与马克思主义初到中国的平淡境遇不同，当时中国人学习西方的态度十分热烈和虔诚。毛泽东回忆说：“那时，求进步的中国人，只要是西方的新道理，什么书也看。向日本、英国、美国、法国、德国派遣留学生之多，达到了惊人的程度。国内废科举，兴学校，好像雨后春笋，努力学习西方。我自己在青年时期，学的也是这些东西。这些是西方资产阶级民主主义的文化，即所

谓新学，包括那时的社会学说和自然科学，和中国封建主义的文化即所谓旧学是对立的。学了这些新学的人们，在很长的时期内产生了一种信心，认为这些很可以救中国，除了旧学派，新学派自己表示怀疑的很少。”①

然而，现实是无情的，“中国人向西方学得很不少，但是行不通，理想总是不能实现。多次奋斗，包括辛亥革命那样全国规模的运动，都失败了。国家的情况一天一天坏，环境迫使人们活不下去。怀疑产生了，增长了，发展了。”②

正是怀疑资本主义建国方案在中国的可行性，中国的先进分子才会想到另辟蹊径，探索挽救中国危亡的新方案，为他们以后接受和传播马克思主义理论准备了适宜的思想土壤。从某种意义上说，怀疑论成了“从超阶级的资产阶级民主主义幻想到无产阶级严峻的、不屈不挠的、不可战胜的阶级斗争的转化形式”③。

与此同时，苏俄十月社会主义革命的爆发，震动了全世界，也惊醒了向西方寻求真理的中国先进分子。以往的中国人以为自己的面前只有封建主义和资本主义这两种可供选择的建国方案。既然俄国人可以用马克思主义作指导来解决他们国家的问题，中国人为什么就不可以尝试呢？邓颖超回忆说：“那时我是年纪最小的一个，不常参加正规的讨论，但常听到比我年长的男女社员们谈论着社会主义、无政府主义、基尔特社会主义等等。大家都还没有一定的信仰，也不懂得共产主义，只听说最理想的社会是‘各尽所能’、‘各取所需’，只知道有列宁，苏联十月革命成功了；只知道他们的革命是把多数被压迫者解放了，要实现一个没有阶级的社会，引起了我们的同情和对十月革命的憧憬。”④

十月革命之后，社会主义思潮开始注入当时的新文化运动，《新青年》、《每周评论》、《民国日报》的《觉悟》副刊、《晨报》副刊、《国民》杂志等报纸、刊物，纷纷发表宣传、研究、评论社会主义的文章。刚刚开始的时候，无政府主

① 毛泽东：《论人民民主专政》，《毛泽东选集》第四卷，人民出版社 1991 年版，第 1469—1470 页。
② 毛泽东：《论人民民主专政》，《毛泽东选集》第四卷，人民出版社 1991 年版，第 1470 页。
③ 《列宁选集》第二卷，人民出版社 1972 年版，第 418 页。
④ 邓颖超：《五四运动的回忆》，《五四运动回忆录》（上），中国社会科学出版社 1979 年版，第 75 页。

义、新村主义、合作主义、泛劳动主义、基尔特主义、社会民主主义等观点纷然杂陈，以致中国人看马克思主义，犹如雾里看花一样，总不那么真切。为了寻求一条新的救国之路，当时的中国先进分子们不得不苦苦求索。瞿秋白回忆说，“社会主义的讨论，常常引起我们无限的兴味，然而究竟如俄国十九世纪四十年代的青年思想似的，模糊影响，隔着纱窗看晓雾，社会主义流派，社会主义意义，都是纷乱，不十分清晰的。正如久壅的水闸，一旦开放，旁流杂出，虽是喷沫鸣溅，究不曾自定出流的方向。其实一般的社会思想大半都是如此。”①

马克思主义传播中的李大钊与陈独秀

在新思潮大量涌现、诸多学说流派争鸣斗胜的形势下，马克思主义以其高度的科学性和革命性逐渐吸引着越来越多的进步青年。

李大钊是中国第一个热情歌颂和宣传俄国十月革命伟大意义、接受和传播马克思主义的革命者。他在日本留学期间就受到日本著名马克思主义者、京都帝国大学教授河上肇的影响。曾与他在日本一起留学的高一涵回忆说：“他在日本时学的是经济学，但他对那时资本主义经济学总是不感兴趣，一看到河上肇博士介绍的马克思主义政治经济学的论著，就手不释卷。他从一九一七年俄国二月革命起，经过十月革命以后，一直在研究马克思主义的著作。”②

1919 年 5 月、11 月，李大钊分两期在《新青年》上发表的《我的马克思主义观》，完成了从民主主义者向共产主义者的转变，也标志着马克思主义理论在中国进入了比较系统的传播阶段。据统计，五四时期在报刊上发表的介绍马克思主义的文章达到二百多篇，这样集中地介绍国外的一种思想理论，在中国近代的报刊史上是罕见的。

与李大钊相比，陈独秀传播马克思主义的方式则显得比较激进。1919 年 6 月 8 日，他在《每周评论》发表的《研究室与监狱》一文中指出：“世界文明发

① 瞿秋白：《饿乡纪程》，《瞿秋白文集·文学编》第 1 卷，人民文学出版社 1985 年版，第 34 页。

② 高一涵：《回忆李大钊同志》，《五四运动回忆录》（续），中国社会科学出版社 1979 年版，第 116 页。

源地有二：一是科学研究室，一是监狱。我们青年要立志出了研究室就入监狱，出了监狱就入研究室，这才是人生最高尚优美的生活。从这两处发生的文明，才是真正的文明，才是有生命有价值的文明。”

短短三天之后，为了营救在五四运动中被捕的学生，陈独秀起草了《北京市民宣言》，在北京前门外“新世界”游艺场散发时被反动当局的暗探逮捕，践行了自己“出了研究室就入监狱，出了监狱就入研究室”的誓言。高一涵回忆说：“我同陈独秀、邓初三人到新世界，见戏场、书场、台球场内，皆有电灯照耀，如同白日，不好散发传单。陈独秀同我两人只得上新世界的屋顶花园，那里没有游人，也无电灯。这时刚看到下一层露台上正在放映露天电影，我们就趁此机会，把传单从上面撒下去。哪知道，我们正在向下撒传单时，屋顶花园的阴暗角落里走出一个人来，向陈独秀要传单看，陈独秀实在天真、幼稚，就从衣袋里摸出一张传单给那个人，那个人一看，马上就说：‘就是这个。’即刻叫埋伏在屋顶花园暗地里的一伙暗探，把陈独秀抓住。我乘这个机会，急走到屋顶花园的天桥上。探子大叫：‘那里还有一个！’我就在此一刹那间，把手中拿的传单抛了，赶快走下去，杂在戏园里的观众中，并脱去长衫，丢掉草帽，躲藏起来。转眼看到邓初一人，还在对过台球场内，把传单一张一张地放在茶桌上。我小声告诉他，说：‘独秀已被捕。’他还说：‘不要开玩笑罢！’正说间，遥见陈独秀已被探子们捉下楼来。陈独秀怕我们不知道他被捕，故意大呼大跳起来，说：‘暗无天日，竟敢无故捕人！’”①

“新世界”游艺场处于闹事繁华地带，为避免引起公众注意，一名侦探脱下灰色大褂将陈独秀罩住，秘密押往警察署。

6月13日，北京《晨报》等媒体率先报道了陈独秀被捕的消息，全国舆论一片哗然。各大报刊、社会团体、学者名流及政界人士强烈谴责北洋政府的倒行逆施，汹涌的营救浪潮席卷而来。慑于舆论的重重压力，京师警察厅于9月16日作出了释放陈独秀的决定。

李大钊为陈独秀的获释热烈欢呼，欣然命笔，写了《欢迎陈独秀出狱》

---

① 高一涵：《李大钊同志护送陈独秀出险》，《文史资料选辑》第61辑，中华书局1979年版，第62—63页。

一诗：

你今天出狱了，
我们很欢喜！
他们的强权和威力，
终究战不胜真理。
什么监狱什么死，
都不能屈服了你；
因为你拥护真理，
所以真理拥护你。

你今天出狱了，
我们很欢喜！
相别才有几十日，
这里有了许多更易；
从前我的“只眼”忽然丧失，
我们的报便缺了光明，减了价值；
如今“只眼”的光明复启，
却不见了你和我们手创的报纸！
可是你不必感慨，不必叹息，
我们现在有了很多的化身，同时奋起；
好像花草的种子，
被风吹散在遍地。

你今天出狱了，
我们很欢喜！
有许多好的青年，
已经实行了你那句言语：
“出了研究室便入了监狱，出了监狱便入了研究室。”

他们都入了监狱，
监狱便成了研究室；
你便久住在监狱里，
也不须愁着孤寂没有伴侣。①

五四运动前后，随着马克思主义传播的不断深入，李大钊、陈独秀在进步青年中有着崇高的威望，群众中曾流传这样的颂词："北李南陈，两大星辰。漫漫长夜，吾辈仰承。"在他们的影响和带领下，涌现出一大批具有初步共产主义觉悟的先进分子，上海有李汉俊、李达、陈望达、俞秀松、施存统等人；北京有邓中夏、张申府、张国焘、罗章龙等人；湖南有毛泽东、何叔衡、蔡和森等人；湖北有董必武、刘伯垂、陈潭秋、恽代英、包惠僧等人；济南有王尽美、邓恩铭等人；广州有谭平山、杨匏安、谭植棠等人；还有天津的周恩来、张太雷等人。毛泽东回忆说："我第二次到上海去的时候，曾经和陈独秀讨论我读过的马克思主义书籍。陈独秀谈他自己的信仰的那些话，在我一生中可能是关键性的这个时期，对我产生了深刻的印象。"②

南陈北李，相约建党

中国共产党的领导人和主要成员都是知识分子，为什么要称自己是工人阶级的政党呢？其实，确定什么人是哪个阶级的政治代表，并不取决于它的出身或者本人成分，而是取决于它代表着哪个阶级的根本利益，是在哪个阶级的立场上来观察和处理周围的一切。

随着马克思主义进一步的传播，一些具有初步共产主义思想的知识分子在与工人群众相结合的过程中，出于客观斗争的需要，产生了建立新型政党——工人阶级政党的要求和愿望，并开始进行酝酿和准备工作。

最早酝酿在中国建立共产党的是陈独秀和李大钊。

1920年1月29日，陈独秀应汪精卫、章士钊的邀请，由北京去上海为西南军政府筹办西南大学。事成之后，陈独秀没有直接回京，而是先去了武汉

① 李大钊：《欢迎陈独秀出狱》，《新青年》第6卷第6号，1911年11月1日。
② ［美］埃德加·斯诺：《西行漫记》，生活·读书·新知三联书店1979年版，第133页。

讲学。在武汉，陈独秀先后作了《社会改造的方法与信仰》、《新教育之精神》等专题演讲，短短两天安排了四场。他的言论风采轰动了武汉三镇，各方人士纷纷邀请他演讲座谈，报纸上连日登载报道。军阀政府十分害怕，“湖北官吏对于陈氏主张之主义，大为惊骇，令其休止演讲，速（离）去武汉”[①]。2月8日傍晚，陈独秀乘车离开武汉返回北京。

陈独秀一回到北京，警察就登门来找麻烦。这倒不是因为武汉演讲的事情，而是陈独秀几个月前曾因散发传单入狱，按规定，他出狱后的行踪仍要受到警察署的严密监视。

为了避免敌人的迫害，李大钊决定亲自送陈独秀离开北京，先到天津，再乘船去上海。于是，李大钊、陈独秀二人连夜来到陈独秀的同乡、北大化学系教授王星拱家。高一涵回忆说：“李大钊挺身而出，自愿护送陈独秀从公路出走。因李大钊是乐亭人，讲的是北方话，衣着又朴素，很像生意人。就这样在王星拱家里准备一切。时当阴历年底，正是北京一带生意人往各地收账的时候。于是他两个人雇了一辆骡车，从朝阳门出走南下。陈独秀也装扮起来，头戴毡帽，身穿王星拱家里厨师的一件背心，油迹满衣，光着发亮。陈独秀坐在骡车里面，李大钊跨在车把上。携带几本账簿，印成店家红纸片子。沿途住店一切交涉，都由李大钊出面办理，不要陈独秀张口，恐怕漏出南方人的口音。因此，一路顺利地到了天津，即购买外国船票，让陈独秀坐船前往上海。”[②]

当时负责监视陈独秀的中一区警察署在每月登记表中这样记载：“查于2月9日下午一时余，见陈独秀乘人力车出门，声言至缎库胡同胡适宅拜访，是日并未回。复经调查数日，并未回家，闻系确赴上海。”[③]

在去天津的骡车上，李大钊和陈独秀都讨论了什么内容，不得而知。但分手后不久，他们相继在北京和上海筹备建立了中国共产党的早期组织，确是事实。

---

① 《汉口新闻报》1920年2月9日。

② 高一涵：《李大钊同志护送陈独秀出险》，《文史资料选辑》第61辑，中华书局1979年版，第54页。

③ 《五四时期陈独秀被捕档案汇编》，《北京档案史料》1986年第1期。

需要指出的是，陈独秀与李大钊在建党的筹备过程中，得到了列宁领导的共产国际（即第三国际）的关心与帮助。1920 年 4 月，受共产国际派遣，维经斯基等人来华先后会见了李大钊和陈独秀，就中国革命问题交换了意见，他们一致认为中国共产党的创建条件已经成熟。1920 年 5 月，陈独秀在上海发起组织了马克思主义研究会，学习和研究马克思主义理论，酝酿建党问题。6 月，陈独秀等人在上海《新青年》编辑部开会，正式成立了上海的共产党早期组织。1920 年 10 月，在李大钊的推动下，北京的共产党早期组织成立，并相继帮助天津、唐山、太原、济南等地的社会主义者开展工作，对北方党团组织的建立起了促进作用。1920 年秋至 1921 年春，董必武、陈潭秋、包惠僧等人在武汉，毛泽东、何叔衡等人在长沙，王尽美、邓恩铭等人在济南，谭平山、谭植棠等人在广州也相继成立了党的早期组织。留日学生中最初只有两个党员，即施存统、周佛海，都是在上海入党的。旅法人士中原有三个党员张申府、陈公培、赵世炎，后来又发展了周恩来、刘清扬等人。

早期共产主义者对建党思想的讨论

中国早期共产主义者在组织上酝酿、筹备建党的同时，积极探讨建党思想，运用不同的形式，就党的性质、指导思想、奋斗目标和组织原则等问题展开了热烈的讨论，并且取得了初步的成果。这一时期他们讨论的基本内容是：

第一，关于党的性质。

党的性质是马克思主义政党学说的一个首要问题。中国共产党人对建党思想的探索，也是首先围绕着党的性质展开的。1920 年 2 月，毛泽东在给新民学会会员陶毅的信中说，要改造中国的事业，“我们要结合一个高尚纯粹勇猛精神的同志团体”，进行“共同的准备，共同的破坏，和共同的建设”①。1920 年 8 月，蔡和森在给毛泽东的信中阐述了党的无产阶级性质，指出所建立的党必须是无产阶级政党，必须以工人阶级作为自己的阶级基础，才能领导中国革命运动取得彻底胜利，“我以为先要组织党——共产党。因为他是革命运动的发动者，宣传者，先锋队，作战部，以中国现在的情况看，须先组

① 《毛泽东给陶毅》，《新民学会资料》，人民出版社 1980 年版，第 59—60 页。

织他，然后工团，合作团，才能发生有力的组织。革命运动，劳动运动，才有神经中枢”①。

在此前后，陈独秀对党的性质也有明确阐述，他说：“我以为共产党底基础建筑在无产阶级上面，在理论上，自然要好过基础建筑在资产阶级上面全力造成的政党。”②后来，他又进一步指出：“实行无产阶级革命与专政，无产阶级非有强大的组织力和战斗力不可，要造成这样强大的组织力和战斗力，都非有一个强大的共产党做无产阶级底先锋队与指导者不可。”③

旅欧的早期共产主义者虽然未能与国内的党的早期组织取得联系，他们仍然独立地对建党思想进行了探索，并且开展了建党活动。由此可见，早期共产主义者在创建初期已经明确认识到：无产阶级只有建立本阶级的政党，才能避免工联主义的倾向，有效地组织阶级斗争；只有在无产阶级先锋队和指挥部——中国共产党的领导下，才能实现中国的彻底改造和无产阶级的彻底解放。

第二，关于党的指导思想。

从筹建开始，早期共产主义者就在工人运动蓬勃发展的基础上，以科学社会主义理论作为自己的行动指南，把马克思主义与工人运动结合起来，这是中国共产党建党的一个基本特征。

1919 年 8 月，李大钊在昌黎五峰写了《再论问题与主义》一文，他提出，立志于改革社会的革命者，必须“先有一个共同趋向的理想、主义……高谈却没有甚么不可”，中国的社会问题“必须有一个根本解决，才有把一个一个的具体问题都解决了的希望”。他指出：“我是喜欢谈谈布尔什维主义的……我总觉得布尔什维主义的流行，实在是世界文化上的一大变动。我们应该研究他，介绍他，把他的实象昭布在人类社会。”④

在党的指导思想方面，蔡和森主张必须以马克思列宁主义为指导，他说：“马克思的学说由三点出发：在历史上发明他的唯物史观；在经济上发明他的资本论；在政治上发明他的阶级战争说。三者一以贯之，遂成为革命的马克思

① 《蔡林彬给毛泽东》，《新民学会资料》，人民出版社 1980 年版，第 131 页。
② 陈独秀：《政治改造与政党改造》，《新青年》第 9 卷第 3 号。
③ 陈独秀：《答黄凌霜》，《新青年》第 9 卷第 6 号。
④ 李大钊：《再论问题与主义》，《每周评论》第 35 号，1919 年 8 月 17 日。

主义”[①]，只有用马克思主义作指导，才能坚持无产阶级革命的正确方向。

各地在筹建党组织的实践中，对确立党的指导思想更感迫切。毛泽东在提到指导思想时指出：我们“不可徒然做人的聚集，感情的结合，要变为主义的结合才好。主义譬如一面旗子，旗子立起了，大家才有所指望，才知所趋赴”[②]。

第三，关于党的组织原则。

建立一个党的组织，就必须有正确原则作指导，因此，组织原则也就成为探索建党思想的不可缺少的重要内容。

蔡和森认为：“党的组织为极集权的组织，党的纪律为铁的纪律，必如此才能养成少数极觉悟极有组织的分子，适应战争时期及担负偌大的改造事业。”他指出，俄国布尔什维克党员加入的条件是“极严格”的，十月革命时“党员仅万人（极确实的分子），现在不过六十万”，但这个党有极强的战斗力。“所以我认为党的组织是很重要的”，我们要“严格的物色确实党员，分布各职业机关，工厂，农场，议会等处”[③]。

1921年3月，李大钊发表了题为《团体的训练与革新的事业》的文章，公开提出建立共产党的主张。他认为，毫无团体训练的人民，不能产生有力的民众运动。“我们现在还要急急组织一个团体。这个团体不是政客组织的政党，也不是中产阶级的民主党，乃是平民的劳动家的政党，即社会主义团体。”这个团体应是“一个强固精密的组织，并注意促进其分子之团体的训练”[④]。这篇文章基本上阐明了当时中国的马克思主义者关于建党的正确主张。

在当时形形色色的学说涌入中国的复杂形势下，早期共产主义者在建党问题上同各种错误观点进行斗争，坚持了中国共产党在创建过程中的马克思主义方向，有助于在思想上进一步明确建党必须遵循的马克思主义原则，也为党的一大制定正式的纲领奠定了坚实的基础。

---

① 《马克思学说与中国无产阶级》，《新青年》1921年第9卷第4号。

② 《毛泽东给罗章龙的信》（1920年11月25日），《共产主义小组》（下），中共党史资料出版社1987年版，第534页。

③ 《蔡林彬给毛泽东》（1920年9月16日），《“一大”前后》（一），人民出版社1980年版，第141页。

④ 《李大钊文集》下卷，人民出版社1984年版，第443—444页。

中国共产党的第一个宣言

党的纲领是党的任务、奋斗目标和基本政策的集中概括，是判断党的性质和领导水平的主要标志。在筹建初期，早期共产主义者十分重视研究制定党的纲领。

1920年11月，中国共产党上海发起组制定的《中国共产党宣言》，是中国共产党的第一个宣言，它分为三个部分：

第一部分阐述“共产主义者的理想”，指明他们对于经济方面的见解，是“主张将生产工具——机器，工厂，原料，土地，交通机关等——收归社会共有，社会共用”，消灭私有财产制度，从而消灭产生剥削的根源；对于政治方面的见解，是主张废除“保护少数人的利益，压迫多数劳动群众的”政权、军队和法庭；对于社会方面的见解，是主张“使社会上只有一个阶级(就是没有阶级)——就是劳动群众的阶级”。一句话，是要建立一个没有经济剥削、没有政治压迫、没有阶级和阶级差别的共产主义社会。

第二部分阐明“共产主义者的目的”，指出这个“目的是要按照共产主义者的理想，创造一个新的社会”。不过，这个社会不是可以一蹴而就的。其第一步，是“铲除现在的资本制度”，“用强力打倒资本家的国家”。为此，“一定要向工人、农民、兵士、水手和学生宣传”，以便“组织一些大的产业联合，并联合成一个产业组合的总联合会”；“又要组织一个革命的无产阶级的政党——共产党。共产党将要引导革命的无产阶级去向资本家争斗，并要从资本家手里获得政权”，“并要将这政权放在工人和农民的手里”。其第二步，是实行无产阶级专政。

第三部分分析“阶级斗争的最近状态”，指出阶级斗争必然导致无产阶级专政，“这是人类社会发展中的自然状态”；“无产阶级专政的任务是一面继续用强力与资本主义的剩余势力作战，一面要革命的办法造出共产主义的建设法”；“等到全世界的资本家的势力都消灭了，生产事业也根据共产主义的原则开始活动了，那时候的无产阶级专政还要造出一条到共产主义的道路”①。

---

①《中国共产党宣言》，中央档案馆编：《中共中央文件选集》第1册，中共中央党校出版社1989年版，第547—551页。

作为中国共产党的早期组织，在筹建时间只有几个月的情况下，就能够根据马克思主义的原理，制定党的宣言，提出根本任务和奋斗目标，应该说是难能可贵的。当然，这个宣言还存在一些比较明显的缺点。毛泽东在 1958 年 6 月 3 日中共中央办公厅编印的《党史资料汇报》第 1 号上对此做了如下的批语："不提反帝反封建的民主革命，只提社会主义的革命，是空想。作为社会主义革命的纲领则是基本上正确的，但土地国有是不正确的，没有料到民族资本可以和平过渡，更没有料到革命形式不是总罢工，而是共产党领导的人民解放战争，基本上是农民战争。"[①]这表明，中国早期共产主义者当时还处于幼年时期，只有通过不断的革命实践，才能逐步克服自身的弱点。

二、党的一大的召开与党的第一个纲领的诞生

党的一大会场上的两个洋面孔

1921 年 7 月 23 日晚 8 点，中国共产党第一次全国代表大会在上海正式召开。

会址确定在上海法租界望志路 106 号（今兴业路 76 号），即李书城与其弟李汉俊的寓所。在党的一大会场上，有两位外国人吸引了与会者的眼球。张国焘回忆说："新近来了两位共产国际的代表，一位名叫尼科罗夫斯基，是助手的地位，不大说话，像是一个老实人；另外一位负主要责任的名叫马林（Ma Lin），这个洋鬼子很骄傲，很难说话，作风与威金斯基迥然不同。"[②]

马林，原名亨德里克斯·斯内夫利特，1883 年，他生于荷兰鹿特丹的一个贫苦的工人家庭，从小就养成了反抗资本主义制度的意识，年轻时即投身于工人运动。鉴于他在印度尼西亚开展革命运动时积累了较丰富的活动经验，1921 年 3 月，受共产国际执委会派遣从莫斯科经欧洲来华，马林是他在华时的化名之一。

早在马林动身来华前，英、荷等国就互相交换情报，力图阻挠他来华。

---

① 《中国共产党宣言》，中央档案馆编：《中共中央文件选集》第 1 册，中共中央党校出版社 1989 年版，第 551 页。

② 张国焘：《我的回忆》（上），东方出版社 2004 年版，第 124 页。

1920 年 12 月 10 日，北京的英国驻华公使艾斯敦爵士便已致函荷兰驻华公使欧登科维廉亚梅斯，提及了这位行动诡秘的斯内夫利特先生。公函这样写道：

北京荷兰公使

欧登科先生阁下

亲爱的同仁：

兹接我政府电，谓某名为 H. 斯内夫利特者约为荷兰人，确已负有在荷属东印度进行直接的布尔什维克宣传的使命赴远东。电报命令我设法在他向英国驻华公使申请护照的签证时，阻止他得到签证。

我没有关于这个人行动的任何材料，只知道他约在二年前从荷属东印度到了荷兰。

如果阁下获悉斯内夫利特去申请英国签证的消息能告知我，我将不胜感激。

你忠实的

艾斯敦①

第二天，荷兰驻华公使欧登科即复函艾斯敦，非常清楚地介绍了斯内夫利特的身份和前往远东的使命。公函全文如下：

北京　比尔比·艾斯敦

爵士　公使阁下

亲爱的比尔比爵士：

现回复阁下的便笺，仅能奉告下述情况：几个星期前，我收到海牙外交部的一封电报，内称斯内夫利特接受莫斯科第三国际派遣

① 《英国驻华公使致荷兰驻华公使的信》（1920 年 12 月 10 日），李玉贞主编：《马林与第一次国共合作》，光明日报出版社 1989 年版，第 2—3 页。

去东方完成宣传使命，电报指示我提请中国政府注意。我已照办并补充说，如果当局认为拒绝斯内夫利特在中国登陆是可行的，我将不会反对他们这样做。但我迄今尚未得到复函。

如果我能够给你关于此人活动或打算的情报，我定会非常高兴地向你提供。

你忠实的

欧登科①

档案所披露的情况表明，早在1920年12月，荷兰政府（当时设在海牙）和英国政府都已密切注视斯内夫利特的行踪，并已“提请中国政府注意”。

1921年4月上旬，当马林在维也纳出现时，那里的警察对于这位经历不凡的人物十分警觉，将其逮捕6天后驱逐出境，并把他的护照交给外交部，向他将去的国家和地区发出了通告。

1921年6月3日，马林乘“阿奎利亚”号轮船到达上海。此时的马林年近四十，身材高大，连鬓胡子，衣着随便，戴着一副金丝边框的近视眼镜，前额开阔，显示出知识分子的风度。

与此同时，受共产国际远东书记处派遣接替维经斯基工作的尼克尔斯基，比马林早几天到达了上海。尼克尔斯基于1889年生于后贝加尔省巴尔古津地区奇特坎村，1921年加入俄国布尔什维克党。根据俄罗斯国家社会政治历史档案馆保管的材料和文件，尼克尔斯基去中国的任务是：同马林一起帮助中国马克思主义者筹备和举行党的第一次全国代表大会；出席旅华朝鲜马克思主义者在上海召开的代表大会；担负职工国际（更确切地说，是在赤塔设有分会的国际工会联合会）代表的职责。尼克尔斯基还掌管一定数额的资金，负责向共产国际驻华工作人员以及当时在这个国家工作的其他苏俄共产党人提供经费。

到达上海后，马林和尼克尔斯基很快与李达和李汉俊等上海早期党组织

① 《荷兰驻华公使致英国驻华公使的信》（1920年12月11日），李玉贞主编：《马林与第一次国共合作》，光明日报出版社1989年版，第3页。

负责人建立了工作联系。通过交谈，他们得知上海、北京、长沙、武汉、广州和济南等大中城市已经或正在建立党的组织，并开展马克思主义的宣传活动和初期工人运动。根据上述情况，马林确认在中国成立全国性的共产党组织的条件已经成熟，便建议及早召开全国代表大会，宣告中国共产党的成立。李达后来回忆说："六月初旬，马林（荷兰人）和尼可洛夫（俄人）由第三国际派到上海来，和我们接谈了以后，他们建议我们应当及早召开全国代表大会，宣告党的成立。"①

陈独秀、李大钊缺席建党大会之谜

在马林的建议下，李达分别与在广州的陈独秀、北京的李大钊商议，确定在上海召开中国共产党全国代表大会。考虑到路途遥远，便从马林带来的活动经费中，给每位代表寄出 100 元路费。当时中国工人的平均工资是每月 10 到 15 元，而北京到上海之间的头等火车票约为 50 元，三等票才 15 元左右，这 100 元旅费在当时是相当高的。

接到上海发起组的信后，中国共产党各地的早期组织为建党工作的迅速发展感到十分高兴，都积极响应上海党组织的建议，选派出各自的代表。参加大会的各地共产党早期组织代表是：毛泽东、何叔衡、董必武、陈潭秋、王尽美、邓恩铭、李达、李汉俊、张国焘、刘仁静、陈公博、周佛海和陈独秀指定的代表包惠僧，共 13 人，代表着 50 多名党员。

党的一大的召开是党的历史上的一件大事，然而，党的两位最重要创始人"南陈北李"都因故没有出席，这不能不令后人感到遗憾。

陈独秀当时在广州担任广东大学预科学校校长，为筹备学校经费而四处奔忙。包惠僧回忆说："有一天，陈独秀召集我们在谭植棠家开会，说接到上海李汉俊的来信，信上说第三国际和赤色职工国际派了两个代表到上海，要召开中国共产党的发起会，请广州支部派两个人去出席会议，还寄来二百元路费。陈独秀说，第一他不能去，至少现在不能去，因为他兼大学预科学校

① 李达：《中国共产党的发起和第一次、第二次代表大会经过的回忆》，《"一大"前后》（二），中国社会科学出版社 1980 年版，第 10 页。

校长（时陈独秀正筹办广州大学预科学校），正在争取一笔款子修建校舍，他一走款子就不办了。第二可以派陈公博和包惠僧两个人去出席会议，陈公博是办报的，又是宣传养成所所长，知道事情多，报纸编辑工作可由谭植棠代理。包惠僧是湖北党组织的人，开完会后就可以回去。其他几个人都忙，离不开。”①

李大钊缺席党的一大的原因则有好几种说法，张国焘说：“北京支部应该派两个代表出席大会。各地同志都盼望李大钊先生能亲自出席，但他因为正值北大学年终结期间，校务纷繁，不能抽身前往。结果便由我和刘仁静代表北京支部出席大会。”②

罗章龙对此有着不同的看法，他回忆说：“1921年暑假将临的时候，我们接到上海方面的通知（时独秀亦从南方来信，不在上海）要我们派人去参加会议，我们对会议的性质并不如事后所认识的那样，是全党的成立大会。时北方小组成员多在西城辟才胡同一个补习学校兼课，就在那里召开了一个小组会议，会上推选赴上海的人员。守常先生那时正忙于主持北大教师索薪工作（原索薪会主席为马叙伦，马因病改由守常代理，这次索薪罢教亘十个月之久），在场的同志因有工作不能分身，我亦往返长辛店、南口之间，忙于工人运动，张国焘已在上海，乃推选张国焘、刘仁静二人出席。”③

罗章龙所说的“北大教师索薪工作”确有其事。1921年春，直系军阀控制下的北京政府因为财政困难，不得不断绝北京国立专门以上八所学校的教育经费和教职员薪俸，使教职工的生活难以为继。八校的教职员被迫于1921年3月14日举行罢教罢工。3月16日上午，八校教职员代表20人在美术专门学校开会，决定由每个学校选派3名代表组成北京国立专门以上各校教职员联席会议。北京大学哲学系教师马叙伦被推选为联席会议主席，李大钊和美术专门学校的代表徐瑾被指定为新闻干事。在马叙伦生病期间，即自4月26日起李大钊代理八校联席会议主席，参与领导了这场斗争。这次索薪斗争历

---

① 包惠僧：《我所知道的陈独秀》，《“一大”前后》（二），人民出版社1980年版，第386页。

② 张国焘：《回忆中国共产党的“一大”前后》，《“一大”前后》（二），人民出版社1980年版，第168页。

③ 罗章龙：《亢斋回忆录——记和守常同志在一起的日子》，《回忆李大钊》，人民出版社1980年版，第40—41页。

时4个多月，几乎天天有会，李大钊总是每会必到。他还数次率代表到教育部和国务院请愿。6月3日，李大钊“率领八校教职员工索薪团到北洋政府总统府交涉，遭反动军警殴打，头部受伤”[①]。待李大钊伤愈出院后，联席会议主席马叙伦仍在治疗中，于是李大钊代理主席与北洋政府方面继续进行索薪斗争。

显然，包括陈独秀、李大钊在内的早期共产党人并没有意识到出席党的一大的重要性。刘仁静回忆说，“张国焘在其回忆录中说李大钊因校务繁忙，不能前往。这也许是他和李大钊事先研究时得到的印象。但这也符合当时我们的想法。即由于对一大的意义认识不足，一般习惯于在组织活动中不惊动李大钊，因而没有选举他是并不奇怪的。我记得选举的实际情况是：首先大家一致选举张国焘当代表。在选第二个代表时，曾提出过邓中夏和罗章龙，然而他们十分谦让，以工作忙不克分身为由辞谢，这样最后才确定我当代表。”[②]

既然“南陈”与“北李”均不能出席会议，大会的筹备工作就落到了上海代表和北京代表身上。由于刘仁静先去参加在南京召开的少年中国学会会议，所以作为北京代表的张国焘就提前来到上海。

这时，上海党组织的内部正在发生分歧，而刚到中国的马林也因为工作方法的问题与李达、李汉俊发生了不愉快。眼看代表大会召开的时间渐渐迫近，筹备工作却因三人不能达成一致而难以进行，无论是马林，还是李达和李汉俊，都急切地盼望着有一个人能居中协调。张国焘的到来，无疑使这三人都松了一口气。

张国焘的能说会道是出了名的，在北大读书的时候，他就是学生领袖，具有很强的组织才能。1920年，李大钊等人在北京组建党的早期组织，张国焘是日常工作的实际组织者和会议主持人。因此，在“南陈”与“北李”均不能到会的情况下，他顺理成章地成为大会的主持人，最终被推选进中央局担任组织主任一职也就不足为怪了。

---

① 《李大钊传》编写组：《李大钊传》，人民出版社1979年版，第234页。

② 刘仁静：《一大琐忆》，《建党风云》，中央文献出版社2001年版，第74—75页。

党的一大对于党的纲领和组织原则的讨论

制定党的纲领，是党的一大最主要的任务之一。在第一天的会上，“根据希夫廖特同志（即共产国际代表马林——引者注）的建议，决定选出一个起草纲领和工作计划的委员会，该委员会用两天时间起草计划和纲领”①。在推选负责起草中国共产党的纲领和决议的人选时，张国焘以会议主席的身份当然入选。李汉俊懂四国外语，博览马克思主义著作，刘仁静有着“小马克思”的雅号，也被选入起草小组。据董必武回忆，他也参加了起草工作，李达好像也是起草者之一。

7月25日、26日两天休会，起草小组的成员们讨论党纲和决议等会议文件。会前虽对党的纲领和工作计划做过一些酝酿和准备，但并没有形成供代表讨论用的文件草案。

7月27日、28日、29日，大会举行第三、四、五次会议，讨论党纲和今后实际工作。会上集中讨论了由董必武、李达、张国焘等人组成的起草委员会提出的会议文件草案。

与会代表在讨论党的性质和最终奋斗目标时，取得了基本一致的意见，但讨论党在当前的斗争目标和手段时，饱读马克思主义著作的李汉俊和刘仁静发生了激烈的争论。争论的焦点在于，中国共产党应当有什么样的纲领。张国焘回忆说：“我和李汉俊、刘仁静、周佛海等在会前曾就党纲和政纲作过几次商讨，各人的立场都显得更清楚，自然也发现了歧见。李汉俊首先表示了不同的意见，提出现在世界上有俄国的十月革命，还有德国社会党的革命；中国的共产主义究应采取何种的党纲和政纲，应先派人到俄、德国去考察，在国内成立一个研究机构如马克思主义大学等，从事精深的研究后，才能作最后的决定。”②

刘仁静反对李汉俊的意见，他以为欧洲的议会道路在中国行不通，中国共产党也不应成为一个马克思主义的研究团体。他拿出《共产党宣言》，说中国共产党应该按照马克思、恩格斯所说的那样去做，即以武装暴动夺取政权，

---

① 《中国共产党第一次代表大会》，《“一大”前后》（一），人民出版社1980年版，第21页。
② 张国焘：《我的回忆》（上），东方出版社2004年版，第130—131页。

建立无产阶级专政，实现共产主义。

李汉俊的意见成为大会讨论的焦点，除陈公博有时对他表示一些含混的同情外，所有代表都给予他不同程度的批评。

在党员能否当议员或者到现政府中做官等问题上，代表们进行了激烈的争论。“对这个问题有两种意见，一种意见认为，我们的党员做官没有任何危险，并且建议挑选党员加入国会，以使他们在党的领导下进行工作。另一方面不同意上面的意见。在第三次会议上，代表们没有得出任何结论，在第四次会议上，辩论更加激烈了。”①

大会在充分讨论的基础上形成的条文是：“党员除非迫于法律，不经党的特许，不得担任政府官员或国会议员。士兵、警察和职员不受此限。”②这反映了争论双方都做了一些让步，一般不能担任部长、省长之类重要职务，但可以担任校长、科员等文职雇员和士兵、警察之类职务。陈公博在英译本这一条加上了一句注释：“这一条引起了激烈的争论，最后留待1922年的第二次代表大会决定。”就是说，这一条尚需下一次代表大会做进一步讨论和决定。陈公博是一位热衷仕途的人，对于不允许党员做官这个观点极力反对。他后来回忆说：“当时有几件提案竟把我气的差不多退席，其中一件是禁止共党人员参加政治，甚至乎不许当校长。我争辩着，共产党是应该斗争的，为甚么连校长都不可干，国焘硬要通过，而多数居然赞成。可是到了第二晚开会，国焘提出取消昨夜的决议，我质问为甚么大会通过的提案可以取消，他说是俄国代表的意见。我真气极了，我说昨日我本来不赞成，而会内倒否决我的意见，今则议案通过，只由一个俄人反对，又取消议案，这样不必再开大会，只由俄人发命令算了。”③

在党的创建初期，对于党的组织原则的讨论和确定，有着特别重要的意义。当时，无政府主义思想的影响，知识分子自由散漫的习气，在党的地方组织中，以致党的骨干中都有所反映。到底是把中国共产党建设成为一个有

---

① 《中国共产党第一次代表大会》，《“一大”前后》(一)，人民出版社1980年版，第21页。

② 《中国共产党第一个纲领》，中央档案馆编：《中共中央文件选集》第1册，中共中央党校出版社1989年版，第4—5页。

③ 《陈公博回忆中国共产党的成立》(一九四四年)，《“一大”前后》(一)，人民出版社1980年版，第420页。

严格组织纪律的战斗力很强的无产阶级政党，还是仅仅作为一个松散的、可以争论不休的自由团体，这是建党初期面临的一个重大原则问题，也是党的一大必须回答和解决的一个关键问题。

闯入党的一大会场的陌生人

7月30日晚，大会举行第六次会议，马林和尼克尔斯基出席了会议。原定议题是由共产国际代表对会议讨论的各种问题发表意见，然后讨论通过党纲和决议。可是，会议开始后不久，一个穿灰色竹布长衫的中年男子突然闯入会场，后来才知道此人叫程子卿，时任法租界巡捕房的政治探长。

其实，早在29日晚的会议上，马林就曾提议第二天的会议应更换一个地方，以免引起巡捕的注意。周佛海回忆说，"开到第四晚时，究竟是马林有经验，他说：'明晚一定要换个地方。我们在此一连开了几晚会，一定使巡捕注意。'我们说反正明天只有一晚，一时又不易找地方，大概不要紧。于是决定仍在原地。"①

程子卿闯进党的一大会场并不是一件偶然的事件。从莫斯科绕道欧洲来到上海的途中，马林的一举一动早已被几个国家的情报部门和警方所掌握，他到上海后的行踪，也一直在荷兰驻上海代理总领事和上海工部局的监视之下。这样，马林在7月下旬频繁出入李汉俊寓所，自然很容易引起巡捕房的警觉。程子卿闯入党的一大会场也就不是一件意外的事情了。

陌生人的出现引起了大家的警觉，富有革命斗争经验的马林当机立断地说："我建议会议立即停止，大家迅速离开！"

代表们闻讯马上站起来，离开了李公馆。除了主人李汉俊之外，留下来没有走的只有陈公博一个人了。陈公博后来回忆说："我本来性格是硬绷绷的，平日心恶国焘不顾同志危险，专与汉俊为难，到了现在有些警报又张惶的逃避。心中又是好气，又是好笑，各人都走，我偏不走，正好陪着汉俊谈话，看到底汉俊的为人如何，为什么国焘和他有这样的恶感。"②

---

① 周佛海：《扶桑笈影溯当年》，《建党风云》，中央文献出版社2001年版，第151页。
② 《陈公博回忆中国共产党的成立》，《"一大"前后》(二)，人民出版社1980年版，第421页。

代表们离开会场不到一刻钟，法租界巡捕房派人迅速包围了李汉俊的寓所。

法国巡捕带着几名中国密探进入室内，先监视了李汉俊、陈公博的行动，接着进行了搜查。这些巡捕除了查到一些介绍和宣传社会主义的书籍外，并没有发现什么可疑的东西。室内抽屉里放着一份党纲草案，幸亏因为涂改得很乱，未引起他们的注意。

搜查之后，法国巡捕开始了询问。李汉俊以房主的身份用法语一一作了回答：

“谁是此屋的主人？”

“我。”李汉俊沉着脸回答。

“为什么开会？”

“不是开会，只是寻常的叙谈。”

“为什么家里藏着这么多书？”

“我是学校教员，藏书是要用来供参考和研究之用。”

“为什么有许多社会主义书籍？”

“我兼任商务印书馆的编译，什么书都要看看。”

“那两个外国人是什么人？”

“是英国人，是北大的教授，这次暑假来沪常常来谈。”

审讯完李汉俊后，便轮到陈公博了，由于不懂法语，陈公博操着一口流利的英语和巡捕周旋。

“你是不是日本人？”法国巡捕很神气地问。

“我是百分之百的中国人。我不懂你为什么怀疑我是日本人？”

“你懂不懂中国话？”

“我是中国人，自然懂中国话了。”

“你这次由什么地方来的？”

“我是由广东来的。”

“你来上海什么事？”

“我是广东法专的教授，这次暑假，是来上海玩的。”

“你住在什么地方？”

“我就住在这里。”[①]

法国巡捕在包围搜查中未发现有什么进行政治活动的证据，同时又得知此处房子是李汉俊的哥哥、曾任北京政府陆军总长的李书城将军的公馆，气氛有所缓和。见找不到什么证据，法国巡捕便带着几名中国密探失望地离去。

关于这次会议受到搜查冲击的情况，会后中共中央在给共产国际的报告中记载说：“这个侦探的到来，并没有给党带来损失，尽管他来过以后，很快警察就突然进行了搜查。在这以后，我们提高了警惕，为了使代表大会继续开会，只好到附近的一个不大的小城市去。”[②]

嘉兴南湖红船启航

这个“不大的小城市”就是浙江嘉兴。值得注意的是，并不是所有的代表都从上海到了嘉兴。李汉俊由于是李公馆的主人，住所正受到密探们的严密监视，自然无法前行。马林和尼克尔斯基因为是外国人，为减少意外，也没有参加这次会议。而带着新婚太太李励庄住在大东旅社的陈公博，本来是可以去嘉兴出席党的一大的闭幕会的，但当天夜里他们隔壁发生的一起凶杀案，改变了他的行程。

关于此事，陈公博有详细的记述：“半夜里起了大风雨，睡至微明，忽然听见一声枪响，同时又听见一声惨叫，我从地板上跳起来，打开房门一看，走廊里却寂静得没有一个人，只是急雨打窗，狂风吹面……还是睡罢，到了九时，有一个伙计跑进来，说你们隔壁房间有一个女人被人谋杀了。我问他：‘是怎么一回事？’他说：‘前日有一男一女投店，今早那男的起身还叫了一碗面，食后出去，我们问他要钱，因为他只交柜上五块钱。他说立刻便回，我们也不注意，不料刚才我入房打扫，那女的已死在床上，经理立刻来看，她身中一枪，并且颈上还有毛巾缠住，看起来大概男的打了她一枪不死，又用毛巾来勒毙的。’”[③]

发生了这种事情，陈公博自然不敢在上海继续停留。于是在通知了李达

---

① 《陈公博回忆中国共产党的成立》，《“一大”前后》(二)，人民出版社1980年版，第422—423页。
② 《中国共产党第一次代表大会》，《“一大”前后》(一)，人民出版社1980年版，第22页。
③ 《陈公博回忆中国共产党的成立》，《“一大”前后》(二)，人民出版社1980年版，第424—425页。

以后，他便于 7 月 31 日下午偕夫人去杭州游西湖、逛灵隐寺去了。

8 月 5 日上午 10 时左右，代表们先后到达嘉兴车站。王会悟（李达的夫人）到南湖的鸳湖旅馆定下两间客房，并委托旅馆账房代租一艘画舫。本想租一条大船，因为要提前一天预订，只好租了一条中型船，但这也足够宽敞了。王会悟还跟船家要了一副麻将牌，以此做掩护，她扮成歌女的模样坐在船头放哨，如有情况就敲窗门，提醒代表们注意。1959 年，年届六旬的王会悟还清楚地记得那条画舫的模样："船的式样大小，据我记忆不到 14 公尺，中间有一个大舱，大舱后面有一个小房间，内放一只铺，有漂亮的席枕，房间后面船艄住船老大夫妇，中舱和船头中间有一个小舱，可睡一个人（有栏杆和中舱隔开），船的右边有一个夹道，左边没有夹道，中舱内靠后边放有几枕俱全的烟榻一只，上边挂有四扇玻璃挂屏，两边玻璃窗上挂绿色窗帘，放大八仙桌一张，还有凳子。圆的、方的，还是椅子记不清楚了，家俱颜色是广东漆的。"①

这次会议继续 7 月 30 日晚上被打断的议程。由于党纲和决议在 7 月 27 日、28 日、29 日已讨论过，因此 8 月 5 日的会议很快通过了《中国共产党第一个纲领》。

会议最后选举产生了中国共产党的中央领导机构。由于当时党员数量少，各地组织尚不健全，会议决定暂不成立党的中央委员会，先组成中央局，陈独秀为书记，李达为宣传主任，张国焘为组织主任。刘仁静回忆说："当时是用无记名投票的方式进行的。当唱票人念到李汉俊的名字时，董必武马上就问：'是谁选的？'我说：'是我选的。'董必武没有再吭声。1923 年李汉俊到北京时，我去看他，他对我在'一大'上投他一票，还表示感谢。在 1923 年或 1924 年我碰到蔡和森，蔡对我说，'一大'时我选李汉俊有历史意义，因为那时选举好象事先有默契，选谁每人心中都有数。"②

对于刘仁静所说的"默契"，陈独秀在后来的谈话中给予了印证。濮清泉是陈独秀的表弟，因参加托派组织和陈独秀等人一同被关押在南京老虎桥监

① 王会悟：《"一大"在南湖开会的情况》，《"一大"前后》（二），人民出版社 1980 年版，第 56—57 页。

② 刘仁静：《回忆党的"一大"》，《"一大"前后》（二），人民出版社 1980 年版，第 214 页。

狱，濮清泉回忆说："据陈独秀告诉我，中共第一次代表大会他因事留在广东，没有参加，之所以要他当总书记，是第三国际根据列宁的意见，派一个荷兰人马林来中国传达的。说是中国无产阶级还没有走上政治舞台，党的总书记一职，要找一个有名望的人，号召力要大点。实际是否如此，我不敢肯定，陈既这样说过，我就如实地把它写出来。"①

8月5日下午6时，张国焘宣布会议闭幕，并举行了一个简单的闭幕仪式。在庄重的气氛中，代表们轻声呼喊：共产党万岁！第三国际万岁！

中国共产党的成立大会是在反动统治的白色恐怖下秘密举行的。除了会场一度遭到帝国主义的暗探和巡捕的骚扰外，在社会上并没有引起任何注意，好像什么事也没有发生。但是，新的革命火种却已在中国大地上的沉沉夜色中点燃起来了。

三、党的一大纲领的内容与特点

党的一大纲领的两个版本

党的一大召开时，中共还处于秘密状态，开会期间又经历了法租界巡捕房密探的搜查，因此党的一大纲领和工作计划的草案原件和经过会议形成的中文原件，没能保存下来。1930年2月1日，李立三在《党史报告》中曾明确地说："党的第一次大会文件，现在是找不到了。"②对于找不到的原因，李立三没有直接的说明，但在一份题为《陈独秀同志代表中共中央向第三次代表会议上的报告》的俄文档案中有所涉及，陈独秀在谈到党的经费时说："我们只能提出最近几个月的详细报告，因为其余的材料落到上海法国巡捕的手里，由于一个同志被捕，这些材料全部遗失了。"③

党的一大档案的遗失，使得党的一大历史一度成谜，甚至于当年的代表都无法清楚地回忆起党的一大开会的日期。这种状况直到1957年才出现了转

① 濮清泉：《我所知道的陈独秀》，《文史资料选辑》第71辑，中华书局1980年版，第32页。
② 《中国共产党第一次代表大会档案资料》增订本，人民出版社1984年版，第97页。
③ 《陈独秀在中国共产党第三次全国代表大会上的报告》，中央档案馆编：《中共中央文件选集》第1册，中共中央党校出版社1989年版，第168页。

机。这一年，苏共中央把原中共驻共产国际代表团档案移交给中共中央。在整理这批文件时，人们意外地发现了党的一大的有关档案，其中就有俄文版的《中国共产党第一个纲领》。

这份俄文档案是什么时间由中文译成俄文的，又是由谁在什么时间带到共产国际的，目前都无从考证。中央档案馆筹备处曾将此件和《中国共产党第一个决议》及《中国共产党第一次代表大会》一并送请董必武帮助鉴别。董必武在1959年9月5日的复信中说："我看了你们送来的《党史资料汇报》第六号、第十号所载：'中国共产党第一次代表大会'、'中国共产党第一个决议'及'中国共产党第一个纲领'，这三个文件虽然是由俄文翻译出来的，在未发现中文文字记载以前，我认为是比较可靠的材料。"[①]

1960年，美国学者韦慕廷在哥伦比亚大学图书馆里发现了陈公博的硕士论文《共产主义运动在中国》。《中国共产党第一个纲领》英文版和其他一些文件是作为附录文献出现在陈公博硕士论文后面的。经对照，英文版与俄文版的内容基本相同，均为15条；其中第10条内容后，均缺少第11条的序号和内容，其余条文要点基本相同，仅文字稍有出入。两种版本在第11条都有注。俄文版第11条注："遗漏"；英文版注："陈的稿本上没有第11条，可能是他在打次页时遗漏了，也可能是由于他把第10条以后的号码排错了。"两个译本共同证明：党的一大确曾存在党的第一个纲领，党纲的内容一共名义上15条，现存14条，缺第11条。

这条被"遗漏"或被抹去的内容会是什么呢？根据党的一大的其他文件和党在后来的实际活动来看，可以推断这一条是有关党的宣传工作的。从行文上看，第9条规定党的地方委员会应设书记、财务委员、组织委员、宣传委员；第10条说的是组织工作；第12条说到地方委员会的财政等要受监督。全文没有专门的条款来谈宣传工作，不仅和党的一大以后党的实际情况不符，和同在党的一大上通过的《第一个决议》也是不符的，因此第11条可能说的是党的宣传方针、计划和政策，因为比较具体、秘密，所以不便公开。[②]

---

① 《中国共产党第一次代表大会档案资料》增订本，人民出版社1984年版，第117页。
② 谢荫明：《中共一大党纲研究》，《中共党史研究》，2000年第5期。

党的一大纲领的内容

8月5日上午，代表们在嘉兴南湖开会，继续7月30日晚上被打断的议程。由于党纲和决议在7月27日、28日、29日已讨论过，因此8月5日的会议很快通过了《中国共产党第一个纲领》和《中国共产党第一个决议》。

会议最后选举产生了中国共产党的中央领导机构。由于当时党员数量少，各地组织尚不健全，会议决定暂不成立党的中央委员会，先组成中央局，负责领导党的工作。陈独秀为书记，李达为宣传主任，张国焘为组织主任。

中国共产党的第一次全国代表大会讨论通过的纲领，是一个历史性的重要文献，它申明了中国共产党的政治主张，规定了党的奋斗目标、组织原则以及共产党与其他政党的关系。全文如下：

（一）我党定名为“中国共产党”。

（二）我党纲领如下：

1. 以无产阶级革命军队推翻资产阶级，由劳动阶级重建国家，直至消灭阶级差别；

2. 采用无产阶级专政，以达到阶级斗争的目的——消灭阶级；

3. 废除资本私有制，没收一切生产资料，如机器、土地、厂房、半成品等，归社会所有；

4. 联合第三国际。

（三）我党采取苏维埃的形式，把工农劳动者和士兵组织起来，宣传共产主义，承认社会革命为我党的首要政策；坚决同黄色知识分子阶层及其他类似党派断绝一切联系。

（四）凡接受我党的纲领和政策，愿意忠于党，不分性别、国籍，经过一名党员介绍，均可成为我们的同志；但在加入我党之前，必须断绝同反对我党党纲之任何党派的关系。

（五）介绍党员的手续如下：被介绍人应由当地委员会审查；审查期限至多两个月。审查后经过半数以上党员同意，申请人即可取得党员资格。如该地区已成立执行委员会，应由该委员会批准。

（六）在公开时机未成熟前，党的主张以至党员身份都应保守秘密。

（七）有五名党员的地方可建立地方委员会。

（八）一个地方的委员会成员，经当地书记介绍，可转至另一个地方的委员会。

（九）不到十人的地方委员会，只设书记一人管理事务；超过十人者，应设财务委员一人、组织委员一人、宣传委员一人；超过三十人者，应组织执行委员会。该委员会的章程另订。

（十）各地在党员增加的情况下，应根据职业的不同，利用工人、农民、士兵和学生组织，在党外进行活动。这些组织必须受党的地方执行委员会指导。

（十一）（遗漏）。

（十二）地方委员会的财政、出版和政策都应受中央执行委员会的监督和指导。

（十三）在党员人数超过五百，或已成立五个以上地方执行委员会时，应选择一适当地点成立由全国代表会议选出之十名委员组成之中央执行委员会。如果上述条件尚不具备，应组织临时中央执行委员会，以应需要。有关中央执行委员会的详细规章另订。

（十四）除为现行法律所迫或征得党的同意外，不得担任政府官员或国会议员，但士兵、警察、文职雇员不受此限。

（十五）本纲领需经全国代表大会三分之二的代表通过修正案时方可修改。[①]

党的一大通过的纲领不是偶然的。从五四运动前后开始的马克思主义传播，再到与中国工人运动相结合，中国早期的共产主义者都经过了艰苦的努力。党的一大召开以前，许多共产主义者围绕建党问题进行了讨论，这是党的一大通过的纲领产生的思想基础。

---

① 一大纲领迄今未找到中文本，只有俄译本与英译本，两者内容相同，在文字表述上英译本较为清楚，此处采用英译本的译文。其中第十一条，两种文本均缺。纲领的俄译本全文见《中共中央文件选集》第1册，中共中央党校出版社1989年版，第3—5页。

党的一大纲领的特点

党的一大纲领明确了中国共产党的阶级性质，对于在当时无政府主义泛滥的情况下保持党的团结统一，把党建设成为一个有严密组织纪律的、战斗力很强的无产阶级先锋队组织，具有重要意义，并具有以下一些特点：

（一）以马克思列宁主义为指导，确定了中国共产党的性质和纲领。

纲领的第一条规定："我们的党定名为'中国共产党'。"①党的名称的确定不是偶然的，是我们党坚持马克思主义建党原则的必然结果。1920年4月，共产国际、俄共（布）派代表维经斯基来华，会见了中国当时的一些马克思主义者，介绍共产国际和俄共（布）的纲领和组织原则，启发中国先进分子建立布尔什维克式的党。1921年7月，在共产国际代表的参加和帮助下召开的中国共产党的一大，正式定名为"中国共产党"。

将党的名称确定为"中国共产党"，不仅仅是一个名称问题，实际上表明了中国共产党是无产阶级政党的性质。它还规定了党的纲领，包括以无产阶级革命军队推翻资产阶级，由劳动阶级重建国家，直至消灭阶级差别；采用无产阶级专政，以达到消灭阶级的阶级斗争目的；废除资本私有制，没收一切生产资料归社会所有；联合第三国际。这些规定鲜明地表明了我们党对现存的剥削阶级私有制最坚决、最彻底的革命态度和革命精神，表明了要消灭剥削制度、实现共产主义的政治立场和奋斗目标，也划清了中国共产党同其他类型政党的界限。

（二）在共产国际、俄共（布）的帮助下，制定了党的政治任务、组织原则。

中国共产党的建立，得到了共产国际、俄（共）布的直接帮助、指导和影响。维经斯基和共产国际代表马林、共产国际远东书记处代表尼克尔斯基等人帮助筹备了中国共产党第一次全国代表大会，促使中国共产党从一成立就是以列宁的建党原则为指导而组织起来的、高度集中统一的、有严格组织纪律的、布尔什维克式的新型革命政党。正如《关于建国以来若干历史问题的决议》所指出的："中国共产党是马克思列宁主义同中国工人运动相结合的产物，是在俄国十月革命和我国五四运动的影响下，在列宁领导的共产国际帮助下诞生的。"②

---

① 《中国共产党第一个纲领》，中央档案馆编：《中共中央文件选集》第1册，中共中央党校出版社1989年版，第3页。

② 《三中全会以来重要文献选编》（下），人民出版社1982年版，第788页。

在政治任务方面，党的一大通过的纲领确定中国共产党是无产阶级的政党，它的基本任务是领导无产阶级进行革命斗争，推翻资产阶级政权，建立无产阶级专政，废除资本主义私有制，直至消灭阶级差别。

在组织原则方面，党的一大通过的纲领规定“本党采用苏维埃的形式”，也就是实行代表会议或代表大会制度，明确规定了党的各级领导机构采取委员会制度，规定了各级党组织的机构和制度，体现了下级服从上级、个人服从组织的精神和原则。党的一大通过的纲领对党的组织做了比较具体的规定，要求每个地方，凡是有党员五人以上的，必须成立委员会；党员超过 30 人，应成立地方执行委员会；党员人数超过 500 人，或已成立五个以上地方执行委员会时，应由全国代表大会选出 10 名委员组成中央执行委员会。

（三）党的一大通过的纲领规定党的组织纪律，包括慎重发展党员，严格履行入党手续。

为担负起领导中国革命的重任，党从创建之日时就强调要有严格的纪律。关于党员入党的条件和手续，党的一大的纲领做出如下的规定：“凡承认本党纲领和政策，并愿成为忠实党员的人，经党员一人介绍，不分性别、不分国籍，均可接收为党员，成为我们的同志。但在加入我们队伍之前，必须与企图反对本党纲领的党派和集团断绝一切联系。”“候补党员必须接受其所在地的委员会的考察，考察期限至少为两个月。考察期满后，经多数党员同意，始得被接受入党，如该地区设有执行委员会，应经执行委员会批准。”①

党员入党以后，必须在当地支部中过组织生活，接受党交给的任务，并联系群众，担负实际工作，从一个地区到另一个地区时，必须有组织的介绍，方可在新的支部过组织生活。纲领提出：“工人、农民、士兵和学生的地方组织中党员人数多时，可以派他们到其他地区去工作，但是一定要受地方执行委员会的严格监督。”②

从当时党处在秘密状态的实际情况出发，党的一大纲领规定党员应当在

① 《中国共产党第一个纲领》，中央档案馆编：《中共中央文件选集》第 1 册，中共中央党校出版社 1989 年版，第 3—4 页。

② 《中国共产党第一个纲领》，中央档案馆编：《中共中央文件选集》第 1 册，中共中央党校出版社 1989 年版，第 4 页。

党的主张和党员身份问题上保守秘密，除为现行法律所迫或征得党的同意外，任何党员不得担任政府官员或国会议员等。党的一大纲领还对发展党员做了严格的规定，强调党员要接受党的纲领和政策，忠实于党，经党员一人介绍，并经过一定时期考察，才能入党。

在中国共产党的党章发展史上，党的一大纲领是一个良好的开端，为后来党章的制定和完善奠定了基础。虽然不是党的正式章程，但纲领已经包含了党章的内容，具有了党章的初步体例，实际上起到了党章的作用。它以明确的语言，体现了中国共产党从建党伊始就坚持马克思列宁主义建党学说的重要思想和原则，旗帜鲜明地把社会主义和共产主义规定为自己的奋斗目标，并且坚持用革命的手段来实现这个目标，从而同崇拜资产阶级民主制度、主张走议会道路的第二国际——社会民主主义划清了原则界限，表明中国共产党不是一个松散的学术团体，而是一个目标明确、组织严密的无产阶级政党。

在肯定党的一大纲领所具有的重大意义和作用的同时，还应看到党的一大纲领存在的历史局限性。主要表现在：纲领条文比较简单，内容和结构都不够完善；在提出党的奋斗目标时，没有把民主革命与社会主义革命区别和联系起来，没有找到实现最终目标的具体步骤；无论在内容的表述和用词上，还是从体例上看，都反映出中国共产党从成立伊始就深受共产国际和俄国共产党的影响。当然，这些缺陷的存在都有其历史的必然性。毕竟，刚刚诞生的中国共产党不可能预先设计好革命的蓝图以后再进行革命，规律和认识只能是在马克思主义理论与中国革命的具体实际相结合的实践过程中积累。

第二章
中国共产党的第一部党章

一、党的二大制定党章的历史背景

马林与陈独秀的分歧

党的一大结束以后，中国共产党迫切需要加强中央的集中领导，以促进中共地方组织的建立和扩大，推动党的各项实际工作的全面展开。为此，党内同志普遍希望在广州任职的中央局书记陈独秀及早返回上海主持中央工作。包惠僧回忆说，"'一大'后，马林(第三国际代表)、张国焘(中委)、李达(中委)、周佛海(候补中委)和我开了一次会，讨论请陈独秀回到上海的问题。马林说，陈独秀当选为中国共产党书记就应尽到责任，要回来担任书记职务，别人代表不行(陈独秀不在，书记职务由周佛海代理，周是日本帝国大学学生，要回日本去上学。张国焘想代理，又说不出口)，国际上没有这样的先例。又说，千万不能做资产阶级的官吏，还没有一个国家的共产党领导人在资产阶级政府里做官。会议决定派我去广州接陈独秀。"[①]

出于形势发展的需要，陈独秀决定离开广州返回上海，主持中央局工作。然而，他向陈炯明辞职时未获批准，不得已又以回沪治胃病的名义提出请假。1921 年 8 月底，陈独秀回到上海，仍住原来的寓所老渔阳里 2 号。

共产国际代表马林和俄共(布)党员维经斯基，为促进中国共产党的成立

---

① 《包惠僧回忆录》，人民出版社 1983 年版，第 369 页。

做了大量的工作，起了很大的作用。但是，共产国际过分集中的领导体制使得中国共产党人感到难以接受，马林和陈独秀当时的分歧主要表现在以下三个方面：

首先，是否接受共产国际提供经济援助。马林认为，共产国际有帮助各国共产党的义务，但同时他强调中共要提交工作计划和预算。陈独秀极不赞成马林的意见，他说，革命是我们自己的事，靠别人的钱来革命是要不得的。当时担任马林翻译的张太雷奔走于马林和陈独秀之间。张太雷倾向于马林，他也认为"全世界的共产主义运动，都是在第三国际的领导之下，中国不能例外"。陈独秀听后把桌子一拍说："各国革命有各国国情，我们中国是个生产事业落后的国家，我们要保留独立自主的权力，要有独立自主的做法，我们有多大的能力干多大的事，决不能让任何人牵着鼻子走，我们可以不干，决不能戴第三国际这顶大帽子。"①

其次，是否应当向共产国际汇报工作。马林和尼克尔斯基几乎每周都要约陈独秀、张国焘和李达开会，听取工作报告。对此，陈独秀不能接受。"向马林汇报，在陈独秀是一件不愉快的工作。所以陈独秀汇报了一次，第二次他就不去了。后来他大发牛性，要对马林等闹独立。他说，不要国际帮助，我们也可以独立干革命，我们干我们的，何必一定要与国际发生关系，这样他一连几个星期不出来与马林等会面。"②

第三，马林不经中共中央同意就派张太雷出使日本。1921 年秋，马林接到共产国际关于远东各国共产党及民族革命团体第一次代表大会的指示后，便派张太雷去日本通知日本的社会主义者选派代表出席会议。张太雷遵守马林要他严守秘密的指示，未向中共中央报告便去了日本。这件事使陈独秀十分愤怒，认为这种做法"简直是藐视中共中央"，他"声言决不与马林见面，并拟要求共产国际撤换马林的国际代表职务"③。

马林在给共产国际执行委员会的报告中，也谈到了与中国同志的分歧。

① 《包惠僧回忆录》，人民出版社 1983 年版，第 431 页。

② 李达：《中国共产党的发起和第一次、第二次代表大会经过的回忆》，《"一大"前后》（二），人民出版社 1980 年版，第 16 页。

③ 张国焘：《我的回忆》（上），东方出版社 2004 年版，第 147 页。

但他只是轻描淡写地说，我们和中国共产党“保持着经常的联系”,“中国同志不愿意这样做，他们对这种监护表示愤慨，纠葛因此产生”①。

就在双方争执不下时，陈独秀的突然被捕，使他与马林的关系出现了转机。

这时，法租界巡捕房已经掌握了陈独秀的一些政治活动的情况，准备寻找机会对他采取行动。1921 年 10 月 4 日，法租界巡捕房以《新青年》宣传赤化为名，逮捕了陈独秀，同时被捕的还有他的夫人高君曼以及在场的杨明斋、包惠僧、柯庆施等人。陈独秀被捕以后，党内同志多方展开了营救工作，马林也花重金聘请法籍律师巴和向有关方面提出交涉。在各方面的压力下，法租界巡捕房最后以《新青年》有过激言论予以罚款而结案，陈独秀等人在交出白银 500 两后被保释出狱。

陈独秀了解到自己能顺利出狱，除了社会各界营救之外，马林花了很多钱，费了很多力，打通了会审公堂的各个关节，并请了著名的法国律师巴和出庭辩护。陈独秀原本是个很重感情的人，这件事无形中消除了他对马林的误解，以前一切的争执都因这一事件而烟消云散。张国焘回忆说：“他们俩人似都饱受折磨，也各自增加了对事势的了解，好像梁山泊上的好汉‘不打不相识’，他们交换意见，气氛显得十分和谐。”②

此后，陈独秀与马林经常见面，商讨各项问题，中共中央的工作计划按时送交马林一份，陈独秀也经常将马林的意见向中共中央会议报告。陈独秀与马林还具体规定了中国共产党接受共产国际补助经费的办法。从此，中共逐渐开始接受共产国际的领导和经费援助了。

中央局工作的逐步展开

党的一大以后，党在宣传、群众运动等方面工作的明显进展，以及中国工人运动出现的第一次高潮，迫切要求党制定一个符合中国革命实际情况的明确纲领和适应党的组织发展需要的正式党章。

---

① 《马林给共产国际执委会的报告》,《马林在中国的有关资料》，人民出版社 1980 年版，第 13 页。
② 张国焘：《我的回忆》(上)，东方出版社 2004 年版，第 156 页。

从中国共产党成立到党的二大召开前的一年中，中国共产党在错综复杂的国际国内形势下做了许多工作，取得了很大成绩。不仅进一步建立和健全了党的各级地方组织，使党的队伍得到发展壮大，而且还坚持不懈地宣传了马克思主义，出版、印发了一定数量的刊物和宣传材料，批判了基尔特社会主义和无政府主义等反动思潮。党的组织在这一年里得到进一步健全和发展，培养和吸收了一批先进分子入党，使党的队伍不断壮大。至1922年6月底止，党员人数已由党的一大时的50余人发展到195人。其中“上海50人，长沙30人，广东32人，湖北20人，北京20人，山东9人，郑州8人，四川3人，留俄国8人，留日本4人，留法国2人，留德国8人，留美国1人”[①]。党组织还注意在工人和妇女中发展党员，此时有工人党员21人，女党员4人。

根据党的一大制定的方针，中共中央及其地方组织积极建立工会，并且很快收到了明显的成效。为了加强对工人运动的统一领导，推动工人运动的发展，中国共产党决定在党的一大以后成立中国劳动组合书记部，作为党“公开的做职工运动的总机关”[②]。

1921年8月11日，中国劳动组合书记部在上海成立，它是专门领导工人运动的合法机关，可以更好地开展工人运动。根据中国的国情和产业工人的分布情况，各地党组织重点对铁路、纺织、五金等产业系统工人群众进行发动，采用合法斗争和秘密斗争相结合的方式，帮助工人组织起来。在此基础上，开始着手组织产业总工会和地方总工会，进而实现整个工人阶级的团结。中国工人运动的发展状况得到了共产国际的关注，1922年7月，共产国际向中共中央发出指示，要求中共加强对工人运动的组织和领导，使工人“在各种各样的重大事件中通过党的宣传、号召，党对罢工运动的支持和参加示威游行来了解党”,“党应该亲自组织这样的示威游行”。这个指示还强调：“只有在党懂得如何建立工人组织的时候，它才能成为真正的工人阶级政党。”[③]共产国际的指示，进一步促进了中国共产党对工人运动的领导。

---

① 《中共中央执行委员会书记陈独秀给共产国际的报告》(1922年6月30日)，中央档案馆编：《中共中央文件选集》第1册，中共中央党校出版社1989年版，第47页。

② 《邓中夏文集》，人民出版社1980年版，第437页。

③ 《共产国际执行委员会给中国共产党中央执行委员会的信》(1922年7月)，黄修荣主编：《共产国际、联共(布)与中国革命档案资料丛书》第2卷，北京图书馆出版社1997年版，第311、312页。

在马克思主义的宣传和出版工作方面，中国共产党建立后一段时间里，呈现出以下几个特点：一是大力出版宣传马克思主义和介绍国际工人运动的读物。二是配合党的主要工作即开展工人运动，出版以工人为读者对象的刊物。三是由于党中央在上海，党在上海的出版物数量最多。

为了系统地翻译和出版马克思列宁主义著作，中国共产党中央局又于1921年秋在上海成立了人民出版社，由李达负责书刊的编稿、校对、发行等工作。该社社址在李达寓所，即上海南成都路辅德里625号（今成都北路7弄30号）。为保障出版社的安全，避免帝国主义和反动派的破坏，故意把社址公开印作“广州昌兴马路”。该社原计划出版马克思全书15种，列宁全书14种，共产主义者（康民尼斯特）丛书11种，其他书籍9种。至1922年6月底，共出版了15种，其中包括马克思全书3种：《共产党宣言》、《资本论入门》和《工钱劳动与资本》；列宁全书5种：《劳农会之建设》、《讨论进行计划书》、《共产党礼拜六》、《列宁传》和《劳农政府之成功与困难》；共产主义者（康民尼斯特）丛书4种：《共产党底计划》、《俄国共产党党纲》、《国际劳动运动中之重要时事问题》、《第三国际议案及宣言》；其他书籍3种：《劳动运动史》、《俄国革命纪实》、《两个工人谈话》。

这些马列主义原著的翻译和出版，对党团员和进步知识分子学习领会革命理论的真谛，提高马列主义的水准，起了很大的作用。

中国共产党对国内外形势的新认识

中国共产党成立后，最重要的任务是要学习运用刚学会的科学理论来观察、分析和解决中国面对的实际问题。随着革命斗争经验的积累，中国共产党对国际形势和中国无产阶级革命的认识进一步深化，党的马克思主义理论水平的提高，也为中国共产党第二次全国代表大会的召开和第一部党章的制定奠定了基础。

首先，在中国社会性质问题上，不再认为中国是资本主义国家，而首次提出是“半独立的封建国家”，是处于“封建社会的状态”。各帝国主义国家争夺中国的加剧，必然导致中国军阀之间矛盾的激化。作为一个新兴的无产阶级政党，在政局动荡、思潮迭起、对救国道路和方式众说纷纭的情况下，中国共产党需要旗帜鲜明地表达自己的政见。

其次，在中国革命性质问题上，不再主张立即进行社会主义革命，认为不能空谈社会主义革命，而应该依据实际情况，逐步解决中国社会革命的问题，指出："我们一面知道中国非实行社会主义不可，但一面又知道中国现在很缺乏这个实行社会主义的'物质的条件'。在这社会主义的经济基础没有筑成以前，无论如何，社会主义决不能完全实现。"①提出中国革命"应分两步去做"：第一步是反帝反封建，"促成中国真正独立"；第二步是"推翻有产阶级的统治"，指出，"接着民主革命的成功，便会发生无产阶级对抗资产阶级的革命运动"。②这就是说，要完成社会主义革命，一定要先经过民族民主革命阶段。

第三，在革命动力问题上，改变了建党时"不同其他党派建立任何相互关系"及对资产阶级政党"采取独立的进攻的政策"的错误做法，开始将反动的政党与要实行民主革命的政党加以区分，认识到无产阶级"应该联络民主派共同对封建式的军阀革命，以达到军阀覆灭能够建设民主政治为止"③。这表明党开始具备了建立联合战线的策略思想。

第四，在对帝国主义问题上，开始懂得了国际帝国主义和本国封建军阀是中国革命的两大敌人，中国的分裂和内乱是由于国际资本扶植的结果，并且首次明确提出了"打倒军阀和国际资本帝国主义"④的战斗口号。这样，随着革命实践领域的开拓，中国共产党人的理论水平有了很大的提高，他们对中国国情的认识出现了新的突破，懂得了如果只有"反抗的创造精神"，而不知道"中国客观的实际情形，还是无用的"⑤。

在共产国际的帮助下，中国共产党人运用列宁的民族和殖民地问题理论去分析中国的国情，结合中国革命斗争的实践，研究中国革命的实际问题。1922 年上半年，是中国共产党人探索民主革命任务取得很大进展的重要时期。反帝反封建的革命任务，这时陆续在各种会议和文件中提出来了。

---

① 施存统：《唯物史观在中国的应用》，《"一大"前后》(一)，人民出版社 1980 年版，第 342、343 页。

② 《中国社会主义青年团纲领》，《先驱》第 8 号，1922 年 5 月 15 日。

③ 《中国共产党第一次对于时局的主张》，《先驱》第 9 号，1922 年 6 月 20 日。

④ 《北京京同人案》，《少年中国》第 3 卷第 11 期，1922 年 6 月 1 日。

⑤ 《发刊词》，《先驱》创刊号(1922 年 1 月 25 日)。

1922年6月15日，中共中央发表了《中国共产党对于时局的主张》，这是中国共产党正式成立之后发表的关于时局的第一个宣言。中国共产党在这个声明中，提出了进行民主革命的鲜明政治主张以及11项目前的奋斗目标，其核心内容是对外“取消列强在华各种治外法权”，对内“肃清军阀，没收军阀官僚的财产，将他们的田地分给贫苦农民”。主张采取的革命方法、步骤是：“邀请国民党等革命民主派及革命的社会主义各团体开一个联席会议，在上述原则的基础上共同建立一个民主主义的联合战线，向封建式的军阀继续战争；因为这种联合战争，是解放我们中国人受列强和军阀两重压迫的战争，是中国目前必要的不可免的战争。”①

《中国共产党对于时局的主张》，是中国共产党成立后第一次就民主革命的重大问题宣布自己政见的重要文献，是早期中国共产党人运用马克思列宁主义剖析中国社会状况、解决中国革命问题的新起点。从此，中国共产党人提出的中国现阶段的革命对象，不是本国资产阶级，而是外国帝国主义和本国封建军阀；近期的革命性质不是社会主义革命，而是民族民主革命；对现有的资产阶级政党，不是采取“攻击、排斥”的态度，而是实行联合起来共同对敌的政策了。这些观点，同党的一大纲领、决议相比，在对国情的认识上取得了明显的进步。这说明中国共产党人经过艰苦的探索，对民主革命任务的认识进入了一个新的阶段。

对国际形势和中国无产阶级革命的认识进一步深化，以及党组织的发展和实际革命工作的开展，迫切需要中国共产党制定出符合马克思主义原则和中国实际情况的革命纲领，指明中国革命的具体道路和所应采取的斗争策略。因此，再次召开代表大会，制定党在民主革命阶段的纲领，以及制定适应党组织发展需要的正式章程，就成为摆在中国共产党面前的一项迫切而重要的任务。

---

①《中国共产党对于时局的主张》(1922年6月15日)，中央档案馆编：《中共中央文件选集》第1册，中共中央党校出版社1989年版，第45—46页。

党的二大的筹备

党的二大的筹备工作开始于1921年11月。

1921年11月，由陈独秀署名，中央局向全国各地区党组织发出了《中国共产党中央局通告——关于建立与发展党、团、工会组织及宣传工作等》。这是中央领导机构成立后下发的第一份中央文件。通告对近期党团组织的发展以及工人运动、宣传工作等提出了具体要求。全文如下：

中央局议决通告各区之事如左：

（一）依团体经济状况，议定最低限度必须办到下列四事：(A)上海北京广州武汉长沙五区早在本年内至迟亦须于明年七月开大会前，都能得同志三十人成立区执行委员会，以便开大会时能够依党纲成立正式中央执行委员会。(B)全国社会主义青年团必须在明年七月以前超过二千团员。(C)各区必须有直接管理的工会一个以上，其余的工会也须有切实的联络；在明年大会席上，各区代表关于该区劳动状况，必须有统计的报告。(D)中央局宣传部在明年七月以前，必须出书（关于纯粹的共产主义者）二十种以上。

（二）关于劳动运动，议决以全力组织全国铁道工会，上海北京武汉长沙广州济南唐山南京天津郑州杭州长辛店诸同志，都要尽力于此计划。

（三）关于青年及妇女运动，请各区切实注意；“青年团”及“女界联合会”改造宣言及章程日内即寄上，望依新章从速进行。

中央局书记 T.S.Chen①

《中国共产党中央局通告》是一份不寻常的文件，它是党的一大决议的进一步发展和补充，旗帜鲜明，言简意赅，重点突出，既有最低目标，又让人看到前景，对于推动中共地方组织的建立和扩大，开展以工人运动为中心的

① 中央档案馆编：《中共中央文件选集》第1册，中共中央党校出版社1989年版，第26页。

各项工作起到了促进作用。

更为重要的是，《中国共产党中央局通告》明确指出，党的二大要在“明年7月”召开。在会议地点的选择上，“如在上海，显然要预防租界当局的干扰；如改在广州举行，自然是很安全，不过当时广州的政情很复杂，孙（中山）陈（炯明）磨擦之说已甚嚣尘上，如果国民党内部真发生冲突，我们在广州举行大会就会有些不便。”[①]于是，中央委托陈独秀、张国焘借参加全国劳动大会和青年团大会之际，考察广州的政治情况，以决定党的二大能否在广州举行。到1922年5月中旬，“鉴于广州局势的严重，觉得中共第二次全国代表大会在广州举行是不适宜的，因而决定仍在上海举行。”[②]

李达回忆说：“一九二二年三月，第三国际拍来一份英文电报，主张中国应干国民革命（National Revolution 译为国民革命），当时我们不懂国民革命是什么。同年夏季，张国焘和十多位青年团员从莫斯科回到了上海，带来了国际指示，也带回许多文件。国际的指示主张中国应当实行国民革命，反对帝国主义与封建军阀，建立民主国家。于是党就在七月间召开了第二次代表大会。”[③]

二、党的二大的召开与第一部党章的制定

出席党的二大代表的组成

出席中国共产党第二次全国代表大会的代表有12人。值得注意的是，这些代表不是各地党支部推荐的，李达回忆说：“出席这次代表大会的代表不是经过民主选举产生的，而是由陈独秀、张国焘指定从莫斯科回国的是那省的人就作为那省的代表。”[④]

根据中共中央党史研究室著的《中国共产党历史》第一卷的说法，这12名代表分别是：中央局书记陈独秀，委员张国焘、李达，上海代表杨明斋，北

① 张国焘：《我的回忆》（上），东方出版社2004年版，第200—201页。

② 张国焘：《我的回忆》（上），东方出版社2004年版，第215页。

③ 李达：《中国共产党的发起和第一次第二次代表大会经过的回忆》（节录），《“二大”和“三大”》，中国社会科学出版社1985年版，第587页。

④ 《中国共产党第二次全国代表大会》，中共党史出版社2006年版，第184页。

京代表罗章龙，山东代表王尽美，湖北代表许白昊，湖南代表蔡和森，广东代表谭平山，中国劳动组合书记部代表李震瀛，中国社会主义青年团临时中央局代表施存统，还有一人姓名不详。之所以会出现这种情况，主要原因是缺少档案文献，出席党的二大的代表基本上要靠当事人的回忆，而回忆多有不同，至今尚难确定。

值得注意的是，这份代表名单里没有毛泽东。然而，根据出席党的六大代表整理的《中共历次大会代表和党员数量增加及其成份比例表》的记载，毛泽东是 12 名代表之一。如果是的话，那他为什么缺席了呢？1936 年，毛泽东在陕北保安的窑洞里与来访的美国记者埃德加·斯诺谈话时给出了答案，他回忆说，“我被派到上海去帮助组织反对赵恒惕的运动。那年（一九二二年）冬天，第二次党代表大会在上海召开，我本想参加，可是忘记了开会的地点，又找不到任何同志，结果没有能出席。”①

显然，毛泽东应该是党的二大的代表，缺席的原因是没有找到开会的地点，这在当时的形势下是完全有可能的。因为在当时的政治环境下，党的二大接受了党的一大遭到侵扰的教训，采取了必要的安全措施。会议以小型的分组活动为主，每次召开全体会议时都变换会址，以免引起租界巡捕房和反动当局的注意。

除了毛泽东之外，还有不少党的一大代表也没有出席党的二大，这又是什么原因呢？目前比较普遍的看法是：党的一大以后，代表们作为“初期党组织的中坚力量”，忙于培养党员、宣传无产阶级革命思想，也许无法从紧张的革命工作中脱身。例如，刘仁静和邓中夏一起创办社会主义青年团机关刊物《先驱》，还在北大发起成立马克思学说研究会；董必武和陈潭秋回武汉后，正式成立湖北省党的领导机构，并且领导了一次没有成功的军事斗争；何叔衡与毛泽东一起建立中共湘区执委会，期间他还由毛泽东推荐到湖南第一师范学校附小教书；邓恩铭赴莫斯科参加远东各国共产党和民族革命团体第一次代表大会以后，在青岛创建党组织。

当然，也有个别代表开始远离党组织，例如李汉俊在党的一大后不久，

① [美]埃德加·斯诺：《西行漫记》，生活·读书·新知三联书店 1979 年版，第 133—134 页。

便在脱党的路上越走越远；陈公博投靠陈炯明；周佛海在党的一大后到日本留学，1924 年回国以后也脱离了党组织。

时任湖北党组织负责人的包惠僧对于自己缺席党的二大的原因是这样解释的，“我本人极力反对张国焘在党内进行‘小组织’活动，与张国焘的摩擦很厉害。二大召开以前，中央局署名‘钟英’（中央局当时的化名）写信给我说，‘武汉工作重要，叫我不要离开，出席代表可另派一位同志。’我接到信以后，联想到张国焘的‘小组织’会在二大上‘捣鬼’，于是决定：‘我不能争着要去出席，我也不能让张国焘小组织分子去出席。’我就提了项英，多数同志同意，其实，项英此时入党还不到一年。”[①]至于项英的党的二大代表的身份，尚在考证之中。

党的二大的召开

翻开 1922 年 7 月 16 日的《申报》，兵变，匪乱，交战，饿殍，诸种“不幸之事”，几乎每一天都如影随形。这一天的《申报》还有这样的记载：北京，“黎大总统”痛感“政令不行”，准备辞职；上海，外商纱厂集会讨论，停止晚上开工；出现在这天报纸上的还有一批清华学生的留念合影，次日他们将启程远赴美国留学……这或许只是那个动荡年代中的普通一天。然而，就在这一天，中国共产党在上海霞飞路以北的英租界南成都路辅德里 625 号（今成都北路 7 弄 30 号）的“李公馆”里，秘密召开了第二次全国代表大会。

第一次全体会议在辅德里 625 号李达的家举行。会议首先听取了中央局书记陈独秀代表中央局向大会作的一年来工作报告，介绍党组织的发展和京、汉、湘、粤等地工人运动的情况。他在报告中着重阐述了党在中国民主革命中的纲领和策略。随后，中央局组织委员张国焘向大会介绍了远东各国共产党及民族革命团体第一次代表大会的经过，以及第一次全国劳动大会的情况。接着，中国社会主义青年团中央书记施存统向大会报告了中国社会主义青年团第一次全国代表大会的情况。大会随即对以上三人的报告和发言进行了讨论，通过了中共中央局的工作报告，追认了党中央在 1922 年 6 月 15 日所发

---

① 《包惠僧回忆录》，人民出版社 1983 年版，第 10—11 页。

表的对时局的主张，以及第一次全国劳动大会和中国社会主义青年团第一次全国代表大会的决议案等。

会议接着讨论了党在现阶段革命中的方针政策。多数代表认识到中国当前不可能实行打倒资产阶级的社会主义革命，而只能联合资产阶级进行推翻帝国主义和封建军阀统治的民族民主革命。

会上，有的代表在讨论中提出：资产阶级是无产阶级的革命对象，现在我们却要帮助资产阶级完成民主革命，使敌人掌握政权，反过来压迫无产阶级，这不是一个矛盾吗？大多数代表不同意这种看法，认为党的民主方针与党的根本目标不是矛盾的，因为进行民主革命并不是放弃社会主义革命，联合资产阶级也不是投降资产阶级。民主革命胜利固然使资产阶级获得利益，工农群众同样可以得到一些权利和自由，进一步加强本阶级的力量和地位，这种暂时的联合是工人阶级根本利益的需要，是为将来进行社会主义革命准备条件。会议认为有必要发表一个大会宣言，阐明党的政治主张，并推举陈独秀、蔡和森、张国焘组成起草委员会，负责起草大会宣言和有关文件，蔡和森、张国焘推陈独秀执笔。

陈独秀拟出《中国共产党第二次全国大会宣言》初稿后，先交委员会讨论修改。蔡和森、张国焘提出了补充和修改意见，完成了供大会讨论的宣言草案。这个《宣言》丰富和发展了中共对于时局的主张。它首先追述了国际帝国主义对中国的宰割史，分析了中国所处的时代和国际环境，指出中国革命发生在第一次世界大战和俄国十月革命后，只有与世界无产阶级革命联合起来，才能迅速取得胜利。接着，《宣言》分析了鸦片战争后中国社会的经济、政治现状，指明中国社会的半封建半殖民地性质，揭露军阀是帝国主义侵略和压迫中国的工具，初步阐明了中国革命的性质、任务和动力，制定了党的最低纲领和最高纲领。

反帝反封建的民主革命纲领的制定

《中国共产党第二次全国大会宣言》是一份具有重大历史意义的文件。《宣言》内容分为三个部分：

第一部分是“国际帝国主义宰制下之中国”。主要是对国际形势的分析。

《宣言》回顾了自鸦片战争以来外国资本——帝国主义侵略中国的历史，进而分析了帝国主义侵华的最新动向，论述了世界政治斗争发展的新趋势，指明了中华民族解放的道路。《宣言》指出，帝国主义国家之间正在把用战争方式争夺殖民地的“互竞侵略”，变为谈判形式的“协同侵略”。“这种协同的侵略，将要完成剥夺中国人民的经济独立，使四万万被压迫的中国人都变成新式主人国际托拉斯的奴隶。因此最近的时期，是中国人民的生死关头，是不得不起来奋斗的时期。”《宣言》指出，中国的反帝国主义的运动“一定要并入全世界被压迫的民族革命潮流中，再与世界无产阶级革命运动联合起来，才能迅速地打倒共同的压迫者——国际资本帝国主义。中国劳苦群众要从帝国主义的压迫中把自己解放出来，只有走这条唯一的道路”。

第二部分是“中国政治经济现状与受压迫的劳苦群众”。该部分分析了国内的政治经济状况，分析了社会各阶级的地位、特点和政治态度，为民主革命纲领的制定提供了依据。

《宣言》对中国社会的半殖民地半封建性质，作了比以往文献更为确切的论述，不仅分析了国内政治经济状况以及社会各阶级的地位和动向，还指出了决定中国社会性质的两个因素：一方面，“帝国主义的列强既然在中国政治经济上具有支配的实力，因此中国一切重要的政治经济，没有不是受它们操纵的”，这就决定了中国社会的半殖民地性质；另一方面，中国现在“尚停留在半原始的家庭农业和手工业的经济基础上面，工业资本主义化的时期还很远，所以在政治方面还是处于军阀官僚的封建制度把持之下”①，这又决定了中国社会的半封建性质。

中国共产党制定现阶段中国革命的纲领，不仅要认清民主革命的对象，而且还必须寻求民主革命的主力军和同盟军。为此，《宣言》对中国社会各阶级的经济地位和政治态度，逐一作了初步的分析，既认清了反帝反封建是各阶级的共同愿望，又看到了民主革命的群众力量。更可贵的是，它已经提出了工农联合的设想，指出“大量的贫苦农民能和工人握手革命，那时可以保证中国革命的成功”。

---

① 《中国共产党第二次全国代表大会宣言》，中央档案馆编：《中共中央文件选集》第1册，中共中央党校出版社1989年版，第109页。

第三部分是“中国共产党的任务及其目前的奋斗”。基于上述分析和认识，党的二大提出了党的最高纲领和最低纲领、革命分两步走的战略方针。

《宣言》指出中国共产党的最高纲领是：“中国共产党是中国无产阶级政党。他的目的是要组织无产阶级，用阶级斗争的手段，建立劳农专政的统治，铲除私有财产制度，渐次达到一个共产主义的社会。”党的最低纲领是：“消除内乱，打倒军阀，建设国内和平”；“推翻国际帝国主义的压迫，达到中华民族完全独立”，“统一中国本部（东三省在内）为真正民主共和国。”[①]

党的二大第一次将党在民主革命中要实现的目标同将来进行社会主义革命要实现的长远目标结合起来，对于民主革命和社会主义革命之间的具体联系作了初步的分析。《宣言》指出：“民主主义革命成功了，无产阶级不过得着一些自由与权利，还是不能完全解放。而且民主主义成功，幼稚的资产阶级便会迅速发展，与无产阶级处于对抗地位。无产阶级便须对付资产阶级，实行‘与贫苦农民联合的无产阶级专政’的第二步奋斗。如果无产阶级的组织力和战斗力强固，这第二步奋斗是能跟着民主主义革命胜利以后即刻成功的。”[②]

党的二大制定的反帝反封建的民主革命纲领，与党的一大所确定的直接进行社会主义革命相比，从表面形式上看，革命的近期目标降低了，而从实质来看，这是中国共产党人对中国国情和中国革命认识的一次重大飞跃和深化，是党把马克思主义同中国革命实践相结合的一个重要成果。这表明中国共产党在把马克思主义同中国革命实际相结合的道路上，迈出了可贵的第一步。而这一步之所以能够如此迅速地迈出，也不是偶然的。

从党的一大确定直接进行社会主义革命，到党的二大确定首先进行民主革命然后再进行社会主义，这是党的战略方针的一次重大转变。当然，如果只有正确的纲领，没有一系列与之相适应的方针、政策和策略，革命还是不能胜利。

---

① 《中国共产党第二次全国代表大会宣言》，中央档案馆编：《中共中央文件选集》第1册，中共中央党校出版社1989年版，第116页。

② 《中国共产党第二次全国代表大会宣言》，中央档案馆编：《中共中央文件选集》第1册，中共中央党校出版社1989年版，第114—115页。

第一次国共合作的酝酿

党的二大通过的《关于"民主的联合战线"的决议案》，在某种程度上改变了党的一大决议中不与其他政党发生关系的决定，确定了建立联合战线的实施计划和步骤：先邀请中国国民党及社会主义青年团的代表，在适当地点开会商讨建立联合战线问题；在国会联络"真正民主派的议员"，组成"左派联盟"；再与工、农、商、学、妇女、法律、新闻等各界群众团体建立联系，组织"民主主义大同盟"。这就改变了中国共产党第一次全国代表大会文件中不同其他党派建立任何联系的规定。同时，《决议案》强调，无产阶级一方面固然应该"联合民主派，援助民主派，然亦只是联合与援助，绝不是投降、附属与合并"；另一方面，"应该集合在无产阶级的政党——共产党的旗帜之下，独立做自己阶级的运动"。

然而，党的二大的决定与共产国际代表马林的设想还有很大的差距。为促进国共两党合作，共产国际、俄共（布）做了大量的工作。

在党的一大结束后不久，马林与孙中山进行了直接的接触，并对国民党进行了全面考察，他认为国民党"不是一个资产阶级政党，而是'多阶级的联盟'"[①]，在中国开展民族民主运动，可以同共产党合作的，不是陈炯明，也不是吴佩孚，而是孙中山领导的国民党。1922 年 3 月 29 日马林离京赴沪，4 月 2 日回到上海。他分别与中国共产党和国民党的领导人进行了多次交谈，酝酿国共合作问题。马林与国民党领导人谈话的结果是国民党允许中国共产党人在其党内进行共产主义宣传。而在与中共领导人的谈话时则遇到了不小的阻力。之后，马林认为应该回共产国际去，一方面汇报自己在中国工作的情况和准备实施的策略，另一方面是希望自己的主张能够得到共产国际的支持。

1922 年 7 月上旬，马林抵达莫斯科，并于 7 月 17 日向共产国际执行委员会提交了《给共产国际执委会的报告》。马林在报告中根据自己对中国情况的观察和认识，详细而具体地叙述了中国当前的政治局势，分析了中国共产

---

① 道夫·宾：《斯内夫利特和初期的中国共产党》，中国社会科学院现代史研究室编：《马林在中国的有关资料》，人民出版社 1980 年版，第 39 页。

党和其他党派的情况，指出了孙中山领导的中国国民党是真正的民族主义运动的力量，提出了中国共产党党员以个人身份加入中国国民党以实现国共两党合作的建议。

共产国际执行委员会高度评价了马林的报告，7 月 18 日，共产国际执委会主席团做出一项决定，为保密起见，把它用打字机打印在马林的一件衬衣上，成为马林的“尚方宝剑”，在随后召开的中共西湖会议上发挥了重要作用。这项由维经斯基签发的密令指出：“根据共产国际主席团七月十八日的决定，中共中央委员会在接到通知后，必须立即把地址迁到广州，所有的工作都必须在和菲利浦同志（斯内夫利特）紧密联系下进行。”①

1922 年 8 月，当马林从莫斯科回到中国时，党的二大已经闭幕，对于会上做出的同中国国民党建立“民主的联合战线”的决定，马林认为是空洞的、不能实行的。他告诉中国共产党人，共产国际认为共产党员以个人身份加入中国国民党的办法是实现联合战线的“可行途径”。

为了统一对国共合作问题的认识，1922 年 8 月 29 日至 30 日，中共中央执行委员会根据马林的提议，在杭州西湖举行了为期两天的特别会议。出席会议的有陈独秀、李大钊、蔡和森、张国焘、高君宇、张太雷和马林，共七人。会议的内容是讨论共产国际关于同中国国民党建立统一战线的组织形式问题。马林在会上传达了共产国际的指示，并坚决主张中共党员以个人身份加入中国国民党，以建立国共统一战线。马林的发言立即遭到几个人的反对，其中张国焘的态度最为激烈。以至于许多年以后，在回忆此次会议时，马林还能不假思索地说，当时反对党内合作最有力的是张国焘。

陈独秀回忆说，“当时中共中央五个委员：李守常、张特立、蔡和森、高君宇及我，都一致反对此提案，其主要的理由是：党内联合乃混合了阶级组织和牵制了我们的独立政策。最后，国际代表提出中国党是否服从国际决议为言，于是中共中央为尊重国际纪律遂不得不接受国际提议，承认加入国民党。”②

这里所说的“国际纪律”是指党的二大通过的《中国共产党加入第三国际

① 道夫·宾：《对〈是否有一个斯内夫利特战略？〉一文的答复》，中国社会科学院现代史研究室编：《马林在中国的有关资料》，人民出版社 1980 年版，第 66 页。

② 陈独秀：《告全党同志书》，《“二大”和“三大”》，中国社会科学出版社 1985 年版，第 521 页。

决议案》，确认中国共产党是共产国际的一个支部，这在当时说来是必要的也是必然的一种抉择。为了坚决防止第二国际的影响，共产国际第二次代表大会通过的《第三国际的加入条件》规定，“每个加入共产国际的党的纲领，都应该由例行的共产国际代表大会或共产国际执行委员会批准”；“共产国际代表大会及其执行委员会的一切决定，所有加入共产国际的党都必须执行”[①]。中国共产党加入共产国际后，就必须服从这些条件。

三、党的二大党章的内容与特点

党的二大党章的内容

通常所说的党的二大党章是个略称，它不仅包括大会通过的《中国共产党章程》、《关于共产党的组织章程决议案》，甚至还包括《中国共产党第二次全国代表大会宣言》的一部分内容。

《中国共产党第二次全国代表大会宣言》和《关于共产党的组织章程决议案》规定了党的政治纲领、奋斗目标、党的性质等内容。《中国共产党第二次全国代表大会宣言》分析了当时中国社会受帝国主义和封建势力压迫与统治的特点，并在上述分析和认识的基础上制定了“中国共产党的任务及其目前的奋斗”，也就是党的最高纲领和最低纲领、革命分两步走的战略方针。党在现今的奋斗，是进行反帝反封建的“民主主义革命”，在民主主义的革命中，要建立民主主义的联合战线，党的奋斗目标是“消除内乱，打倒军阀，建设国内和平”，“推翻国际帝国主义的压迫，达到中华民族完全独立”。这就是党的民主革命纲领，即党的最低纲领。它是中国近代史上第一次明确地提出彻底反帝反封建的纲领。

《关于共产党的组织章程决议案》首次明确了党的性质。它清晰地指出了党的无产阶级先锋队的性质。“中国共产党应该是无产阶级中最有革命精神的群众组织起来为无产阶级的利益而奋斗的政党，它是革命运动的急先锋”；“我们既然不是讲学的知识者，也不是空想的革命家，我们便不必到大学校到

① 列宁：《加入共产国际的条件》，《列宁选集》第4卷，人民出版社1995年版，第254页。

研究会到图书馆去，我们既然是为无产群众奋斗的政党，我们便要‘到群众中去’要组成一个大的‘群众党’。”[①]

为了把中国共产党建设成为一个革命的群众性的无产阶级政党，《关于共产党的组织章程决议案》还提出了党在建设过程中必须遵循的原则。首先，“党的一切运动都必须深入到广大群众里面去。”[②]这就清晰地提出了我们党的群众路线的原则。党的二大提出要真正把自己建设成为无产阶级政党，要为绝大多数人谋求利益，党必须要深入到群众中去。群众路线由此发展成为我们党的根本政治路线，也是党的根本组织路线。其次，“党的内部必须有适应于革命的组织和谏训[训练]。”[③]适应革命的组织主要指的是党的基层组织，也就是说建立深入群众的开展革命工作的基层组织。在党的二大党章中也看到相关的详细规定：“各农村各工厂各铁路各矿山各兵营各学校等机关及附近，凡有党员三人至五人均得成立一组，每组公推一人为组长，隶属地方支部(如各组所在地尚无地方支部时，则由区执行委员会指定隶属邻近之支部或直隶区执行委员会；未有区执行委员会之地方，则直接受中央执行委员会之指挥监督)。”[④]党的二大提出要把党的最基层组织建立在社会的基层的原则，发挥了战斗堡垒的作用，具有很强的凝聚力和战斗力，为以后中国革命的开展以及中国社会的建设打下了良好基础。

为了在党内实行“严密的、集权的、有纪律的组织与训练”，党的二大提出了“要有集权精神与铁似的纪律”等七条原则：

(一)自中央机关以至小团体的基本组织要有严密系统才免得乌合的状态；要有集权精神与铁似的纪律，才免得安那其的状态。

(二)个个党员都要在行动上受党中军队式的训练。

(三)个个党员不应只是在言论上表示是共产主义者，重在行动上表现出

---

① 《关于共产党的组织章程决议案》，中央档案馆编：《中共中央文件选集》第1册，中共中央党校出版社1989年版，第90页。

② 《关于共产党的组织章程决议案》，中央档案馆编：《中共中央文件选集》第1册，中共中央党校出版社1989年版，第90页。

③ 《关于共产党的组织章程决议案》，中央档案馆编：《中共中央文件选集》第1册，中共中央党校出版社1989年版，第90页。

④ 《中国共产党党章》，中央档案馆编：《中共中央文件选集》第1册，中共中央党校出版社1989年版，第93—94页。

来是共产主义者。

（四）个个党员须牺牲个人的感情意见及利益关系以拥护党的一致。

（五）个个党员须记牢，一日不为共产党活动，在这一日便是破坏共产主义者。

（六）无论何时何地，个个党员的言论，必须是党的言论，个个党员的活动，必须是党的活动；不可有离党的个人的或地方的意味。离开党的支配而做共产主义的活动，这完全是个人的活动，不是党的活动，这完全是安那其的共产主义。

（七）个个党员须了解，共产党施行集权与训练时，不应以资产阶级的法律秩序等观念施行之，乃应以共产革命在事实上所需要的观念施行之。①

从某种角度上说，《关于共产党的组织章程决议案》更多意义上承担的是总纲的职能，《中国共产党章程》本身则更多具有条文的性质。

与党的一大所通过的党纲相比，党的二大党章更加完整地体现党的民主集中制的原则。它分党员、组织、会议、纪律、经费和附则等6章，共29条，3000多字。

第一章为“党员”，集中回答党员入党条件及审批手续。“凡承认本党宣言及章程并愿忠实为本党服务者，均得为本党党员”。“已经加入第三国际所承认之各国共产党者，均得为本党党员。”在入党手续上规定，要有党员一人介绍，经地方执行委员会许可，逐级报告中央，次第审查通过，始得成为正式党员。

第二章为“组织”，集中回答党组织的设置及形成系统问题。党章规定：“各农村、各工厂、各铁路、各矿山、各兵营、各学校等机关及附近，凡有党员三人至五人均得成立一组。”此小组为党的基本单位，隶属所在地方支部或邻近地方支部，其任务是“训练党员”。

第三章为“会议”，集中回答党的活动方式及领导方式问题。党章规定定期会议制度，例如支部每月一次会议，地方、区每半年一次会议，是为例行会议。会议可分党员会议、干部会议或代表大会。全国代表大会为年会制，每年一次。除了例会之外，还有临时会议；会议的召集人由各级执行委员会委员长

① 《关于共产党的组织章程决议案》，中央档案馆编：《中共中央文件选集》第1册，中共中央党校出版社1989年版，第91页。

或中央特派员担任。中央特派员的制度就是由此开始。

第四章为“纪律”，集中回答了中央机构职权划分及党的纪律规则、审批权限等问题。党章规定：“全国代表大会为本党最高机关，在全国大会闭会期间，中央执行委员会为最高机关。”这一章中还基本概括了党的纪律原则，即“一切会议均得取决多数，少数绝对服从多数”，“下级机关须完全执行上级机关之命令”。同上级的指示有不一致时，在上级未作出新决定前，“仍需执行上级机关之命令”。

第五章为“经费”，主要回答经费来源及支配权限问题。党章规定：党员应按月缴党费，此外还有“党内派捐”、“党外协助”。经费支配权限则集中于中央执行委员会。

第六章为“附则”。按照惯例，采取立法权、修改权、解释权一致的办法，所以党章的修改之权属于全国代表大会，解释之权属于中央执行委员会。

依据《中国共产党党章》的规定，党的二大选举产生了中央执行委员会。陈独秀、张国焘、蔡和森、高君宇、邓中夏被选为中央执行委员，另选出三名候补执行委员。陈独秀被选为中央执行委员会委员长，蔡和森、张国焘分别负责党的宣传、组织工作①。

党的二大出色地完成了党的一大在特定环境下未尽的党的创建工作，续写了党的创建新篇章，标志着中国共产党从政治上、理论上和组织上完备的建成，它客观地反映了一个无产阶级政党的形成过程。

党的二大党章的特点

作为中国共产党的第一部党章，党的二大党章具有以下几个特点：

首先，内容比较全面，涉及了党的组织建设、领导制度、纪律规则等许多重要条款，其核心是建立严密的各级组织，加强党的纪律。

党的二大通过的《关于共产党的组织章程决议案》与《中国共产党章程》，

① 中国共产党的二届中委五人名单，尚未查到直接档案材料。陈独秀在 1929 年写的材料与蔡和森、瞿秋白分别在 1926 年、1930 年写的材料，所列五人名单中，四个人是相同的，另一人陈说是李大钊，蔡、瞿说是邓中夏。以往许多有关记述用的是陈独秀的说法，但根据共产国际驻中国的代表马林所写的材料记载，二届中委五人中有邓中夏而无李大钊。由马林的材料可以判断，邓中夏在党的二大上被选为中央委员。

为党组织的发展壮大适时提供了思想保证和制度保障。与党的一大纲领相比，党的二大党章坚持列宁的建党思想，对党员规定了更为严格的组织纪律，明确规定有下列各项之一的，包括言论行动有违背本党宣言、章程及大会、各执行委员会之议决案；无故连续两次不到会；欠缴党费三个月；无故连续四个星期不为本党服务；经中央执委会命令其停止出席留党察看期满而不改悟；泄露党的秘密等，一律予以开除。这为我们党能够在当时非常严酷的环境下生存下来并日益发展壮大，提供了纪律保障。中国共产党创建初期高度的组织纪律性，为以后党的建设奠定了坚实基础，也正是在这部党章的指导下，党的建设获得了蓬勃发展。

与党的一大纲领相比，党的二大党章从内容到结构、从实体规定到程序规定，都有长足的进步。党的二大党章从根本原则到具体制度上，应该说都已经初步形成了一套相对完整的体系。更为重要的是，我们党第一次有了正式的党章，反映了党的理论的进一步发展和实际工作经验的增多，对于规范党员和党组织行为，健全党内生活，促进党组织的巩固和发展，提高党的战斗力，都起到了积极作用。

其次，大部分党的二大党章是实体性内容，但也增加了不少程序性规定，表明了我们党认识到程序性规定在党建中的必要性和重要性，客观地反映了党组织在领导革命实践过程中实际经验的积累过程。

在实体性内容中，党的二大党章规定全国代表大会为党的最高机关，在全国代表大会闭会期间，中央执行委员会为最高机关；全国代表大会及中央执行委员会的决议，全体党员都必须绝对服从；党的一切决议均取决于多数，少数绝对服从多数。这些规定使党能以无产阶级先锋队的面貌，迅速从中国各政党和团体中脱颖而出，获得中国工人阶级和其他劳动群众的信赖，也为以后党的建设奠定了坚实基础，为发动和领导中国革命走向高潮提供了有力的保证。

与党的一大纲领相比，党的二大党章大量增加了程序性规定，表明我们党认识到了程序性规定的必要性和重要性，也使得党章的规定更具有可操作性。在入党审批方面，党的二大党章的规定比党的一大纲领更具体、更具有层次性，其中关于“党员”一章规定：“本党党员无国籍性别之分，凡承认本党宣言及章程并愿忠实为本党服务者，均得为本党党员。”“党员入党时，须有党员一人介绍于地方执行委员会，经地方执行委员会之许可，由地方执行委员会报告区执行委员会，由区执行委员会报告中央委员会，经区及中央执行委员会次第审查通过，始得为正式党员；但工人只须地方执行委员会承认报告区及中央执行委员会即为党员。”“凡经中央执行委员会直接承认者，或已经加入第三国际所承认之各国共产党者，均得承认为本党党员。”①

从这些规定可以看出当时对党员标准和条件规定的三个特点：一是对新党员的审查批准相当严格。二是对工人入党的审查相对要宽松一些。三是党员无国籍之分，凡是得到共产国际承认的其他国家共产党党员也是中国共产党党员。

第三，党的二大党章明显受到共产国际与俄(共)布的一些影响，虽然也在一定程度上结合了中国的特殊情况。

1920 年 7 月，共产国际第二次代表大会通过的《第三国际的加入条件》规定，“每个加入共产国际的党的纲领，都应该由例行的共产国际代表大会或共产国际执行委员会批准”；“共产国际代表大会及其执行委员会的一切决定，所有加入共产国际的党都必须执行”②。中国共产党加入共产国际后，必须服从这些条件，因而不能不给中国革命带来一些消极的影响，也给自己的第一部党章打上了苏俄的烙印。在对党的二大党章和 1919 年年底的俄共(布)八大党章进行对比研究后，我们不难看出，写进两部党章的概念基本是相同的，中国共产党支部的结构、组织上的等级制度、党的纪律和经费收入都和俄国共产党的党章一样。但这些都不是用同样的言辞表达的，也不是在所有细节上都一样。正如美国学者哈泽德教授指出的，“给人的印象是，熟悉俄国共产党章程的某个起草者给中国共产党制定了一套章程，而把我所不了解的中国党的特殊情况(或许是历史上的情况)考虑在内了。”③

由于党处在幼年时期，理论准备不足，实践经验比较少，因此党的二大

① 《中国共产党党章》，中央档案馆编：《中共中央文件选集》第 1 册，中共中央党校出版社 1989 年版，第 93 页。

② 列宁：《加入共产国际的条件》，《列宁选集》第 4 卷，人民出版社 1995 年版，第 254 页。

③ 陈公博：《共产主义运动在中国》，中国社会科学出版社 1982 年版，第 51 页。

党章也难免存在一些不足，包括没有反映出俄共(布)八大党章中规定的民主集中制的指导原则；在中央执行委员会实行选举制的同时，没有在地方执行委员会一级推广，地方执行委员会实行“推举制度”；只规定了党的最高领导机关，没有对其他各级党的委员会做出相应的或类似的规定；对违反党纪的党员只规定开除党籍一种处分规定。

毋庸置疑，党的二大通过第一个正式章程的重大意义，在于它是我们党的划时代的大事，标志着党的创建工作圆满完成，中国革命事业进入了一个新阶段。

第三章
大革命时期对党章的三次修正

一、革命形势的迅猛发展与党的三大对党章的第一次修正

中国工人运动的第一次高潮

从1921年下半年开始到1923年年初，中国出现了第一次工人运动高潮。1923年2月爆发的京汉铁路工人大罢工是这次罢工高潮的最高峰。

在大罢工之前，京汉铁路工人已陆续组织起工人俱乐部，到1922年春，全路有16个单位成立了工会组织，百人以上的车站均设立分会。为了统一京汉铁路的工人组织，中国共产党决定于1923年2月1日在郑州举行京汉铁路总工会的成立大会。在工人运动迅速发展的形势下，直系军阀吴佩孚撕下“保护劳工”的假面具，派兵包围了会场，禁止大会召开。来自全路各站的工人代表不顾禁令，冲破军警的包围圈，进入会场，举行会议，并在欢呼声中正式宣告京汉铁路总工会的成立。吴佩孚恼羞成怒，悍然派兵捣毁了会场和总工会办事处。总工会决定迁至汉口江岸办公，并决定从2月4日起举行全路总罢工，以抗议军阀的暴行。

京汉铁路工人大罢工，在政治上和经济上给了帝国主义及其走狗吴佩孚一次严重打击，因此，帝国主义便直接插手干涉中国工人运动。在帝国主义的唆使和支持下，由军阀政府预谋策划的一场血腥大屠杀终于发生了。

2月7日，吴佩孚指使湖北督军萧耀南派出大批反动军警包围了江岸总

工会，开枪扫射工人纠察队，当场打死工人 32 人，打伤 200 余人。京汉铁路总工会江岸分会委员长林祥谦以及著名律师施洋等优秀共产党员也惨遭杀害。同一天，长辛店、保定、郑州和京汉铁路其他各站，也都遭到了敌人镇压，制造了震惊中外的二七惨案。工人被杀 40 余人，被捕 40 余人，受伤数百人，被开除 1000 余人。

这一事件，使共产国际远东局和苏联外交部门认清了吴佩孚的真面目，也深刻地教育了中国工人阶级及其政党，使他们认识到：如果没有强有力的同盟军，没有自己的武装，就无法在毫无民主权利的条件下战胜全副武装的反动派。

统一战线和武装斗争，是当时中国革命中的两个根本性的问题。年轻的中国共产党人正是带着这些从实际工作中初步总结出来的经验教训，进入了以国共合作为基础的大革命时期。

党在创立初期的自身建设

中国共产党成立以后，在发动和领导革命斗争的过程中，开始注意加强自身的建设，取得了初步的成效。

建党初期，党的建设的一个迫切任务是迅速在各地建立和健全党的组织机构，发展党员尤其是发展工人党员。党的二大以后，党的组织有所发展，中央领导机关人数也相应有所增加。到党的三大召开前，党员人数从 200 多人增加到 420 多人，“其中在国外的有四十四人，工人一百六十四人，妇女三十七人，另外还有十个同志被关在狱中。”[①]

中国共产党成立后，注意深入群众，深入实际。同时，很多知识分子党员通过与工农群众相结合，思想感情和工作作风发生了很大转变，成长为合格的无产阶级的先锋战士。党的自身建设在创建时期已有一个良好的开端，取得了初步的成果，使中国共产党能以无产阶级先锋队的面貌，迅速从中国各政党和团体中脱颖而出，获得中国工人阶级和其他劳动群众的信赖。这为

① 《陈独秀在中国共产党第三次全国代表大会上的报告》，《“二大”和“三大”》，中国社会科学出版社 1985 年版，第 168 页。

以后中国共产党的建设奠定了坚实基础，为发动和领导中国革命走向高潮提供了有力的保证。

党的二大以后，以反对封建军阀和推翻帝国主义压迫为主要特征的革命运动逐渐形成高潮。在中国共产党的领导下，中国工人运动蓬勃发展，以香港海员罢工为起点，中国共产党相继发动和领导了安源路矿工人罢工、开滦煤矿工人罢工和京汉铁路工人罢工等具有重大影响的罢工斗争，掀起了中国工人运动的第一个高潮。1923 年 2 月 4 日爆发的京汉铁路工人大罢工，使第一次工人运动高潮达到顶点。无产阶级队伍在斗争中受到锻炼，党的阶级基础进一步巩固。但由于帝国主义和封建军阀的残酷镇压，1923 年 2 月，京汉铁路工人大罢工失败，其他方面的群众运动也相继受挫。

这表明，中国革命迫切需要中国共产党作出符合当时形势的正确判断：第一，要推翻封建军阀的统治必须反对外国帝国主义。第二，为了战胜帝国主义和封建军阀这两个强大的敌人，“工人阶级独立的斗争是不能得到胜利的，而必要有各阶级的援助。”[①]这就把同以孙中山为首的中国国民党合作的问题提到更迫切的议事日程上来，从而为国共第一次合作的实现和大革命的到来准备了条件。

革命形势的不断高涨对于中国共产党的建设与发展提出了新的要求，年幼的中国共产党正是带着这些新要求、新任务，迈入了以国共合作为基础的反帝反封建的大革命之中。

党的三大的筹备与召开

在共产国际的帮助下，中国共产党开始了同中国国民党合作的步伐。那时候的国民党也不很景气，他们在屡经挫折后并没有多大力量，内部成分相当复杂，还严重地脱离群众。但是国民党有三个不可忽视的优点：第一，在当时中国社会上有一定的威信。第二，这个党在南方有一块根据地。第三，在国民党内有一批忠诚于民族民主革命的分子。

① 蔡和森：《中国共产党史的发展》，《中共党史报告选编》，中共中央党校出版社 1982 年版，第 46 页。

1923年1月12日，共产国际执行委员会作出《关于中国共产党与国民党的关系问题的决议》。这是共产国际第一次专门就中国问题作出的决议，显然它把国共关系看成是中国革命中具有重要意义的事件。

随后发生了两件对国共关系的发展产生重大影响的事情。

一件是令人震惊的二七惨案。蔡和森指出："这次失败给了我们很大的教训，教训就是孤军奋斗。此时在政治上是曹吴及英帝国主义统治之时，故政治上的压迫很严重，因此第三次大会无论客观上与主观上都有加入国民党找得政治上的同盟者的条件。"①

另一件是孙中山在2月21日回到广州，就任大元帅，重建广东革命根据地。这使得中共中央于4月南迁广州，也使得党的三大在广州公开举行成为可能。在共产国际代表马林看来，只有广州才有召集党代会的条件，其理由是：一、南方有广泛的合法条件；二、广州有最先进的工人运动；三、广州是国民党的活动中心。合法条件和广州工人运动的规模，为中共提出了同工人群众建立联系的可能性。

为适应新形势下革命斗争的需要，进一步推动革命形势向前发展，同时解决党在组织建设中存在的问题，中国共产党第三次全国代表大会进入了筹备阶段。

党的三大的筹备工作从5月就开始了，到正式开会约一个月时间。筹备工作主要由共产国际代表和党的二届中央委员会主持。全国各地共推选代表40名，马林在1923年6月25日给共产国际执委会的报告中说："出席大会的代表来自北京、唐山、长辛店、哈尔滨、山东（济南府）、浦口、上海、杭州、汉口、长沙和平江（湖南）、广州和莫斯科（旅苏学生支部）。"②这说明，党的三大代表的产生具有广泛的代表性，能够代表全国420多名党员的意志。

会址与时间确定以后，分散在各地的代表开始前往广州。为了安全和保密起见，代表们分批出发，尽量做到不乘同一趟车，不坐同一条船。北方区代表罗章龙回忆说："我是先坐火车到天津，转乘海轮去上海，再坐船到广州

---

① 蔡和森：《蔡和森的十二篇文章》，人民出版社1980年版，第44页。
② 《马林与第一次国共合作》，光明日报出版社1989年版，第264页。

的。和我同船到广州的有湖北代表项德隆（项英——引者注）。到广州后，我们立刻换上了一套半长不短的‘唐装’，一副广东人打扮。广东区委派有专人负责接待。当时广东区委对外的代号是‘管东渠’。”①

关于这次大会的情况，在一份会后不久中共中央给共产国际的报告中有这样的介绍：“中国共产党第三次全国代表大会于 1923 年 6 月 12 日开幕，历时八天，至 6 月 20 日闭幕。出席这次代表大会的共有三十多位代表，其中有表决权的 19 人，有发言权的有十余人。来宾和非正式代表十余人。参加大会的除了北京、上海、湖北、湖南和广州各地的代表以外，还有浙江、山东、满洲和莫斯科的代表。这次大会代表中国共产党四百多人，共产国际的代表也参加了代表大会。议事日程的主要问题是讨论全体共产党员加入国民党的问题。讨论的依据是共产国际的决议。”②

党的三大，是陈独秀与李大钊共同参加的唯一的一次党代会。一个多星期的会议日程被安排得十分紧凑。6 月 12 日上午，陈独秀代表中共中央作了工作报告，主要谈了党的二大以来的革命形势和党的发展状况。经过两天的热烈讨论，大会接受共产国际关于同国民党合作的指示，通过《中国共产党第三次全国大会宣言》、《关于国民运动及国民党问题的议决案》、《中国共产党第一次修正章程》、《中国共产党中央执行委员会组织法》、《中国共产党党纲草案》等文件。大会指出：党在现阶段“应该以国民革命运动为中心工作”，采取党内合作的形式同国民党建立联合战线，“共产党党员应加入国民党”，“努力扩大国民党的组织于全中国，使全中国革命分子集中于国民党”。文件还规定了保持党在政治上的独立性的一些原则。

共产国际、俄共（布）十分关心中国革命，共产国际执行委员会于 1923 年 5 月对即将召开的中国共产党第三次全国代表大会专门作出了《共产国际执行委员会给中国共产党第三次代表大会的指示》，为第一次国共合作提出了一些重要的原则。但由于路上耽搁，直到 1923 年 7 月 18 日，即党的三大闭幕后大约一个月，才收到这个指示，因而它对这次代表大会本身影响不大。

---

① 罗章龙：《椿园载记》，生活·读书·新知三联书店 1979 年版，第 269 页。

② 《中国共产党第三次全国代表大会》，《“二大”和“三大”》，中国社会科学出版社 1985 年版，第 198 页。

《中国共产党党纲草案》

讨论和通过党纲，原来是党的三大的重要议程之一。罗章龙回忆说，会前，“马林还向代表谈到了下届中央的组织安排，党章和决议的准备情况，并不厌其详地反复说明为什么要这样做的理由。”①

然而，由于时间原因，大会没有来得及进行详细讨论，即决定将瞿秋白起草、经陈独秀修改的《中国共产党党纲草案》下发各级地方组织讨论，“尽快于1924年1月前，将批评、修改及增补之条文意见等，汇交中央局，以便交由出席国际大会代表带往第五次世界共产国际大会作最终之决定。”②

《中国共产党党纲草案》反映了这一时期中国共产党对于自身发展的新认识，是党章发展过程中的一件大事。《党纲草案》把马克思列宁主义理论运用于中国革命的具体实践，从而对中国的社会状况和革命任务做出了这样的判断：现在全国人民都受制于帝国主义和本国军阀之下，因此第一步只能进行国民革命，这种革命自然属于资产阶级的性质；但是在这个革命中间，无产阶级却是一种现实的最彻底的有力部分，因为其余阶级一时不易免除妥协的倾向；至于农民相当于中国人口70%以上，占着非常重要的地位，国民革命不得到农民的参与，也很难成功；从长远看，工人阶级必须取得政权方能将生产资料归于社会公有，达到它的最高目的，所以中国无产阶级又必不能自限于国民革命。

《中国共产党党纲草案》重申了中国共产党的民主革命纲领和最终目的，同时指出：中国无产阶级在当前的国民革命中，应锻炼集中自己的能力，取得政治斗争中的地位，“方能于世界社会革命的进程中，联合世界的无产阶级和各殖民地的被压迫民族，协力缩短自政治革命到社会革命的过程，而达到共同的最高目的——建立无产阶级独裁制，创造世界的苏维埃共和国，以进于无产阶级的共产社会。”③

《中国共产党党纲草案》虽然最终未能获得共产国际第五次代表大会的批准，但这个文献毕竟是中国共产党在自身制度建设方面的一次尝试，也为后

① 罗章龙：《椿园载记》，生活·读书·新知三联书店1979年版，第271页。

② 《中国共产党党纲草案附言》，《“二大”和“三大”》，中国社会科学出版社1985年版，第180—181页。

③ 《中国共产党党纲草案》，《中共中央文件选集》第1册，中共中央党校出版社1989年版，第140页。

来在党的七大上制定正式的中国共产党党纲积累了经验。

党内立法的良好开端

党的三大在党的制度法规建设方面的另一个突出贡献是制定并通过了《中国共产党中央执行委员会组织法》，开创了党内立法的良好开端。值得注意的是，中央委员会的组织规定一般应属于党章的内容。但在党的三大修改党章时，并未将其列入党章的条款，而是针对中央委员会组织不完善、机构不健全、缺乏工作程序等情况，采取制定单项性详细法规的形式对中央领导机构体制、工作程序等方面作出详尽的规定和补充。

这个法规共有 10 条，主要内容如下：

(1) 中央执行委员会由本党常年大会选出。其一切行动对大会负责，在两次大会之间为本党最高指导机关，管理各区各地方之行动，发行用本党名义之出版物；并管理派遣做青年、妇女、劳工、农民等工作之职员。

(2) 中央执行委员会以九人组织之。中央委员缺职时，应以候补委员补缺。大会后之中央执行委员会第一次会议，即应分配工作，并选举五人组织中央局。其余四人分派各地，赞助该地方委员会一同工作，每星期将所在地情形报告中央局一次。

(3) 中央局以及中央执行委员会名义行使职权，由执行委员会选出委员长、秘书及会计三人，其职务如下：

委员长主持一切中央局及中央执行委员会之会议，遇委员长缺席时，由中央局互推一人代理委员长之职权。

秘书负本党内外文书及通信及开会记录之责任，并管理本党文件。本党一切函件须由委员长及秘书签字。

会计在中央督察之下，管理本党财政、行政，并对于各区、各地方及本党一切机关之财政、行政负责。

(4) 中央执行委员会常会每四个月开一次，中央局每星期开会一次。中央局自己或经中央执行委员会四人之请求，可召集特别会议。在请求书上须说明开会讨论之问题及其理由。

(5) 执行委员会之一切会议，须由委员长与秘书长与秘书召集之，附加会议之日程。

(6) 中央执行委员会及中央局之一切决定，以多数取决，但召集临时全党大会之议决，须以三分之二的多数取决。

(7) 中央执行委员会，须在全党大会开会日期前至少两月通知召集，附寄议事日程草案，并请地方于通知后一月内交齐议案。各地方议案须互换。

(8) 中央执行委员会之报告，在开会一月之前寄与地方。

(9) 中央执行委员会财政报告，由大会指定审查委员会（中央执行委员不得当选）审查后报告大会。

(10) 如有本党三分之一之区代表、全党三分之一之党员之请求时，执行委员会必须在接到请求书之一月内召集本党临时大会。请求书上必须说明请求召集临时大会之理由。

《中国共产党中央执行委员会组织法》是党的历史上第一个关于党中央组织结构和工作制度的法规性文件，反映了早期党的中央领导机构的组织构成和一般工作程序，集中体现了党的民主集中制原则，并用法规条文的形式将其作出明确规定，这在党的历史上是具有深远意义的。

根据《中国共产党中央执行委员会组织法》，大会最后选出了由九人组成的党的领导机关——中央执行委员会，按得票多少排列如下：陈独秀（40）、李大钊（37）、蔡和森（37）、王荷波（34）、毛泽东（34）、朱少连（32）、谭平山（30）、项英（27）、罗章龙（25），并选出李汉俊、邓中夏、徐梅坤、邓培、张连光等人为候补委员。中央执行委员会又选出陈独秀、毛泽东、罗章龙、蔡和森、谭平山五人组成中央局，处理中央日常工作；并选举陈独秀为委员长，毛泽东任秘书，罗章龙任会计。

总体来看，本届中央执行委员会的素质水平和领导能力应是遵义会议以前各界中最高的。罗章龙回忆说："'三大'选出的中央委员会显示了工人革命政党，阵营颇为严整，工作效能亦高，为前两届中央所不及。"[①]

① 罗章龙：《椿园载记》，生活·读书·新知三联书店1979年版，第275页。

关于国共合作的争执

共产国际代表马林认为中国革命要取得成功，就必须组织联合战线，共产党必须联合国民党。马林的建议是正确的，但是他再一次犯了老毛病，“对中国革命视同自己的事，遇事率直倡议，不稍瞻顾”[①]。

当时，中共党内的同志对国民党并无太多好感，因此，几乎所有人都反对马林提出的中共党员加入国民党的方案。尽管经过了西湖会议，但国共合作之途并不平坦。徐梅坤回忆说：“‘三大’的中心议题是讨论国共合作及共产党员是否加入国民党”，“这个问题争论得很激烈，一个多星期的会议，大部分时间是辩论这个问题。”[②]《关于国民运动及国民党问题的议决案》最终以5票的优势通过，在一定程度上反映了中共党内对这一决议的真实态度。

在关于国共合作的讨论中，西湖会议中的一些分歧点又重新被提了出来。代表们围绕对国民党革命性的认识、共产党是否全体加入国民党、产业工人要不要加入国民党展开了更大范围内的辩论。

张国焘反对国共合作的调门最高。他认为，中国共产党的中心任务还是进行工人运动，党的阶级基础是工人和农民，共产党和工农加入国民党，就失去了独立的阶级力量，无异于把工人运动推向国民党的怀抱。马林则指责张国焘仍保留党的二大时的“左”倾思想，轻视国民革命，反对加入国民党。当互相争执不下时，马林就搬出了“共产国际”。张国焘回忆说：“马林无法获得我的谅解，便使用压力。他坚称他的解释即是共产国际训令的原意；追问我是否准备违反这个训令。我向他声明，中国共产党第三次代表大会和中共中央如果不完全同意共产国际的训令，是可以提出它自己的反对意见的；即我一个中央委员，也可以提出反对意见；我希望他能将我的意见报告共产国际。但现在主要之点是：我们愿意接受共产国际的训令，却反对他这种歪曲的解释。我将‘共产国际’和‘马林’分开来的说法，使他大为激动，怒形于色，几乎要和我决斗。”[③]

除了张国焘之外，蔡和森也反对国共合作，徐梅坤回忆说，“这个问题上

---

① 罗章龙：《椿园载记》，生活·读书·新知三联书店1979年版，第292页。

② 徐梅坤：《参加中共“三大”》，《中共“三大资料”》，广东人民出版社1985年版，第156页。

③ 张国焘：《我的回忆》（上），东方出版社2004年版，第271页。

的争论，引起了蔡和森和他爱人向警予散会后回到住处争论得相当厉害”[①]。

尽管张国焘的观点也获得了一部分代表的赞成，但多数代表还是同意马林的意见，尤其陈独秀对马林的支持使会议最终通过了《关于国民运动及国民党问题的议决案》，其中明确写道：“工人阶级尚未强大起来，自然不能发生一个强大的共产党——一个大群众的党，以应目前革命之需要，因此，共产国际执行委员会议决中国共产党须与中国国民党合作，共产党党员应加入国民党，中国共产党中央执行委员会曾感此必要，遵行此议决，此次全国大会亦通过此议决。”[②]

中国共产党第一次修正章程

依据党的自身发展状况和革命形势对党提出的更高要求，党的三大对原有党章进行了修正，经过大会讨论通过了《中国共产党第一次修正章程》。由于当时的形势不允许也不可能做更大的、全面的改动。于是，通过对当时革命形势的具体分析，党的三大把修改党章的重点放在了严格入党手续和发挥地方委员会一级组织的作用，体现了党在组织建设方面的日趋成熟。

与党的二大党章相比较，原来的6章29条被改为6章30条，章节体例完全保留不变，仍然是党员、组织、会议、纪律、经费和附则6章。从条文数量上看，也只增加了一条。在基本上保持党的二大党章内容的基础上，具有以下几个特点：

(一)严格了党员入党手续。

为了加强党的组织建设，保证党员的质量，以适应不断高涨的革命事业发展的需要，党的三大党章在党员方面作出了新的规定。由原来的只需一个介绍人改为“须有正式入党半年以上之党员二人之介绍”；将原来的党员入党须经地方执行委员会许可并报告区执行委员会、由区执行委员会审查通过并报告中央执行委员会才能成为正式党员的规定，修改为经小组会议通过，地方委员会审查，区委员会批准，才能成为候补党员，还补充规定了“经中央执行

① 徐梅坤:《参加中共“三大”》,《中共“三大资料”》，广东人民出版社1985年版，第168页。

② 《关于国民运动及国民党问题的议决案》，中央档案馆编:《中共中央文件选集》第1册，中共中央党校出版社1989年版，第147页。

委员会直接承认之党员，当通告该党员所在地之地方委员会”；党的三大党章还首次规定了候补党员的候补期制度，并根据候补党员的身份不同，规定了不同的候补期,“候补期劳动者二个月，非劳动者六个月，但地方委员会得酌量情形伸缩之。候补党员只能参加小组会议，只有发言权与选举权，但其义务与正式党员同。”①

在本次修改党章时，之所以对党员入党手续作出了更加严格的规定，主要有两个原因：一是因为当时中国的国情是产业工人人数很少，农民和其他小资产阶级占人口绝大多数，像俄共(布)那样主要在产业工人中发展党员是行不通的，然而在吸收农民和城市小资产阶级分子入党时，会不可避免地将农民意识、小资产阶级思想甚至剥削阶级思想带到党内来。二是为了建立革命统一战线，党的三大决定中国共产党党员以个人资格加入中国国民党，这也不可避免地使党的肌体受到资产阶级腐朽思想的侵蚀。以上两个方面的因素决定了党必须采取措施提高对党员的要求，严格入党手续，审查和防止投机分子和不够条件的人入党。

(二)调整和增加了各级组织成立的人数。

由于革命形势的发展以及党的组织的不断壮大，党的三大党章对党的各级组织成立的人数进行适当的调整，将原来“凡有党员三人至五人均得成立一组”的规定，改为“凡有党员五人至十人均得成立一组”；将党的二大党章规定“一地方有两个支部以上，可成立地方党委员会”，改为“一地方有十人以上，经中央执行委员会之许可”，可以成立“地方委员会”；将中央执行委员会委员和候补委员分别由原来的五人和三人增加到九人和五人。

这说明，在组织方面，党开始注意发挥地方委员会一级组织的作用，主要是因为随着党员人数的增加，党的地方支部的数量也随之增多，像过去那样党内一切事务主要由中央执行委员会负责和管理的难度有所增加，况且地方委员会一级组织更便于了解当地党员和要求入党的人的实际情况，发挥地方委员会在审批新党员手续这一环节中的作用，从而有利于从组织上把好党

① 《中国共产党第一次修正章程》，中央档案馆编:《中共中央文件选集》第1册，中共中央党校出版社1989年版，第158页。

员质量关。

（三）修改了会议召开的时间。

党的三大党章规定，各小组每星期至少须开会一次，由组长召集。各地方每月至少召集全体党员会议一次（其中特别情形之地方，得改全体会议为组长会议，但全体会议至少须两个月一次）。各区每三个月由执行委员会定期召集该区全体党员代表会议一次，每五人有一票表决权。全国代表大会，每年由中央执行委员会定期召集一次。中央执行委员会，每四个月开全体委员会一次。

（四）对党费缴纳的规定进行修订。

党的三大党章规定党费的缴纳标准是："党员月薪在三十元以内者，月缴党费两角；在三十元以上至六十元者缴一元；六十元以上至百元者缴二十分之一；在一百元以外者缴十分之一。失业及在狱党员均免缴党费。"这一规定，对党的二大党章所规定的"党费党员月薪在五十元以内者，月缴党费一元；在五十元以外者，月缴党费按月薪十分之一计算；无月薪者及月薪不满二十元者，每月缴费二角；失业工人及在狱党员均免缴党费"的做法进行了调整。

（五）对其他制度的修订。

在其他制度方面，党的三大党章改变或取消了原来的一些临时性、不确定性的规定，使其具有了确定性。例如取消了"干部人员由地方执行委员会随时任免之"的规定；修改了由中央执行委员会临时决定全国代表大会或者临时会议的人数的决定，明确规定了各地方组织应派代表人数的具体办法。

大革命时期是中国共产党发展的重要时期，中共中央对党的组织建设给予了特别的重视。党在帮助国民党改组并扩大其组织的工作中，加强了对各种政治运动的指导，同时也开始重视党的自身建设。在党的三大结束后的四个月时间里，全国党员人数即增加了上百人，并在济南、哈尔滨等地新建立了党组织；同时南京、杭州、四川、江西、福建等地的党组织"均可望有新的发展"[①]。

① 《中央局报告》，中央档案馆编：《中共中央文件选集》第1册，中共中央党校出版社1989年版，第188页。

二、国共合作的不断发展与党的四大对党章的第二次修正

国共合作的正式形成

西湖会议以后，中共一些领导人根据会议的决定，要求以个人身份加入中国国民党，孙中山当即表示同意。据汪精卫回忆说："最先加入本党的，就是李大钊，由张继介绍来的。李当时曾对总理说明他是第三国际党员，是不能脱去第三国际党籍的，不知总理能否许可接纳他。总理答他，这不打紧，你尽管一面做第三国际党员，尽管一面加入本党帮助我。"①

于是李大钊便由张继介绍，并在孙中山亲自主持下加入了中国国民党。陈独秀、张太雷、蔡和森、张国焘、俞秀松等也相继加入中国国民党。在此前后，孙中山同李大钊等共产党人经常在一起，研究中国革命的经验教训，"讨论振兴国民党以振兴中国之问题"。他们有时连续数小时，"畅谈不厌，几乎忘食"②。通过一连串的接触和交谈，孙中山对李大钊等共产党人产生了深刻的印象，同他们建立了深厚的革命友谊。

党的三大通过了《关于国民运动及国民党问题的议决案》以后，决定共产党员以个人身份加入国民党，实现国共党内合作。共产国际的决议和马林的主张终于在中共党内以中央文件的形式得到肯定。虽然将文件的原则精神在中国革命的具体实践中加以运用和落实，还有一大段路要走。然而，"由于当时国际东方部倾轧排外政策的结果，马林于1923年下期被调莫斯科"③，共产国际的这一决定令马林多少感觉到有些遗憾。他回忆说："在我知道越飞要离开、加拉罕和鲍罗廷到来之前，我被先后提议任驻广州领事和俄罗斯通讯社记者，我拒绝了。后来，当我知道已作出上述人事变动的安排时，我就离开了。在哈尔滨遇到了正来华的鲍罗廷。"④准备返回苏联的马林与秘密潜入中国的鲍罗廷，1923年8月意外地在哈尔滨相遇，这是一个怎么样的场景已无从可考，但这个巧合为莫斯科走马换鲍的决定画上了一个圆满的句号。

---

① 《汪精卫先生在国民党第二次全国代表大会之政治报告》,《政治周报》第5期(1926年3月7日)。

② 李大钊:《狱中自述》，中国革命博物馆:《党史研究资料》1980年第6期，第7页。

③ 《罗章龙回忆国际代表马林》,《"二大"和"三大"》，中国社会科学出版社1985年版，第666页。

④ 伊罗生:《与斯内夫利特谈话记录——关于1920年—1923年的中国问题》，黄修荣主编:《共产国际、联共(布)与中国革命档案资料丛书》第1卷，北京图书馆出版社1997年版，第258页。

10月18日，孙中山任命鲍罗廷为中国国民党组织教练员，以借重他的组织经验，协助完成中国国民党的改组。到1924年1月中旬，作为大会“精神生命”的《中国国民党第一次全国代表大会宣言》草案已基本拟就，是“孙中山委托鲍罗廷起草，由瞿秋白翻译，汪精卫润色的”[①]。对于鲍罗廷和中国共产党人为中国国民党一大宣言的草拟作出的贡献，孙中山给予了高度评价，“我对在国民党改组过程中为我们做出贡献的鲍罗廷同志表示深深感谢。他是一个无与伦比的人，他的中国之行显然是一个意义深远的事情。”[②]

开创革命新局面

国民党一大选出许多共产党人参加国民党中央的领导工作。为造就军政人才，建立革命军的基础，孙中山还在苏俄的帮助下，效仿苏联红军，在广州创建黄埔军校。二七惨案发生之后，全国工人运动转入低潮。但国共两党合作正式形成，为工农运动的恢复和发展创造了十分有利的条件。

国民党一大闭幕后，国民党中央成立了工人部，不少共产党员在各级工人部中担任要职。因此，中国共产党除了直接发动和组织工人，还利用国民党这面旗帜，通过国民党工人部来开展工作。在国共两党的共同努力下，很快就改变了自京汉铁路工人罢工失败以来工农运动的消沉状态。

在工人运动得到恢复和发展的同时，广东等省的农民运动也迅速恢复和发展起来了。第一次国共合作实现后，中共中央于1924年5月召开扩大会议。会议明确指出：在“反对国际帝国主义及国内军阀的国民运动里，大多数农民群众的加入是最有力的动力”[③]。会议要求各级党组织积极组建农民团体，在农民中开展反帝反封建宣传。会议决定在党中央和各省（区）委中，设立领导农民运动的机构，选派干部去乡村领导农民斗争。

国民党一大以后，成立了由中国共产党人彭湃、阮啸仙等人参加的中央农民部指导各地农民运动，接着又成立中央农民运动委员会来辅助农民部工作。

---

① 周恩来：《关于党的“六大”的研究》，《周恩来选集》上卷，人民出版社1980年版，第166页。

② 贯比才等：《中国革命与苏联顾问》，中国社会科学出版社1981年版，第24页。

③ 《农民兵士间的工作问题决议案》，中央档案馆编：《中共中央文件选集》第1册，中共中央党校出版社1989年版，第198页。

在国共两党的共同努力下，随着革命形势的发展，全国各地的农民运动在广东农民运动的影响下逐步组织和发展起来。湖南、湖北、河南、山西等省的农会组织纷纷建立，农民运动不断发展。在国共两党的推动下，工农运动的恢复和发展，为即将到来的大革命风暴准备了广泛而又坚实的群众基础。

随着革命的深入发展，中国共产党的力量日益壮大，至党的四大召开前的两三个月，共产党员的人数已经增加到 994 人，青年团员人数达 2365 人。

对国民党右派的反击

在经过五个月的国共合作以后，中国共产党积累了一些经验，但也出现了偏差。党的各级组织在积极动员共产党员和青年团员加入国民党的同时，一度出现了重视国民党组织发展而忽视自身组织发展的状况，党内右倾思想有了发展。

1924 年 2 月，党的三届二次执委会会议通过的《同志们在国民党工作及态度决议案》强调："本党以后一切宣传，出版，人民组织，及其他实际活动，凡关于国民革命的，均应用国民党名义，归为国民党的工作"[①]，甚至介绍新分子加入本党时，也要考虑到不使国民党误会我们有意拉去他们的党员。由于共产党员的积极工作，在国民党一大召开后的三个月时间里，国民党党员猛增 1399 人，在组织上得到了很大的发展。而中共却因忙于国民党的工作，在某种程度上同工人群众失去了"直接的联系"。

为此，1924 年 2 月 25 日举行的共产国际执委会主席团东方委员会作出指示：建议中共在 5 月份召开一次中央委员会扩大会议，讨论国民党一大通过的宣言和纲领，制定"把该党普通党员群众争取到左翼一边的措施"，加强工会工作；通过国民党"开展较激进的土地改革"，以便"把农民阶级吸引到解放运动中来"；开展再一次扩大中国共产党党员数量的运动，"主要吸收 25 岁以上工人出身的社会主义青年团团员"[②]。

---

① 中央档案馆编：《中共中央文件选集》第 1 册，中共中央党校出版社 1989 年版，第 225 页。

② 黄修荣主编：《共产国际、联共(布)与中国革命档案资料丛书》第 1 卷，北京图书馆出版社 1997 年版，第 490—491 页。

为了贯彻执行共产国际的“二月指示”，在维经斯基的建议下，中国共产党于1924年5月10日到15日召开了中央扩大执委会。会议批评了过去“集全力于国民党的工作，不必同时进行我们党的工作”的做法[①]，强调要坚持国民党一大宣言中的革命政纲，并以这个政纲作标准来正确对待国民党左右派之间的斗争。会议通过的《共产党在国民党内的工作问题议决案》，对于纠正党在工作中的偏差，巩固和发展国共合作，起到了积极的作用。

但是，对于年轻的中国共产党人来说，处理好独立开展工作和同国民党工作的关系问题，不是一个决议就能解决的。参加会议的张国焘回忆说：“当我到达上海会晤陈独秀先生时，我发觉他对国共合作的前途似已不乐观。在谈到中共内部情况时，他特别提出一个‘共产党员不要包办国民党工作’的口号。这口号的用意，不仅在减少国民党员的疑虑，并带有修正中共第三次代表大会‘在国民党中积极工作’这决定的意味。”[②]

与此同时，国共两党统一战线内部的矛盾也愈加凸显出来，国民党左右派的分化加剧，国民党右派分子对共产党的攻击和排挤日甚一日，他们或对共产党提出“弹劾案”，或发表“护党宣言”，极力反对国共合作。面对国民党右派的进攻，中共中央于1924年7月1日发出党内通告，要求各级党组织坚决揭露国民党右派的反动活动。陈独秀、恽代英、瞿秋白、蔡和森等人连续发表文章，痛斥国民党右派违背国民党一大政纲、破坏革命队伍内部团结的反动言行。

各种迹象表明，中国的政治形势正在发生空前的大变动，如何面对革命的新形势，如何领导日益高涨的革命运动继续向前发展，已经迫切地提到了中国共产党的议事日程上来。为了加强对日益高涨的革命运动的领导，总结国共合作的经验教训，纠正在党的工作中出现的右的倾向，同时加强党的组织建设，中共中央决定召开第四次全国代表大会。由于国共合作开展国民革命，1924年成为中共成立后最为繁忙的一年，会议时间不得不一再推迟。

---

① 中央档案馆编：《中共中央文件选集》第1册，中共中央党校出版社1989年版，第336页。
② 张国焘：《我的回忆》(上)，东方出版社2004年版，第301—302页。

党的四大的召开

1925年1月11日至22日，中国共产党第四次全国代表大会在上海举行。会址是新租来的一幢三层楼石库门房子，会场设在二楼，布置成学校课堂的样子，有黑板，有讲台，有课桌课椅，而且每人有本英文课本，准备有人闯进来问时，就说这里是英文补习班课堂。党的四大代表李逸回忆说，“床是没有的，大家都席地而睡。李、尹（即李维汉、尹宽——引者注）是长人，所备棉被长度不够，他们和衣而睡，用毛围巾将被头下端扎起。这样，才能在寒夜中保持足部温暖。”[①]虽然条件艰苦，但代表们热情很高。

出席会议的共有代表20人，代表党员994人。陈独秀代表第三届中央执行委员会作工作报告。大会围绕当前的中心工作，通过了《中国共产党第四次全国代表大会宣言》、《中国共产党第二次修正章程》、《对于民族革命运动之议决案》和《对于宣传工作之议决案》等11个议决案。

从结果来看，党的四大是一个成功的党代会。彭述之在给旅莫支部的信中说：“此次大会上的空气极好，现出和衷一致的精神。各地方的代表都表现出一种很忠实而又很热心承受大会教训的样子。现在可以说我党自经此次大会之后，我党已由小团结而转入真正的党的时期了。”[②]

鉴于以往党内政治教育做得较少的缺点，党的四大加强了对党的宣传教育工作。大会通过的《对于宣传工作之议决案》强调了党内教育的三项重点：第一，理论教育。“没有革命的理论，即没有革命的运动。有了健全的革命理论，然后党的宣传工作方得以此范畴融通各部，使党员行动方有准绳。”第二，政策教育。议决案批评了以往“党报上我们几乎很难找到教育党员关于党的政策的讨论文字”，因此要求各级党组织务必加强对党员的政策教育，以免“我们党员在国民党机关报上常常有批评本党或更有不满意或误解本党政策的奇怪议论发生”。第三，思想教育。议决案批评了党过去在党员中，尤其在知识分子中，很少注意共产主义思想的宣传，“致使无产阶级的文化在他们中间尚

---

① 李逸：《中共四大会议琐记》，《中国共产党第四次全国代表大会》，中共党史出版社2004年版，第307页。

② 《彭述之给中共旅莫支部全体同志的信》，《中共党史资料》，1982年第3辑。

很少发生影响。”①

为了更好地领导民族革命运动，大会将党的组织与建设问题列为会议的重要议程之一，讨论并通过了《对于组织问题之议决案》和《中国共产党第二次修正章程》。

《对于组织问题之议决案》首先分析了1924年5月召开的中央扩大执行委员会关于组织问题的议决案执行不利的原因，强调指出：“大会以为在现在的时候，组织问题为吾党生存和发展之一个最重要的问题。倘若扩大执行委员会关于组织问题的议决案不能实际地实行，则吾党决不能前进，决不能由宣传小团体的工作进到鼓动广大的工农阶级和一般的革命群众的工作。”②把组织问题的重要性提到如此的高度，这在党的建设史上还是第一次。就内容而言，议决案主要从以下几方面加强党的组织建设：

第一，在全国范围内发展和建立党的组织。除上海和广东之外，应特别注意在湖南、湖北、唐山、天津、山东等地扩大党的组织。在尚未建有党组织的其他工业区及大都市，也应努力建立和发展党的组织。特别是在工厂、路矿和农会中，将有阶级觉悟的分子接收入党，建立党的支部。

第二，为了强固党的基础，扩大党的力量，要求将原来章程上“有五人以上可组织一小组”，改为“有三人以上即可组织支部”。还规定了支部的组织制度，支部的领导机构为支部干事会，“每支部公推书记一人或推三人组织干事会，隶属地方执行委员会，不满三人之处，设一通信员”③。各支部每星期全少须开会一次，由支部书记召集之。至于支部全体会议，至少须每月举行一次。

第三，就中央、地方工作问题作出了若干规定，事实上是对《中国共产党第二次修正章程》的有关条款加以补充或具体解释。例如，议决案指出，“我们党的基本组织，应是以产业和机关为单位的支部组织，至于在小手工业者和商工业的办事人中，不能以机关为单位组织支部时，则可以地域为标准。支

① 《对于宣传工作之议决案》，中央档案馆编：《中共中央文件选集》第1册，中共中央党校出版社1989年版，第375—376页。

② 中央档案馆编：《中共中央文件选集》第1册，中共中央党校出版社1989年版，第379页。

③ 中央档案馆编：《中共中央文件选集》第1册，中共中央党校出版社1989年版，第384页。

部的工作，不能仅限于教育党员，吸收党员”①。这说明，党的支部成为党的基本组织，这在党的基层组织建设中具有里程碑式的意义。议决案还对支部的建设提出了具体要求，规定了支部的设置原则和工作任务。强调支部的设置应是以产业和机关为单位，如不能以机关为单位组织支部时，则可以地域为标准。这样，就使得党的组织基础放在社会组织的最基层。

中国共产党第二次修正章程

重视并加强党的组织建设，是党的四大的一个重要特色。党章的修正和组织工作的改善与加强，为建设群众性的政党提供了有力的组织保证。

这项议决案共 9 条，其中的一些条款直接涉及了党章的修正问题。

议决案强调要遵循如下原则，在反帝反军阀斗争中，党必须扩大党员的数量，实行民主的集权主义，巩固党的纪律。

《中国共产党第二次修正章程》共有 6 章 31 条，包括党员、组织、会议、纪律、经费、附则等。它基本上保持了党的二大、三大党章的内容和结构，只作了个别修改。其主要特点如下：

一、首次规定了支部成立的条件及其成员产生办法。

“凡有党员三人以上均得成立一支部，每支部公推书记一人或推三人组织干事会，隶属地方执行委员会，不满三人之处，设一通信员，属于附近之地方或直接属于中央。支部人数过多时，得斟酌情形分为若干小组，每组设组长一人，由支部干事会指定之。”

可见，与党的三大以前的党章相比，党小组的概念发生了变化，原来的党小组是党的最基层的一级组织，可这里的党小组只是作为党的支部的一部分。

二、对候补党员的权利进行了调整。

“候补党员参加支部会议(遇必要时，得由地方执行委员会决定其参加地方大会，但无表决权)只有发言权无表决权”。取消了党的三大党章修正案有

① 《对于组织问题之议决案》，中央档案馆编:《中共中央文件选集》第 1 册，中共中央党校出版社 1989 年版，第 380 页。

关候补党员有选举权的规定，候补党员参加支部会议只有发言权无表决权。不仅如此，还将原来规定的候补党员只参加小组会，改为参加支部会议，必要时可以经地方执行委员会决定，参加地方大会。

三、下放了党员管理权限。

将接收新党员的审批权限做了调整，由原来规定经地方委员会审查，并报上级组织——区委员会批准，改为只由地方委员会审查批准即可，从而简化了发展党员的审批程序。

四、调整了党的全国代表大会的代表基数。

“全国代表大会或临时会议之代表人数，每地方必须派代表一人，但人数在百人以上者得派二人，二百人以上者得派三人，以上每加百人得加派代表一人。未成地方之处，中央执行委员会认为必要时，得令其派出代表一人出席。”

党的四大党章将原来规定一地方有党员四十以上者派代表二人，改为每地方党员人数在百人以上者派代表二人。这个调整显然是为适应当时党员人数发展的新情况而采取的组织措施。

五、改变了党中央最高领导人的称谓。

“中央执行委员会须互推总书记一人总理全国党务，各级执行委员会及干事会均须互推书记一人总理各级党务，其余委员协同总书记或各级书记分掌党务。”[①]

将党的中央执行委员会的“委员长”职务名称改为“总书记”，总理全国党务，不仅在权限上没有实质性变化，在产生办法上也与原来没有什么区别，都是在中央执行委员会成员互推的基础上产生的。

党的四大通过的《中国共产党第二次修正章程》，只对党的三大党章作了个别的改动，基本上保持了原有的内容和结构，但是，它首次规定了支部的成立条件及其成员产生办法，强调了对党员日常监督管理工作，下放了党员的管理权限，实行党的总书记制度，从这些新增加的内容中，能够反映出全

① 《中国共产党第二次修正章程》，中央档案馆编:《中共中央文件选集》第1册，中共中央党校出版社1989年版，第385页。

党对党的组织建设的高度重视，它对于后来正确开展党的组织工作，加强党的组织建设，具有十分重要的意义，发挥了重要的指导作用。

根据《中国共产党第二次修正章程》关于中央执行委员会组成的规定，党的四大选举陈独秀、李大钊、蔡和森、张国焘、项英、瞿秋白、彭述之、谭平山、李维汉等9人当选为中央执行委员，邓培、王荷波、张太雷、罗章龙、朱锦棠5人为候补执行委员。

会后，中央执行委员会选举陈独秀、张国焘、彭述之、蔡和森、瞿秋白5人组成中央局，陈独秀为中央执行委员会总书记。

党的四大召开以后，各地党组织开始扭转了忽视自身建设的局面，在党的思想建设、组织建设和制度建设方面，都取得了很大的进展。中央机构已有组织部、宣传部、妇女部和分配科、出版科；随着组织工作的不断加强，中央组织部的负责人不再由总书记兼任；党员人数激增，到1925年10月达到3000人，1926年9月增加到13281人，1927年4月已达到57967人。全国除新疆、青海、贵州、西藏、台湾外，都建立了党的组织或者有了党员。随着国民革命形势的迅速发展，为克服中央机关不够健全、中央领导成员人数过少的问题，中共中央采取了在大地区和主要城市成立中央临时委员会的办法，在组织上加强对当地革命运动的指导，取得了一定的成效。

三、革命形势的变化与党的五大对党章的第三次修正

革命危机的加剧

大革命时期，中国共产党获得了扩大党组织的活动范围、发展组织规模的有利社会环境，党员人数迅速增加，基层组织日益发展。到党的五大召开前，中国共产党拥有了近6万名党员。但是，党的建设状况并不十分令人满意。毛泽东对此进行了比较深刻的分析："在这一阶段中，党的组织是发展了，但没有巩固，没有能够使党员、党的干部在思想上、政治上坚定起来。新党员非常之多，但是没有给予必要的马克思列宁主义的教育。工作经验也不少，但是不能够很好地总结起来。党内混入了大批的投机分子，但是没有清洗出去。党处于敌人和同盟者的阴谋诡计的包围中，但没有警觉性。党内涌出了很多

活动分子，但是没有来得及造成党的中坚骨干。党的手里有了一批革命武装，但是不能掌握住。”①

与此同时，随着北伐战争的胜利进军和工农运动的不断高涨，革命阵营内部矛盾和斗争也开始激化，南方乃至全国的政治、军事形势都发生了很大变化。

按照共产国际的要求，既要发展工农运动，又要保持与国民党的统一战线，而这事实上却是一个两难的选择：因为工农运动的迅猛发展，势必会冲击到国民党人和部分国民革命军军官的既得利益，最终将导致统一战线的破裂。不仅如此，围绕着坚持还是反对孙中山的联俄、联共、扶助农工三大政策，国民党左、中、右三派也展开了日益激烈的斗争。

随着军事实力的不断膨胀，蒋介石加快了反共步伐，而以陈独秀为首的中共中央，“对蒋介石的方针是不明确的，结果就是在客观上帮助了蒋介石，而助成了蒋介石地位的提高。”②在中国共产党的节节退让下，使得蒋介石的权力进一步扩大、集中，并最终在上海发动了“四一二”反革命政变。从此，蒋介石与中国共产党以及人民之间的矛盾迅速激化，上升为主要矛盾，而正确地把握主要矛盾的转化，制定正确的对蒋方针，成为决定革命前进或后退的关键。

“四一二”反革命政变以后，以蒋介石为首的国民党右派从民族资产阶级右翼转变为大地主大资产阶级的代表。在帝国主义势力的支持下，他们纠合国民党老右派以及官僚、政客、买办、豪绅，于 1927 年 4 月 18 日在南京另立国民政府，同保持国共合作的武汉国民政府相对抗，由于在北京尚有张作霖控制的军阀政府存在，中国一时形成三个政权对峙的局面。

党的五大的提议、筹备和召开是在联共（布）中央政治局和共产国际直接指导和组织下完成的。

1926 年 9 月，共产国际执委会远东局俄国代表团在上海召开会议正式决定，要筹备召开党的五大，并确定不晚于 1927 年 1 月，同时还委托陈独秀起

---

① 《毛泽东选集》第二卷，人民出版社 1991 年版，第 176 页。

② 周恩来：《关于一九二四年至二六年党对国民党的关系》（1943 年春），《周恩来选集》上卷，人民出版社 1980 年版，第 124 页。

草大会总纲，瞿秋白起草关于资产阶级作用的提纲，托切尔尼亚克起草关于无产阶级运动的提纲。1927 年 1 月 19 日，共产国际执委会正式确定了党的五大的日程、遵循的原则和需要讨论的问题。特别明确了两条原则性的指令：一是党的五大“一切政治决议都完全应以共产国际执委会第七次扩大全会关于中国问题的决议为依据”；二是党的五大的组织决定以共产国际执委会政治书记处当日通过的《关于中国共产党的组织任务》为依据。4 月 4 日，中共中央执行委员会、中共湖北省委和共产国际代表团在汉口召开联席会议，最终确定了党的五大的召开日期。随后，中共中央召开了预备会议，对中山舰事件、上海工人武装起义和“四一二”反革命政变等重大事件中党的指导方针问题发生了争论，而且争论相当激烈。

党的五大的召开

为了正确分析革命形势的变化，明确党的任务，1927 年 4 月 27 日至 5 月 9 日，中国共产党在湖北武昌高师附小礼堂召开了第五次全国代表大会。

出席大会的有 80 多位正式代表，这是中国共产党成立以来规模最大的一次全国代表大会。除了共产国际代表及其他国家兄弟党的代表外，还有谭延闿、徐谦、孙科组成的国民党代表团。国民党领导人到会祝贺以及会场内悬挂着孙中山画像和国民党党旗，成为党的五大的一个特色。基于代表的安全和便利等原因，大会从第三天开始转移到汉口黄陂会馆举行。代表们没有出席证，进门时用口令。第一天上午的口令是“冲锋”。

4 月 29 日，陈独秀代表第四届中央执行委员会向大会作了关于政治与组织状况的报告，一共讲了 6 个小时。“基本上是‘汪陈联合声明’的调子，既没有总结过去的经验教训，也没有明确提出今后的方针政策，而且一再为他的错误辩解。在作报告的时候，陈独秀侃侃而谈，好像是一位长者在教育后辈。出席会议的同志还是注意倾听他的报告，可是报告内容却使人失望，当时就有不少人流露出不满的表情。”[①] 对于陈独秀的报告，共产国际代表团首席代表罗易并不满意，在他的引导下，“来自各省的许多同志都发了言。很明显，

① 《回忆大革命前后——陆定一谈中共党史》(之一)，《中共党史研究》2000 年第 2 期。

全党都不赞成中央委员会的政策。”①

接下来的四天时间，大会围绕党过去犯的错误和最近的任务问题进行了广泛的讨论。尤其是瞿秋白从理论上系统地批判了陈独秀和彭述之的错误。他还在大会上散发了他写的小册子——《中国革命中之争论问题》，一针见血地指出：“我们党是有病，病的名词叫做彭述之主义，随便称呼也不要紧，它的实质是从我们实际工作和策略，零零碎碎汇合起来，不自觉地形成一个隐隐约约的系统……实在是孟塞维克主义在中国的化身，因为群众和革命如此教训我们：如果再不明白地公开地揭发出来，群众和革命要抛弃我们了。”②

虽然只是点了彭述之的名，但其实是在批评一条错误路线。瞿秋白的观点得到了共产国际代表们的首肯和党内不少同志赞同。于是，在大会通过的《政治形势与党的任务议决案》中，才有了这样的结论：“当时我们的党，却只注意于反帝国主义及反军阀的斗争，而忽略了与资产阶级争取革命领导权的斗争。”③

虽然大多数代表批评了陈独秀等人的右倾错误，但当时全党上下都认为他在党内的威信仍然很高，没有人可以替代。即使疾呼“我们党是有病”的瞿秋白为了维护陈独秀的领袖地位，也没有公开点他的名。共产国际代表团认识到，“尽管对老中央委员会存在普遍的不满情绪，但是谁都没有表示出要推翻它的丝毫愿望。第一，党没有要求推翻老领导，第二，（共产国际）代表团看到，如果推翻老领导，没有谁能替代它。”④

1927 年 5 月 9 日，党的五大选出了新的中央委员会。在随后召开的党的五届一中全会上，陈独秀、蔡和森、李立三、李维汉、瞿秋白、谭平山、张国焘 7 人为中央政治局委员；苏兆征、张太雷、周恩来 3 人为政治局候补委员；陈独秀、张国焘、蔡和森 3 人为政治局常委；陈独秀继续当选总书记。

---

① 《罗易在共产国际执行委员会东方书记处会议上所作的关于中国形势的报告》，黄修荣主编：《共产国际、联共（布）与中国革命档案资料丛书》第 4 卷，北京图书馆出版社 1998 年版，第 445 页。

② 《瞿秋白文集》（政治理论编）第 4 卷，人民出版社 1993 年版，第 537—538 页。

③ 《政治形势与党的任务议决案》，中央档案馆编：《中共中央文件选集》第 3 册，中共中央党校出版社 1989 年版，第 50 页。

④ 《罗易在共产国际执行委员会东方书记处会议上所作的关于中国形势的报告》，黄修荣主编：《共产国际、联共（布）与中国革命档案资料丛书》第 4 卷，北京图书馆出版社 1998 年版，第 446—447 页。

党的五大是在“四一二”反革命政变发生仅半个月这样一个非常时刻召开的。全党上下最焦虑、最关切的问题是：如何正确认识严峻复杂的局势，如何从危难中挽救革命。大会虽然提出了争取无产阶级对革命的领导权、建立革命民主政权和实行土地革命的一些正确的原则，但对无产阶级如何争取革命领导权，如何领导农民实行土地革命，如何对待武汉国民政府和国民党，特别是如何建立党领导的革命武装等问题，都没有提出具体有效的措施，自然难以承担起挽救革命的任务。

李立三在他的《一九二五年至一九二七年中国大革命的教训》一文中这样指出：“五次大会后的新中央，集合了党内各种不同意见的代表，但是旧的机会主义派，仍然是居于领导的地位，所谓反机会主义的分子，既然是十分软弱，且不久都跟着鲍罗廷的路线跑了，就是五次大会前反机会主义最坚决的秋白同志也是一样。”①

所谓“鲍罗廷的路线”，其实就是对国民党的妥协让步路线。

《组织问题议决案》

由于党的五大在紧急时期召开，没有时间详细讨论党的组织与建设问题，只是根据共产国际第七次扩大执行委员会通过的《中国问题议决案》中关于组织问题的指示，通过了一个《组织问题议决案》，要点如下：

（一）努力扩大党员的数量，并吸收产业工人、进步农民和革命的知识分子到党的队伍中来，同时党应该尽可能迅速实行党的教育，训练新党员，用通俗的书报方法和实际党的工作方法。全党的积极工作，乃是党真正的发展和增长之最好之方法。

（二）中央应该尽力使党的基础建立在产业支部上面，并使所有大工厂、铁路、码头等都有我们的以支部为基础的组织，积极在广大工人群众中做政治工作，这才是真正领导工人群众。

（三）中央应该强毅地实行集体的领导，从中央、省委以至支部。党内纪

---

① 李立三：《一九二五年至一九二七年中国大革命的教训》，中央档案馆编：《中共党史报告选编》，中共中央党校出版社1982年版，第297页。

律非常重要，但宜重视政治纪律，不应将党的纪律在日常生活中机械的应用。要解决上述二种任务，其重要的先决条件，就是吸引工人到所有党部的指导机关来。

（四）在党面前，将来又有一个问题，即集中各方面的指导，在工会，在农会，在国民党及其他团体。为着这个，必须明显组织党团，严密服从党的指导。

（五）党应该严重注意在党外劳动群众的工作，在他们中发生影响，并指导他们。这些任务，经过济难会运动、妇女协会运动、学生会运动及革命的城市小资产阶级团体运动，是能够做到的。吸收劳动群众到国民党来，乃是本党解决这些任务之一种方法。

在这里，《组织问题议决案》提出了一个重要的观点，那就是集体领导原则。这是对过去党的领导经验，特别是陈独秀家长作风教训的总结，在某种程度上体现了党内民主的理念。

革命形势的不断高涨对于中国共产党的建设与发展提出了新的要求，迫切需要中国共产党在组织建设方面提出新的举措。对此，《组织问题议决案》指出，“根据本党自第四次大会以来党员数量激增这一事实并根据本党目前的任务，第五次大会认定必须改正并补充旧时党章。”①

中国共产党第三次修正章程

1927 年 6 月 1 日，中国共产党中央政治局会议在武汉召开。受中共中央委托，中央政治局会议根据党的第五次全国代表大会通过的《组织问题议决案》提出的原则和具体要求，对原有党章进行了全面修改，并议决通过了《中国共产党第三次修正章程决案》。

与以往的情况有一个很大的不同，《中国共产党第三次修正章程决案》是中国共产党的历史上唯一不是由党的代表大会制定和修改的党章，这在以后的历次党章修改过程中再也没有出现过。从这个侧面可以看出我们党当时正处

① 《组织问题议决案》，中央档案馆编：《中共中央文件选集》第 3 册，中共中央党校出版社 1989 年版，第 88 页。

在非常危急的时期。这是这次修改党章的一个重要特点。

同以往的党章相比较，党的五大党章从内容到体例，都发生了重大变化，做了根本性的修改。从体例和结构上看，由党的四大党章的6章31条，改为12章85条，包括党员、党的建设、党的中央机关、省的组织、市及县的组织、区的组织、党的支部、监察委员会、纪律、党团、经费、与青年团的关系。它为后来党章的内容和结构提供了很好的范本。其主要特点如下：

（一）提出了民主集中制的组织原则。

党的二大、三大、四大制定的党章都体现了民主集中制的原则，但直到党的五大才第一次正式使用了这一概念，党章的第十二条明确规定："党部的指导原则为民主集中制。"[①]从此，党的历次代表大会都把民主集中制作为一项原则写入党章。不仅如此，党的五大党章还提出了贯彻民主集中制的具体措施：按照民主集中制的原则，在一定区域内建立这一区域内党的最高机关，管理这一区域内党的组织；全体党员大会及各级代表大会选举各级委员会；委员会在大会闭会期间为该级党部最高权力机关，执行并指导党务及政策。也就是说，各级组织都由选举产生，党员个人要执行党组织决定，下级组织要服从上级组织命令，各级党组织要执行和服从党中央决议。

（二）完善了党的各级机关的组织和工作制度。

党的五大章程第一次把党的组织系统划分为五级：全国——全国代表大会——中央委员会，省——省代表大会——省委员会，市或县——市或县代表大会——市或县委员会，区——区代表大会——区委员会，生产单位——支部党员全体大会——支部干事会。这样就按照行政区域确定了党的组织机构和组织系统，形成了一套严密的党的组织体系。党的组织体系的活动原则是：下级机关对上级机关的报告及提议与上级机关对下级机关所有命令及指导，均按照党的系统程序进行。

党的五大章程还对党的中央组织、省的组织、市及县的组织、区的组织和党的支部的地位、任务和活动方式等内容，分别用专章加以规定，改变了原有党

① 《中国共产党第三次修正章程决案》，中央档案馆编：《中共中央文件选集》第3册，中共中央党校出版社1989年版，第144页。

章将各级党组织都笼统地用“组织”一章加以规定的做法。尤其是首次明确规定“支部是党的基本组织”，“支部是党与群众直接发生关系的组织”，并详细规定了支部的六项任务，包括宣传和组织群众，教育、吸收党员，讨论党的重要问题等。

党的五大党章规定了中央政治局和中央常委会的设置和组成。这项规定健全了党的中央机关，有利于增强党的集体领导，特别是在当时革命的关键时刻，至关重要，也为以后党的中央机关的组织建设奠定了基础。中央政治局这一组织机构一直保留至今。

(三)为了维护党的权威和加强党的纪律，规定了党的监督机关和党的纪律。

党的五大党章首次规定了在中央、省设立党的监察委员会。主要内容有两个方面：一是规定了两级监察委员会与中央和省委的相互制约的关系。各级监察委员会由同级党的代表大会选举产生；中央及省监察委员会的决议，必须征得中央及省委员会的同意，才能生效和执行；但是，如果中央及省委员会不同意中央及省监察委员会的决议，不能加以取消，在两者意见不同时，则采取将监察委员会的决议移交两者共同参加的联席会议讨论解决；如果联席会议还不能解决时，则移交省及全国代表大会或移交高级监察委员会解决。二是对监察委员做了一些限制性规定，如不得兼任中央委员和省委委员；监察委员可以参加同级党委会议，有发言权但无表决权，必要时可以参加同级党的各种会议。

在党的纪律方面，首次规定了对党部实行警告、改组或举行总的重新登记(解散组织)三种处罚方式；改变了以往只对党员实行开除的做法，增加了警告、在党内公开的警告、临时取消党内工作、留党察看四种处罚方式；此外，还规定对于违纪行为须经党委会、党员大会或监察委员会依合法手续加以审查。

(四)在工会、农会等其他团体中建立了党团。

党的五大首次主张建立党团，并在党章中进一步规定了党团组织条件：“在所有一切非党群众会议，及执行的机关(国民党国民政府工会农协会等等)中，有党员三人以上，均须组织党团。”

组建党团的目的是在各方面加强和加紧扩大党的影响，在非党群众中实行党的政策。在党团和党的委员会的关系上，规定各级党团隶属于各级党的委员会，党团必须严守和执行党的委员会的各项决议；党的委员会有权增派或撤回党团成员，但应向党团说明其理由；党团有权自由解决日常事务，如果党团与党的委员会有不同意见时，党的委员会应召集党团全体会议重新进行讨论，一旦作出最后决定，党团必须无条件执行；党团讨论政治性问题时，党部机关须派代表参加；党团成员在非党组织的会议进行表决时，必须坚决执行党的决议，如有违反，则给予纪律处罚。

（五）对党的组织原则和组织制度作出了许多新规定，对后来党章的发展和完善产生了深远的影响。

党的五大党章首次把“服从党的决议，参加在党的一定组织中工作并缴纳党费”作为入党条件之一；首次对入党志愿者的年龄作出了限制，规定“党员年龄须在十八岁以上”①，这一规定一直延续至今；首次在党章中规定了追认制度，就是区委员会以下各级党部的成立在必须得到区委员会的批准的同时，还必须得到市或县委员会的追认才算正式成立。此外，党的五大党章还较为详尽地规定了党与青年团的关系，虽然没有明确指出党与青年团的关系是领导与被领导的关系，但实际上已把青年团置于党的领导之下。这是我们党对自身建设实践经验进行深刻总结的基础上作出的规定。

与前两次局部修改党章相比较而言，党的五大党章是建党以来对党章进行的第一次全面性的修改，在党章发展史上具有里程碑的作用。它不仅增加了大量的新规定，而且在许多方面都比过去大大先进和充实了。从章程结构和具体内容上来说，既有我们党的自身建设经验的总结，也充分吸收了共产国际各国党的经验，并参考和借鉴了苏联共产党（布）十四大党章。它不但在党章内容上确立了主要规范，而且在党章结构上也确立了基本框架，对后来的历次党章产生了很深远的影响。

通过大革命时期对党章的三次修正过程可以看出，党对加强自身建设进行了初步的、富有成效的探索。这一时期党的建设的主要特点是：第一，重视

① 《中国共产党第三次修正章程决案》，中央档案馆编：《中共中央文件选集》第3册，中共中央党校出版社1989年版，第143页。

发展党员和建立党的组织。党把壮大队伍作为党的建设的主要任务，在短短几年内，使党员人数增长了几十倍。大批党员投入到大革命的洪流之中，发挥了领导群众开展革命斗争的积极作用。与此同时，党的地方组织不断建立和发展，甚至在一些边远地区也有党组织的活动。第二，开始关注党的思想建设和对党员的教育工作。为了提高党员的素质，党通过开办党校等多种渠道对党员进行教育和训练，培养了一批有一定的马列主义理论水平和无产阶级政治觉悟、勇于冲锋陷阵的优秀干部。第三，初步建立了党的组织制度和工作制度。大革命时期，党先后三次修订章程，使各种规章制度不断趋于规范，为进一步搞好党的各方面建设奠定了一个比较坚实的基础。同时也说明，中国共产党自建立之初就十分重视党的建设，注意发挥党章作为最高行为规范的作用。

大革命时期，由于政治环境恶劣，党的工作又多是围绕国共合作这个主题来进行的，所以，这一时期党在自身建设方面虽然取得了一定成效，但还处于起步阶段。党的队伍的发展以及思想建设和组织建设，还远远不能适应迅速高涨的大革命形势发展的需要，特别是在对新党员的教育和培养方面、党的基层组织建设方面，还存在着一些缺点和失误。

第四章
党的六大党章与《古田会议决议》

一、党的六大党章制定的特殊背景

国共合作的破裂

在蒋介石背叛革命以后，汪精卫集团也日趋反动。在杨森、夏斗寅、许克祥、朱培德等相继叛变的情况下，共产国际和以陈独秀为首的中共中央仍然把汪精卫看成是国民党左派，认为当前最重要的问题是搞好中共同国民党左派的关系，因此对汪精卫集团处处采取迁就态度，跟着他们指责工农运动“过火”，不敢同反动派的进攻作坚决斗争。这种错误态度，只能使整个形势更加恶化。

在革命面临严重危机的关头，共产国际和联共(布)驻华代表之间矛盾重重，无法制定应对危机的好办法。为了拉住汪精卫，联共(布)中央政治局决定再给武汉国民政府200万卢布的援助，并电告汪精卫：为挽救革命，应当停止动摇，必须支持土地革命和农民，继续与共产党人合作。但是，这些措施已经无法拉住开始右转的汪精卫了。

1927年7月15日，汪精卫等控制的武汉国民党中央召开“分共”会议，决定同共产党决裂，彻底背叛了孙中山制定的国共合作政策和反帝反封建纲领。随后，汪精卫集团对共产党员和革命群众实行大逮捕、大屠杀。至此，由国共两党合作发动的大革命宣告失败。

随着国民党右派集团相继叛变革命，中国革命陷入低潮之中。短短几个月内，共产党员由57000多人减少到10000余人，党的各级组织遭到严重破坏。然而，国民党反动派的疯狂屠杀，没有吓倒和征服中国共产党人。为了挽救革命，根据共产国际的指示，中共中央于1927年7月12日在汉口进行改组，成立了临时中央常务委员会，成员有张国焘、李维汉、周恩来、李立三、张太雷。他们在初步总结了大革命失败的教训之后，制定了反击方针。8月1日凌晨，在以周恩来为首的中共前敌委员会领导下，贺龙、叶挺、朱德、刘伯承等率领在中国共产党直接掌握和影响下的军队2万余人，举行南昌起义，打响了武装反抗国民党反动派的第一枪，向世人展示了中国共产党人不畏强暴、坚持革命的坚强决心。

与此同时，斯大林却开始推卸中国大革命失败的领导责任。7月11日，他在给莫洛托夫的信中指出："我将努力证明，我们的政策无论过去还是现在都是唯一正确的政策。我从来没有像现在这样深信我们对中国和对中国土地革命的政策的正确性。"①

斯大林的态度为共产国际、联共（布）以及中共内部追究大革命失败的责任定下了基调。

八七会议和"左"倾错误的产生

为了总结大革命的经验教训，纠正陈独秀右倾错误，确定新形势下中国共产党的任务，中共中央于1927年8月7日在汉口召开紧急会议（即八七会议）。会议的主要议程有四项：（一）听取共产国际代表罗明纳兹的报告；（二）讨论并通过罗明纳兹起草的《紧急会议告全党同志书》；（三）听取瞿秋白作《关于党的新任务的报告》；（四）根据罗明纳兹的提议，选举以瞿秋白为首的临时中央政治局。

和共产国际的许多文件一样，罗明纳兹的报告反复强调共产国际指导中国革命的路线和策略是始终正确的，根本否认共产国际和斯大林在指导中国

---

① 《斯大林给莫洛托夫的信》，黄修荣主编：《共产国际、联共（布）与中国革命档案资料丛书》第4卷，北京图书馆出版社1998年版，第410页。

革命过程中所犯的种种错误，把大革命失败的责任完全推给中共中央。即使面对大量无可辩驳的事实，罗明纳兹也只是轻描淡写地说上一句，“国际有时自然也是有错误的”，但是他接着连忙把话题一转：“国际有许多的经验，我们应当相信，接受他的指导，不然我们将会走到非共产主义的道路上去。”①

会议讨论通过了《中国共产党中央执行委员会告全党党员书》、《最近农民斗争的议决案》、《最近职工运动议决案》、《党的组织问题议决案》等重要文件，纠正了党在过去犯的严重右倾错误，首次把举行武装起义、实行土地革命确定为党的路线的重要内容。这是中国共产党在付出惨痛的牺牲之后得出的正确结论，也是中国共产党人对中国革命认识上的一个重大进步。

在党组织遭受严重破坏的情况下，为了加强党的组织建设，秘密工作将成为党在国民党统治区的主要工作形式，会议通过的《党的组织问题议决案》要求各级党组织加强党的秘密工作，同时注意利用一切公开的可能，以扩大党的影响，主要有以下几种方式：(1)按期出版秘密的党的政治机关报，而传播之于全国；(2)建立全国的秘密交通机关，务使本党有一全国的交通网；(3)造成坚固的能奋斗的秘密机关，每一党部都应严格的与其上级及下级党部建立极密切的极秘密的联系；(4)严格执行党纪，党部机关之一切决议及决定应当绝对的服从；(5)建立各级审查委员会，审查党内是否有不可靠分子。

在总结党在大革命后期犯错误的教训时，会议认为党的领导机关里面的知识分子和小资产阶级的比例过高，是一个重要原因，因而要求提拔工人同志到党的委员会负责。受这种认识的影响，会后不久发出的中央通告第二号指出：党的指导机关的成分要工农化，提拔在斗争中表现积极的工农分子到各级党的指导机关负责；党员成分也要工农化，坚决地大批吸收工农分子入党。这种不适当地强调领导机关和党员单纯工农成分的指导思想，脱离中国社会和党的实际状况，严重地妨碍了党的组织的健康发展。

八七会议坚持了继续革命的方向，但全党对于中国革命是什么性质，应当怎样革命，并不十分清楚。此后，在斯大林“中国革命三阶段论”的指导下，党在中国革命的认识上出现了“左”的错误。“中国革命三阶段论”是斯大

---

① 《共产国际代表罗明纳兹的报告》，《八七会议》，中共党史资料出版社1986年版，第54页。

林在中国大革命失败，迫切需要重新审视中国革命的大背景下，在联共(布)党内对中国革命的大争论中，为战胜反对派托洛茨基提出的。斯大林认为中国革命应当有三个阶段：第一阶段是全民族联合战线的革命；第二阶段是资产阶级民主革命；第三阶段是苏维埃革命。

1927年9月下旬，中共中央从武汉迁回上海。11月9日，中共中央临时政治局扩大会议在上海召开。在瞿秋白主持下，根据共产国际关于中国革命的一些基本观点，会议提出中国革命一定要在中国共产党的领导下，“联合最彻底的民权革命的伟大力量——中国的农民”，组织“工农革命军”，进行游击战争，推翻新军阀国民党政权，建立工农民主政权。会议的《中国现状与共产党的任务决议案》提出了比较完整的工农政纲，但发展了八七会议以来中国共产党内的“左”倾情绪，提出了许多错误的理论观点和策略思想，并在中共中央占了统治地位。

在革命形势处于低潮时，党内出现“左”倾盲动错误有两方面原因：一是由敌人的野蛮屠杀引起的复仇渴望，使许多人产生了一种近乎拼命的冲动。李维汉回忆说：“这些‘左’的政策，在某些农村暴动中，例如在湘南成为‘杀尽土豪劣绅’以及烧毁他们房屋的所谓‘烧杀政策’；甚至引进了城市。这种错误政策曾使革命遭受到不应有的损失。”[①]二是当时中共中央和许多共产党人对中国社会的复杂性和中国革命的长期性尚缺乏清醒的认识，把一部分先进分子的认识水平看成是广大群众的认识水平，这就会产生革命高潮是持续不断、革命胜利为期不远的错觉。

从某种程度上来看，11月中央临时政治局扩大会议虽然犯了不恰当地强调党的指导机关干部工人化的错误，但当时提出把中共建设成为马克思主义布尔什维克党的决定，却是重新整合党的组织资源的必要条件之一。

党对各级组织的改造与整顿

围绕着八七会议和11月的中央临时政治局扩大会议制定的总方针和总政策，中共中央开始着手对党的各级组织进行改组、改造和整顿工作。

① 李维汉:《回忆与研究》，中共党史资料出版社1986年版，第190页。

恢复和重建各地党组织的第一步工作是建立中央的派出机关。中共中央决定设立北方局，派王荷波、蔡和森到北方，根据八七会议精神整顿顺直、山东、山西、东北三省及内蒙古等地的党组织；决定由周恩来、张太雷、张国焘等组成南方局，以张国焘为书记(未到职)，下设军委会，以周恩来为主任，在周恩来等未到职前，由张太雷、杨殷等组织临时的南方局；决定设立长江局，以罗亦农为书记，负责长江流域党的工作。在建立派出机关的同时，中共中央还派巡视员到各地，实际指导地方党组织迅速转入秘密状态。

鉴于以往党组织遭受严重破坏的教训，为在国民党统治区做好地下工作，中共中央建立起一套秘密工作制度。1928 年 5 月 18 日，中共中央发出《中央通告第四十七号——关于在白色恐怖下党组织的整顿、发展和秘密工作》，规定党的组织形式要适应秘密环境。5 月 31 日，中共中央组织科印发《秘密工作常识》，作为各级党组织和党员的秘密工作守则。

为了发展工农革命分子入党，把他们充实到各级领导机关中去，中共中央对各省、市、县委的领导机关进行整顿，努力增加工人、农民在领导机关中的比例。通过整顿，到党的六大召开前，省委一级领导机关的成分已达到工人占 34%，农民占 14%，其他(包括知识分子、店员等)占 52%，省委常委中工人占 31%，农民占 7%，其他占 62%。

经过中共中央和各地党组织的努力，遭到严重破坏的各地党组织得到恢复和重建。湖南、湖北、江苏、江西、广东、浙江、福建、顺直、河南、陕西、广西等地的党组织恢复和发展得比较快。在山西、山东、安徽、四川、云南、贵州、内蒙古和东北三省等地，党组织也得到一定的恢复和发展。在各地还建立了一些特委。到党的六大召开时，党的地方组织有 12 个省委、3 个临时省委、400 多个县、市委。至党的六大召开时，全国党员已发展到 4 万多人。这些党组织的恢复和发展，对各项工作尤其是各地武装起义的开展，起到了重要的作用。

但是，由于“左”倾盲动主义错误的影响，在大革命失败的形势下没有领导党组织实行正确的退却，反而不顾主客观条件，强行组织起义，而使许多地方的党组织遭到破坏。此外，由于在组织上实行了惩办主义和党内宗派主义的过火斗争，并且过分地或不适当地强调领导干部的单纯工人成分的意义，给党的事业，尤其是党的组织建设造成了一定的损失。

党的六大的筹备

大革命遭受严重挫折以后艰难曲折的斗争历程，要求中国共产党认真总结经验教训，分析研究大革命遭受严重挫折以后的革命性质和政治形势，制定党在新的历史时期的路线、方针和政策。这项历史任务，必须通过召开党的代表大会来完成。因此，尽快召开党的第六次全国代表大会，已刻不容缓。

召开党的六大，最初是在八七会议上决定的。会议通过的《党的组织问题议决案》中提出，“中央临时政治局应在六个月之内准备召集第六次全国代表大会。”①

根据罗明纳兹的建议，1927 年 11 月召开的中共中央临时政治局扩大会议通过了《关于第六次党代表大会之决议》，对于开会日期、代表选举办法及会议议程作了初步的规定。

（一）“六大”于 1928 年 3 月份召开。具体时间、地点由中央常委决定。

（二）各省按照党员人数每五百人选举一名有表决权的代表，同时选举若干名无表决权的代表。五届中央委员或候补没有当选为“六大”代表的，可以作为无表决权的代表参加大会。

（三）“六大”议程是：中共中央的政治与党务报告；中国革命过去的分析及将来之前途，党的任务和策略；土地问题纲领；工会工作；党的组织任务；共青团工作；选举中央委员会及出席共产国际第六次代表大会的中共代表团。

1928 年 1 月 18 日，瞿秋白主持召开政治局会议，对拟于三四月间召开的党的六大进行具体的策划和分工：共青团文件由共青团中央起草，党务组织方面的文件由罗亦农负责起草，工会问题由工委负责起草，土地和政策问题由瞿秋白负责起草，党纲草案由瞿秋白、罗亦农共同负责起草。但因国内白色恐怖严重，会址暂定于澳门（也有提出香港或者海参崴）。

在当时严重的白色恐怖环境下，在国内召开党的代表大会十分困难，“首先是由于要冒遭受破坏危险，其次是因为这里没有共产国际执委会的重要代表，第三是因为环境不安宁会带来焦虑情绪，不可能心平气和地、认真地进行工作。”②而且，党的经费困难也是一个不可忽视的重要因素，自从国民党叛

---

① 《党的组织问题议决案》，中央档案馆编：《中共中央文件选集》第 3 册，中共中央党校出版社 1989 年版，第 302 页。

② 《共产国际、联共（布）与中国革命档案资料丛书》第 7 卷，中央文献出版社 2002 年版，第 296 页。

变革命以后，中国共产党处于经费奇缺、入不敷出的局面。苏兆征和向忠发在给共产国际执委会的信中这样写道："共产党人当然不应只关心改善自己个人的物质状况，但是党怎么能在同志们的最低生活费都不予保证的情况下来迫使他们在最艰苦的条件下工作呢（不妨提醒你们一下：连中央委员每期也只能得到27中国元）。"[①]

考虑到红色职工国际第五次代表大会将于1928年春季在莫斯科召开，共产国际第六次代表大会和青年共产国际第五次代表大会也都定于同年夏天在莫斯科举行，届时中国共产党都将派代表参加。因此，中共中央于1928年2月13日决定报请共产国际执委批准中国共产党的第六次代表大会在苏联境内召开，并要求国际执委派代表团参加，斯大林、布哈林中能有一人出席大会。

2月22日，联共（布）驻共产国际执行委员会代表团召开会议，"不反对中国共产党于4月底或5月中在西伯利亚境内召开代表大会。"[②]在这次会议上，米夫被任命为共产国际东方书记处中国部主任，介入党的六大的筹备工作。李维汉回忆说，共产国际于3月底来电，"让六大代表去莫斯科开会，这样，开会地点就最后确定下来了"[③]。

党的六大代表的艰辛之旅

4月2日，中共中央发出召集第六次全国代表大会的通告，开始紧张筹备。为了安全地到达莫斯科开会，中央研究了行程路线，认为已经形成的通过中东铁路这条红色之路是可行的。于是决定，党的六大代表去莫斯科的路线，除一小部分由上海乘轮船经海参崴外，其余大部分由上海经大连到哈尔滨，然后由哈尔滨护送到满洲里或者绥芬河出境。

为了保证党的六大代表的安全，使会议准时在莫斯科召开，中共中央决定在哈尔滨设立秘密接待站，并与中共哈尔滨县委协商做好安排。此外，中共中央还派出当时在中共中央妇委工作的瞿秋白的夫人杨之华带女儿独伊协

① 《共产国际、联共（布）与中国革命档案资料丛书》第7卷，中央文献出版社2002年版，第445—446页。

② 《联共（布）驻共产国际执行委员会代表团会议第3号记录》（1928年2月22日），黄修荣主编：《共产国际、联共（布）与中国革命档案资料丛书》第7卷，中央文献出版社2002年版，第334页。

③ 李维汉：《回顾党的六大前后》，《回忆与研究》上册，中共党史资料出版社1986年版，第241页。

助哈尔滨县委完成护送工作。当时安排代表有一个原则规定，单个儿来的男同志，通常由杨之华带着女儿一块住，对外就说是“夫妻”。杨之华的女儿小独伊当时只有6岁，但很懂事，杨之华教她，如果有人问就说是“爸爸”。小独伊曾奇怪地问杨之华：“妈妈，我怎么这么多爸爸？”问得杨之华无法回答。

代表们在哈尔滨一般只住两天，稍加休整，即护送出境。去苏联的路线在哈尔滨又分两条，一是乘火车去满洲里，二是乘火车去绥芬河。大部分安排走满洲里线路，极小部分安排走绥芬河线路。时任中共满洲省委常委、党的六大代表唐宏经回忆说：“从哈尔滨到满洲里火车要开一天一夜。上车前，接待站发给每个代表一个过境的号码牌，下车后，我们根据手中的号码，找到带号头的马车。马车前面挂着车灯，如果代表手中的号码牌和车灯上的号码对上，就把手中的号码牌交给苏联马车夫，不必说话，点点头即可上车了。”①

也有的代表走的是经海参崴这条路线，如邓中夏，他和几个同志一起，在一个浓雾茫茫、漆黑的深夜，偷偷地乘着一只小舢板，登上了一艘苏联的商船，他们躲藏在船舱底下，悄悄地驶出了吴淞口，向着海参崴驶去。

5月初，周恩来、邓颖超装扮成一对古董商人夫妇，由上海坐日本轮船去大连，再经东北转赴莫斯科。在途中，曾发生过一段意外的遭遇，周恩来沉着机智地应付，从容地化险为夷。邓颖超后来回忆说：“上车后发现同我们坐对面的乘客是日本人，用中国话同我们攀谈，我们也同他聊大。当时，已识破他是跟踪我们的。我们在长春站下车时他拿出名片给恩来，日本人有交换名片的风俗（我后来才知道的）。恩来应立即回片。一般人名片都放在西装小口袋里，实际我们没有名片，恩来装着找的样子，‘噢！我的名片没有装在口袋里，还在箱子里呢！很对不起。’（做要去取的手势）对方说不必，不必了。终于对付过去了。”②

大多数党的六大代表是从哈尔滨、满洲里到莫斯科的。有的人在哈尔滨接头的证件在大连已毁掉，无法同有关的人取得联系，他们只得在哈尔滨再等

---

① 唐韵超、刘影：《中共六大代表话当年》，《百年潮》2001年第6期。
② 邓颖超：《我们一次遇险与脱险的经过》，《人民日报》1985年8月14日。

几天，在火车站上等李立三，通过他把关系接上，然后从哈尔滨乘火车到满洲里。进入苏联境内后，继续乘火车赴莫斯科。就这样，党的六大代表经过长途跋涉，闯过一道又一道险关陆续到达莫斯科。

二、党的六大党章的制定与意义

党的六大的召开

1928年6月18日至7月11日，中国共产党第六次全国代表大会在莫斯科郊外纳罗法明斯克城五一村的一所旧式庄园——银色别墅召开。银色别墅原是沙皇时代一个贵族庄园，因其白色墙壁在阳光下闪闪发光而得名。共产国际把会址设在这里，主要是为了保密。出席大会的有正式代表84人，候补代表34人，代表党员4万多人。大会主席台悬挂着镰刀锤头党旗，台前挂着“中国共产党第六次全国代表大会”的横幅，两旁无标语，台正中有一张长方形桌上面蒙着白布，马克思、恩格斯、列宁、斯大林的画像挂在后台墙上。座位一律为长条凳。周恩来担任主席团成员和大会秘书长。瞿秋白致祝词，共产国际书记布哈林作报告。

大会正确地肯定了大革命失败后中国社会的性质是半殖民地半封建社会，中国革命的性质是资产阶级民权革命，指出了当时的政治形势是处于两个高潮之间，党的总任务不是进攻，而是争取群众，准备新的革命高潮的到来。虽然大会对中国革命的长期性和农村革命根据地的重要意义认识不足，对中间阶级的作用、反动势力的内部矛盾缺乏正确估计和对策，但它的路线是正确的。

大会非常重视党的组织建设，提出党组织建设的任务是：加强无产阶级基础，加强中心区域中党的建设；健全支部生活，发扬党内民主和加强集体领导，努力在产业工人中恢复与发展党的组织，发展产业支部；在农村中发展党员必须以雇农、佃农及手工业工人为主要对象，对农民出身的党员要加强无产阶级意识教育。大会主张实行真正的民主集中制，反对极端民主化的倾向。

会上，瞿秋白代表第五届中央委员会作政治报告，周恩来作组织报告和军事报告，李立三作农民问题报告，向忠发作职工运动报告，布哈林代表共产国际作《中国革命与中国共产党的任务》的政治报告和关于政治报告的结论。大会通过了《政治决议案》、《组织问题决议案提纲》等决议案，以及经过修改的《中国共产党党章》。

7 月 19 日，第六届中央委员会第一次全体会议召开，讨论通过了政治局的人员组成以及人选，选举结果如下：中共中央政治局常委会：向忠发、周恩来、苏兆征、项英、蔡和森；中共中央政治局常务委员会候补委员：李立三、杨殷、徐锡根。

由于过分地强调党组织和党的领导机关的工人成分，在选举中央委员时，使一批有斗争经验的知识分子干部未能参加中央的领导工作。大会选举的 36 个中央委员中，有 21 人是工人，并且选举文化水平和思想觉悟都不高的向忠发任中央政治局主席兼中央常委主席。“向忠发之所以爬上宝座，仅仅是因为工人阶级出身。党的六大在共产国际的压力之下，把一艘正在波涛汹涌的大海上航行的船，交给一个未出过海而只是划过长江小船的人去掌舵，实在是极大的风险。正是这一决定，使得李立三能够从向忠发的领导无能中掌握实权，从而推行他那灾难深重的立三路线。”①

总体来看，党的六大是在大革命失败以后的历史转折关头召开的一次具有重大历史意义的代表大会。“因为它确定了现时革命的资产阶级民主主义性质，确定了当时形势是处在两个革命高潮之间，批判了机会主义和盲动主义，发布了十大纲领等，这些都是正确的。”当然，党的六大也有缺点，“例如没有指出中国革命的极大的长期性和农村根据地在中国革命中的极大的重要性，以及还有其他若干缺点或错误。但无论如何，第六次全国代表大会在我党历史上是起了进步作用的。”②

《组织问题决议案提纲》

党的六大对于党的组织建设问题给予了高度的重视。大会通过的《政治决议案》、《组织问题决议案提纲》提出了党的建设方针和各项任务，并开始重视

---

① ［美］盛岳：《莫斯科中山大学和中国革命》，东方出版社 2004 年版，第 201 页。
② 《学习和时局》，《毛泽东选集》第三卷，人民出版社 1991 年版，第 939 页。

农民在革命中的作用和地位，认为农民斗争要成为新的革命高潮的重要成分，认识到要弥补所存在的工人阶级人数少的弱点，就必须发挥农民的革命力量，与农民建立巩固的联盟。

大会通过的《组织问题决议案提纲》认真分析了党的现状，指出党的建设虽有“不少的进步”，但也存在严重的问题：“一、党的工人成分减少，农民数量超过工人同志七倍，农民的意识将影响到党的组织路线上来。二、党与群众的关系逐渐脱离。三、党没有计划夺取群众尤其是重要的产业区域。四、各级党部及工作人员受了不断的摧残和屠杀。五、党还不是工人群众的。群众说：你们党没有力量。工人同志说：你们现在不管我们了。”①

为了克服这些缺点，使党成为“工人阶级自己的群众化的战斗的党”，会议通过的《政治决议案》和《组织问题决议案提纲》提出了加强党的建设的方针和各项任务。党的建设方针是“加强自己的战斗力”和党的“无产阶级化”，因此，一要恢复被破坏的支部以及各级党部，建立和发展大工厂、大企业中党的支部；二要积极地在工人中征求党员，继续引进工人中的积极分子加入指导机关，“务使指导机关工人化”；三要实行真正的民主集中制，尽可能地做到集体讨论和集体决定主要问题，同时反对极端民主化倾向；四要肃清党内的地方主义、小团体主义及一切无原则纠纷，取消所谓的惩办主义制度；五要加强对党员的政治教育，系统地宣传马克思主义。

《组织问题决议案提纲》对于党的六大制定、通过党章，产生了很大的影响。

党的六大党章的内容与特点

党的六大党章是中共所有党章中唯一一份在国外制定的章程。由于党的六大是在共产国际和斯大林直接指导下召开的，因而大会通过的《中国共产党章程》明显带有苏联共产党章程的印记。修正后的党章共 15 章 53 个条目，与党的五大通过的第三次修正章程相比，删去了党的建设、党的中央机关、监

① 《组织问题决议案提纲》，中央档案馆编：《中共中央文件选集》第 4 册，中共中央党校出版社 1989 年版，第 451 页。

察委员会、经费等章，增加了党的名称、党的组织系统、党的全国大会、中央委员会、审查委员会、党的财政等章。在结构上调整较大，主要有以下几个特点：

1. 明确规定党的组织原则为民主集中制。修正后的党章详细规定了民主集中制的三项根本原则：下级党部与高级党部由党员大会代表会议及全国大会选举之；各级党部对选举自己的党员，应作定期的报告；下级党部一定要承认上级党部的决议，严守党纪，迅速且恰当地执行共产国际执行委员会和党的指导机关之决议。党的六大党章还特别指出，"党员对党内某一个问题，只有在相当机关对此问题的决议未通过以前可以举行争论。"上述规定是对党内关系、党内民主与集中问题的一个较好的说明，有利于纠正党内存在的家长制和极端民主化两种倾向，有利于克服官僚主义、命令主义和极端民主化的倾向。因为家长制和极端民主化这两种倾向，对党的危害都是相当大的。

2. 在组织原则上，新党章明确规定召开党的全国代表大会须"由中央委员会得共产国际同意后召集之"。党的六大党章是中国共产党党章史上唯一在国外修改和通过的党章。从某种意义上说，共产国际对党的六大党章的修改作出了自己的贡献。然而，必须看到，尽管党的六大党章中一些关于共产国际与中国共产党的关系的规定，明显地把共产国际在中国共产党的建设中的地位和作用强调得过分了。例如，"共产国际代表大会或本党代表大会，或党内指导机关所提出的某种决议，应无条件的执行，即或某一部分的党员或几个地方组织不同意于该项决议时，亦应无条件的执行。"这些规定显然是不合适的，不但违背了马克思主义的基本原则，也在党的制度上为共产国际随意干预中共的内部事务提供了根据。

3. 重视"支部"——党的基本组织建设的重要性。把"支部"一章的内容提到了前面，紧随"党的组织系统"一章，这也是党的六大党章的一个特点，对于恢复被严重破坏的基层党组织，在白色恐怖的条件下秘密开展工作，具有重要意义。这不仅是过去我们的党章所没有过的，而且和其他国家党的党章相比也是一个创新。党章还具体规定了支部三项任务，虽然条数减少，但要求比较具体和充实了。例如提出进行"有计划的共产主义的宣传和鼓动"，"组织群众革命的行动"，"在党员及无党工农中进行文化和政治教育的工作"。

4. 在党员的管理制度方面作了较大调整。

党的六大党章对党的干部、党员条件、入党手续、党员党籍的处理等规定是积极的。尤其是首次规定了党员自愿脱党的制度，“无充分理由连续三个月不缴党费者，以自愿脱党论”。党的六大党章还进一步把党员及时按规定缴纳党费，作为党员应有的组织观念来要求。从党的六大党章起，后面的党章都坚持了这一基本精神。党的六大党章还改变了原有党章只将直接接收新党员的权利赋予中央委员会和省委员会的做法，将权利主体扩大到党的各级委员会，但是，与以往党章不同的是，党的六大党章强调，“所有党员无民族与国界之分，都应加入中国共产党的地方党部组织，成为中共的党员”[①]。

5. 把党的组织系统作为单独一章，对党的组织机构作出了一些新规定。

(1) 规定了中央委员会可以根据需要，在数省范围内成立中央执行局，或委派中央特派员。中央局和中央特派员由中央委员会指定，并只对中央委员会负责。(2) 在支部的工作任务方面，增加了两条新规定，即“有计划地在工农群众中宣传共产主义”和“在党员及工农中进行文化和政治教育的工作”。这对于在工农群众中进行思想政治工作，起到了极大的指导作用。(3) 首次在党章中规定实行党的全国会议的制度。党的六大党章没有继续采用过去召开临时会议的办法，而是改为“党的全国会议”，相当于我们现在党章中规定的“党的全国代表会议”。这一规定是党的组织建设的一大进步。(4) 增设了“审查委员会”一章。把审查委员会分为中央审查委员会、省审查委员会、县市审查委员会三级，其主要任务是监督党部财务、会计工作及各机关的工作。(5) 删除了监察委员会一章及其全部条文规定；撤销了党的总书记这一职务。

与前几部党章一样，党的六大党章也存在着一些不尽如人意之处。

首先是党员的“唯成分论”思想在党的六大党章里有所反映。八七会议以后，党内“左”倾错误在组织建设上的反映就是减少工人的入党介绍人数，增加机关服务人员的入党介绍人数，将党的四大党章中规定的“支部是党与群众直接发生关系的组织”，改为“支部为党与工农联系起来的组织”，把“群众”

① 《中国共产党党章》，中央档案馆编:《中共中央文件选集》第 4 册，中共中央党校出版社 1989 年版，第 471 页。

改为“工农”，虽然只是两字之差，但却直接体现了党在这方面指导思想所发生的重大变化。

其次，撤销了刚刚在党的五大成立的监察委员会。党的六大党章对于处理违反党纪问题，没有建立常设机关的规定，只规定“由党员大会或各级党部审定之”，或者“成立特别委员会以预先审查关于违犯党纪的问题”。其实，设立党的纪检监察常设机关是非常必要的，党的六大在修改党章的时候，尽管增设了审查委员会一章，但其任务过窄，主要是监督各级党部的财政，事实上也替代不了监察委员会的作用。这对后来党的建设起到了不好的影响。

第三，由于党的六大党章是在共产国际的协助下修改的，党对中国革命道路问题认识不足，一方面，认识到农民对革命的重要性，承认农村无产阶级的作用；另一方面，担心农民意识将影响到党的组织路线。这主要是因为，中国共产党对于把马克思主义与中国实际相结合的理论水平尚不高，客观上又受到共产国际的影响，无法从理论上对共产国际的纲领进行突破。在共产国际的影响下，党的六大党章的很多规定实际上脱离了我们党的实际情况。对此，刘少奇在党的七大《关于修改党章的报告》中指出，“党的第六次全国代表大会通过的党章，由于情况的特殊，许多部分不能适用，这就造成许多党员对于党章重视不够、实行不力的习惯”[①]。

在中国共产党党章发展史中，党的六大制定的党章是在莫斯科产生的，它反映了当时国内革命斗争形势及党内环境的特殊性与复杂性。尽管受囿于历史条件的限制，存在着这样那样的不足之处，但党的六大党章的总的原则和精神基本上是正确的，对在当时极其特殊的严酷环境下加强党的自身建设，起到了一定的积极作用。

围绕着党章规定的政治路线，中国共产党恢复、整顿了各地的党组织，重新组织了革命队伍，使党领导的革命事业和党的建设重新走上发展的道路。1929 年 6 月党的六届二中全会召开时，党员已达到 6.9 万人，1930 年 3 月，又增加到 10 万多人。1930 年年底，党在全国 17 个省恢复了省委和许多特委、市委、县委的组织。在国民党统治区的实际工作中，党进一步强调深入群众的

① 《论党》,《刘少奇选集》上卷，人民出版社 1981 年版，第 318 页。

重要性，要求从下层做起，力求使秘密工作同公开工作结合起来，党的干部要做到“职业化”和“社会化”，使一度遭到严重破坏的党在国民党统治区的工作得到一定程度的恢复和发展。从某种程度上说，“党在组织上虽处境仍是非常困难，但经过党内党外不断的斗争，的确已取得了相当的进步，已将党从涣散的状态中挽救出来，并已建立了组织上的相当基础。”①

三、特定历史条件下发挥党章作用的《古田会议决议》

发生在红四军内部的争论

1928年4月，朱德、陈毅率领南昌起义保留下来的一小部分部队和湘南起义农军1万余人，陆续转移到井冈山地区，同毛泽东率领的部队会师。这次会师壮大了井冈山根据地红军的力量，会师部队合编为工农革命军第四军（不久改称为工农红军第四军），毛泽东任党代表和军委书记，朱德任军长。井冈山根据地得到发展和巩固。7月，彭德怀、滕代远、黄公略领导一部分国民党军队在湖南平江举行起义，组成红军第五军，12月到达井冈山与红四军会合，进一步壮大了红军和根据地的力量。

1929年1月中旬，为了打破敌人的“会剿”，摆脱经济困境，红四军向赣南闽西出击，以寻求更大的发展空间。在战斗频频失利的情况下，红四军于2月初在寻乌罗福嶂大山召开了一次前委会，当时前委是红四军和边界党的最高领导机构，“特委及军委统辖于前委”②。前委书记毛泽东提出，为简化决策程序，提高决策效率，部队实行改制，军事行动由前委拍板，暂时撤销军委。时任军委书记的朱德表示同意，陈毅也赞成。于是，前委“遂决议军委暂时停止办公，把权力集中到前委”③。这一决定在当时情况下是正确的。部队改制、军委撤销以后，红军提高了战斗力，很快取得了大柏地战斗的胜利，实现了东固会师，然后首战长岭寨，击毙郭凤鸣。3月20日，前委汀州会议决定，

---

① 《组织问题决议案》，中央档案馆编：《中共中央文件选集》第5册，中共中央党校出版社1990年版，第214页。

② 毛泽东：《井冈山的斗争》，《毛泽东选集》第一卷，人民出版社1991年版，第77页。

③ 《毛泽东年谱（1893—1949）》上卷，中央文献出版社2002年版，第276—277页。

在赣南、闽西20余县实行公开武装割据，创建中央革命根据地。

但是，在一片大好的革命形势下，由于政治形势及环境的变化，红四军内部长期以来隐藏着的一些思想危机开始显现，红军在游击状态中产生的流寇思想、单纯军事观点等有所抬头，加上旧军队带来的旧思想、旧习惯、旧制度的影响，都制约了党对军队领导权的建立，各种非无产阶级思想也有了发展和滋长。

这种情况的出现，与大革命失败后党的组织建设状况及党员成分构成的变化是分不开的。据1929年5月统计，红四军全军约4000人，其中党员1329人，占33.2%。在这些党员中，有工人310人，占23.4%；农民626人，占47%；小商人106人，占8%；学生192人，占14%；其他95人，占7%。党员中农民和其他小资产阶级出身的人占70%。

与此同时，红四军领导层内也出现了分歧，焦点集中在取消还是恢复红四军军委的问题上。1929年5月初，刘安恭从苏联回国，以中央特派员身份来到红四军，并接替了毛泽东兼任的政治部主任一职。在刘安恭和朱德的提议下，红四军又成立了临时军委，由刘安恭任书记。不久，争论就发生了。毛泽东主张取消临时军委并暂时不恢复正式军委，朱德则主张恢复军委，毛泽东认为军队有“与党争权”之嫌。两人当时未能采取正确的处理方法，即通过交换意见和党内会议来讨论解决，只是单纯地就要不要恢复军委组织的问题争论不休，并且交由下级去自由讨论。于是，很快形成了以朱、毛各为一方相互对立的局面。一纵队司令员林彪等人支持毛泽东的主张，指名批评并且对朱德进行人身攻击；刘安恭则拥护朱德的主张，攻击毛泽东不服从中央指示。

分歧愈演愈烈，使得红四军内部原本存在的各种错误思想随之滋长和暴露无遗。这不仅影响到党内和军内的团结，而且影响了毛泽东和朱德的威信，削弱了军队的战斗力，并隐伏了一种分裂的危机。

为统一红四军党内的思想认识，1929年6月，红四军在福建龙岩召开了党的第七次代表大会。代替刘安恭担任军政治部主任的陈毅，试图解决朱德与毛泽东之间的分歧，对双方采取“各打五十大板”的办法，会议决定，“毛泽东同志予以严重警告，朱德同志予以书面警告”，“至于朱、毛去留问题，由中央处置。在中央未作决定以前，仍留任前委委员。”这个决定引起了毛泽东的不满。大会改选前委，陈毅当选为书记。这是陈毅始料未及的结果，也是毛泽东一生中唯一的一次自下而上的落选。

大会结束以后，毛泽东离开红四军的主要领导岗位，到闽西协助指导地方工作。陈毅则到上海参加中共中央召开的军事会议，汇报红四军工作，前委书记由朱德代理。9月下旬，在福建上杭召开的红四军党的第八次代表大会，由于认识不一致，会议未获结果。许多人对现状不满，要求毛泽东返回红四军复职。

中共中央的“九月来信”

在农村游击战争的环境中，在党员成分主要是农民的条件下，如何克服各种非无产阶级思想的影响，把党建设成为无产阶级先锋队，把以农民为主体的革命军队建设成为一支无产阶级领导的新型人民军队，成为中国共产党在当时条件下必须面对和回答的时代课题。

还在红四军党的七大结束时，前委即将大会决议及其他有关文件上报中共中央。中央收到红四军党的七大文件后，立即觉察到红四军领导层分歧的严重性。8月13日，中央政治局召开会议，专门讨论红四军问题，决定由周恩来代表中央起草一封给红四军前委的指示信（即“八月来信”）。8月下旬，陈毅到达上海后，中央政治局召开会议，听取陈毅关于红四军全面情况的详细汇报，并决定组成李立三、周恩来、陈毅三人委员会，由周恩来负责起草对红四军工作的指示文件。9月28日，中共中央发出给红四军前委的指示信（即“九月来信”）。这封指示信是陈毅按照中央政治局会议精神和周恩来、李立三的多次谈话要点代中央起草并经周恩来审定的。

“九月来信”详细地分析军阀混战的政治形势，总结红四军及各地红军的斗争经验，说明了红军在中国革命中的重要地位和作用，明确规定红军的基本任务是：“一、发动群众斗争，实行土地革命，建立苏维埃政权；二、实行游击战争，武装农民，并扩大本身组织；三、扩大游击区域及政治影响于全国。”关于红军中党的工作，指示信强调应将“党的一切权力集中于前委指导机关”，“不能机械地引用‘家长制’这个名词来削弱指导机关的权力，来作极端民主化的掩护”；同时，“前委对日常行政事务不要去管理，应交由行政机关去办”。中共中央的这封指示信，对红四军党内的争论问题作出明确的结论，要红四军前委和全体干部战士维护朱德、毛泽东的领导，并明确指出毛泽东“应仍为前委书记”。

陈毅带着中共中央“九月来信”由上海日夜兼程回到红四军，于 10 月 22 日在前委会上作了传达，随后，陈毅派人将“九月来信”送往上杭蛟洋苏家坡给毛泽东，并附亲笔信请他回红四军复职。收到这两封信以后，毛泽东非常欣慰，立即于 11 月 26 日抵达长汀，回到前委领导岗位。11 月 28 日，毛泽东给中央写了一封回信：“我病已好，十一月二十六日偕福建省委巡视员谢同志从蛟洋到达汀州，与四军会合，遵照中央指示，在前委工作……四军党内的团结，在中央正确指导之下，完全不成问题。陈毅同志已到，中央的意思已完全达到。惟党员理论常识太低，须赶急进行教育。”①

红四军党内发生的争论，并非偶然，根本原因在于部队中的非无产阶级思想日益滋长所致。其性质不是西方学者所认为的是什么个人的“权力之争”，当然也不是一般的“工作方式”之争，而是关系到党和红军建设中一些重大原则问题的争论。这场争论的双方都是坚定的共产主义者，在党的总路线、总任务方面都是完全一致的，不存在任何根本利益的冲突。正如毛泽东后来指出的：“关于内战时期在闽西区域的争论，属于若干个别问题的性质，并非总路线的争论，而且早已正确地解决了。”②

《古田会议决议》

12 月下旬，红四军党的第九次代表大会（即古田会议）在福建上杭县古田召开。大会由陈毅主持。会上，毛泽东作政治报告，朱德作军事报告，陈毅传达中央指示信。会议认真地总结红军创建以来党在同各种错误思想、错误倾向作斗争的过程中积累起来的丰富经验，统一了思想认识，一致通过大会决议案（即著名的《古田会议决议》）。

这个决议由八个决议案组成：（一）纠正党内非无产阶级意识的不正确倾

---

①《毛泽东致中央的信》（1929 年 11 月 28 日），《毛泽东书信选集》，中央文献出版社 2003 年版，第 22 页。

②《陈毅在内战和抗战时期是有功劳的》，《毛泽东文集》第三卷，人民出版社 1996 年版，第 104 页。

向问题；(二)党的组织问题；(三)党内教育问题；(四)红军宣传工作问题；(五)士兵政治训练问题；(六)废止肉刑问题；(七)优待伤病兵问题；(八)红军军事系统与政治系统的关系问题。

《古田会议决议》的内容十分丰富，"一方面把党的建设提到了思想原则和政治原则的高度，坚持无产阶级思想的领导，正确地进行了反对单纯军事观点、主观主义、个人主义、平均主义、流寇思想、盲动主义等倾向的斗争，指出了这些倾向的根源、危害和纠正的办法；另一方面又坚持严格的民主集中制，既反对不正当地限制民主，也反对不正当地限制集中。"①

(一)《古田会议决议》强调从思想上建党。

《古田会议决议》一开头就明确指出，"红军第四军的共产党内存在着各种非无产阶级的思想，这对于执行党的正确路线，妨碍极大，若不彻底纠正，则中国伟大革命斗争给予红军第四军的任务，是必然担负不起来的。"在这里，决议把党的思想教育、思想建设摆到了党的建设的最突出的位置。

决议列举了非无产阶级思想的八种表现：即单纯军事观点、极端民主化、非组织观点、绝对平均主义、主观主义、个人主义、流寇思想、盲动主义残余。这些错误思想就其性质来说，有的属于资产阶级军事思想，如单纯军事观点；有的则是流氓无产阶级意识，如流寇思想，但从总体上看，绝大部分是农民、小资产阶级固有思想的表现。因此无产阶级与小资产阶级思想之间的矛盾，是红四军党内主要矛盾。

决议正视农民党员占多数的现实，指出，"红军党内最迫切的问题，要算是教育的问题。"决议用了大量的篇幅论述党内教育问题，总结探索出一套思想教育的方法和途径。在近3万字的决议中，仅"教育"两个字就出现了26次之多。决议还规定了阅读党报、政治简报、编写印发各种开展教育的小册子、开办训练班、个别谈话、开展批评与自我批评、召开各级党组织的会议等18种方法，以进行马克思列宁主义基本理论的教育，使党员和红军指战员懂得无产阶级的革命理论，提高革命的自觉性。

与此同时，决议还要求党员运用批评和自我批评的武器，开展积极的思

---

① 《关于若干历史问题的决议》，《毛泽东选集》第三卷，人民出版社1991年版，第985页。

想斗争。这些开展党内思想教育的方针和方法，成功地解决了从思想上保证党的先进性的基本问题，成为中国共产党人着重从思想上建党的源头活水。

对于中国共产党长期在农村开展斗争、农民党员占多数的状况，共产国际和斯大林是非常担心的，他们极力主张通过大量发展工人党员、提拔工人干部到各级领导岗位来保持党的纯洁性和先进性。但实践证明，这种以组织建设为主要手段来维护党的性质的做法是行不通的。古田会议从实际出发，寻找新思路、新办法，开辟了一条着重从思想上建党、加强党的建设的成功之路。正如邓小平指出的，"把列宁的建党学说发展得最完备的是毛主席。毛主席在井冈山时期，红军创建时期，他的建党思想就很明确。大家看红四军第九次党代表大会的决议就可以了解。"①

(二)《古田会议决议》规定了民主集中制的原则。

民主集中制是马克思主义建党学说的一个极其重要的内容。对于民主集中制问题的探索，贯穿于中共党章的整个发展过程中。虽然1927年通过的《中国共产党第三次修正章程决案》正式将民主集中制原则写入党章，但这一时期我们党民主集中制的原则还不健全，在执行过程中出现了一些错误倾向和问题。党的六大后，党内在组织方面存在的主要问题由原先的家长制转变为极端民主化。这种倾向的出现，既是由于大量党员出身于农民和小资产阶级的缘故，同时又是因为党的自身建设没有搞好，以至于从一个极端走向另一个极端，就成了政治上和组织上的极端民主化思想。

《古田会议决议》严厉批判了极端民主化现象和非组织观点，指出其严重危害："在于损伤以至完全破坏党的组织，削弱以至完全毁灭党的战斗力，使党担负不起斗争的责任，由此造成革命的失败。"决议在分析这些错误产生的根源的同时，提出了纠正的办法：(1)党的领导机关要有正确的指导路线，遇事要拿出办法，以建立领导中枢。(2)上级机关要明了下级机关的情况和群众生活的情况，成为正确指导的客观基础。(3)党的各级机关解决问题，不要太随便。一成决议，就须坚决执行。(4)上级机关的决议，凡属重要一点的，必须迅速地传达到下级机关和党员群众中去。其办法是开活动分子会，或开支

① 《邓小平文选》第二卷，人民出版社1994年版，第44页。

部以致纵队的党员大会（须看环境的可能），派人出席作报告。（5）党的下级机关和党员群众对于上级机关的指示，要经过详尽的讨论，以求彻底地了解指示的意义，并决定对它的执行方法。

决议提出的这些方法和规定，既是对我们党民主集中制原则的进一步健全，也是对马克思主义建党学说的丰富和发展。

（三）《古田会议决议》加强了党的组织建设。

决议指出："红军党的组织问题，现在到了非常之严重的时期，特别是党员的质量之差和组织之松懈，影响到红军的领导与政策之执行非常之大"，要求"努力去改造党的组织，务使党的组织确实能担负党的政治任务"。

为了保证党员质量，搞好党的组织建设，决议对红军中发展党员的条件作了新的规定：（1）政治观念没有错误的（包括阶级觉悟）。（2）忠实。（3）有牺牲精神，能积极工作。（4）没有发洋财的观念。（5）不吃鸦片，不赌博，并制定了"以战斗兵为主要对象。同时，对非战斗兵如勤务兵等，亦不应忽视"的党的发展路线。新党员入党后，"要详细告诉新党员以支部生活（包括秘密工作）及党员应遵守的要点"。

从党的第一部党章开始到古田会议前，我们党对发展新党员的标准，都没有具体的规定，只是有些笼统的说法。《古田会议决议》从实际情况出发，将入党资格进一步细化，是在当时的历史条件下，从实际出发的规定。它具体、简洁、明了，即使没有文化的农民也能懂得。同时，对党员的社会出身不做限制和强调，实际上是向广大的农民敞开了党组织的大门，保证了在严酷的环境下，党员队伍能够取得大的发展。此外，古田会议还在党员发展对象、入党手续等方面制定一些规则和制度，从党员入口方面严把质量关，为党的先进性提供坚实的组织基础。

此外，《古田会议决议》阐述了加强党的基层组织建设的重要原则，强调要重视党支部的作用，坚持并发展了三湾改编时"支部建在连上"的建党原则。决议强调指出"每连建设一个支部，每班建设一个小组，这是军中党的组织的重要原则之一"。决议还规定了基层组织的任务：一是贯彻上级指示；二是做好教育同志的工作。同时还规定了健全支部生活、严格党的纪律等项措施。这是古田会议为加强党的组织建设的另一个创造。

(四)《古田会议决议》强调从政治上建军。

决议指出："中国的红军是一个执行革命的政治任务的武装集团。"如不注重政治和政治工作，"便有走到脱离群众、以军队控制政权、离开无产阶级领导的危险，如像国民党军队所走的军阀主义的道路一样。"这实质上就是"党指挥枪"的思想的一种原始表述。叶剑英曾深刻地指出："从古田会议到现在，我军的政治工作有很大的发展，但是它的根本原则，它的基础，还是古田会议奠定的。"①

决议还规定了人民军队的为人民服务宗旨、无产阶级性质和打仗、筹款、做群众工作等三大任务，提出了党对军队绝对领导等一系列重要原则，为人民军队建设和发展指明了方向。决议初步回答了在农村进行革命战争的环境中，如何将以农民为主要成分的军队，建设成为无产阶级领导的新型人民军队的问题。对此，决议明确规定了红军的内部和外部关系，强调我军必须发扬无产阶级民主，执行官兵一致；军民、军政一致和瓦解敌军、款待俘虏的政治工作三大原则，确立了人民军队的严明纪律。为了确保军队中民主制度的执行，决议规定在党的领导下，连、营、团各级均建立士兵委员会，代表士兵利益，并协助党组织开展政治工作；红军中的经济制度，实行军事共产主义，实行官兵平等。同时明确宣布废除枪毙逃兵和肉刑制度，改用政治教育来激发红军指战员的阶级觉悟，强化军队内部的团结。决议强调红军必须处理好军民、军政的关系，执行党的政策，严守群众纪律，尊重地方政权，并提出，"发动地方党对红军党的批评和群众机关对红军的批评，以影响红军的党和红军官兵。"②

综上所述，在党的六大党章许多方面已经不适用或停止执行的情况下，制定党的各级组织活动的依据，以保证党的建设工作沿着正确的轨道前进，成为了一个亟待解决的问题。《古田会议决议》的产生正是反映了这种客观要求，在中国革命的特殊情况下发挥了临时党章的作用，是党的建设的纲领性文献。它结合中国共产党和中国革命的具体情况，灵活地、创造性地运用马克

① 《政治工作是我军的生命线》,《叶剑英选集》，人民出版社 1996 年版。

② 《中国共产党红军第四军第九次代表大会决议案》，中央档案馆编：《中共中央文件选集》第 5 册，中共中央党校出版社 1990 年版，第 802 页。

思列宁主义，初步回答了在党员以农民为主要成分的情况下，如何从加强党的思想建设着手，保持党的无产阶级先锋队性质的问题；初步回答了在农村进行革命战争的环境中，如何将以农民为主要成分的军队，建设成为无产阶级领导的新型人民军队的问题。古田会议所做的努力，会议决议所规定的基本原则，集中体现了着重从思想上建设党这一独特的党的建设的道路。这些原则，不但很快在红四军得到贯彻，而且随后在其他各部分红军中也逐步得到实行，并对以后不断加强党的建设产生了深远的影响。

第五章
民主革命时期最好的一部党章

一、党的七大党章制定的历史背景

“左”倾错误与红军反“围剿”的失利

红军和革命根据地的存在和发展，使国民党统治集团感到震惊。从 1930 年 10 月起，蒋介石集中重兵，向南方各根据地的红军发动大规模的“围剿”。从 1930 年 11 月到 1931 年 9 月，红一方面军在毛泽东、朱德等指挥下，贯彻积极防御的方针，实行“诱敌深入”等一整套行之有效的战术原则，先后粉碎国民党军队的三次“围剿”。反“围剿”的胜利，使赣南、闽西根据地连成一片，形成了面积达 5 万平方公里、居民达 250 万人的中央革命根据地。

然而，中国革命的发展并不是一帆风顺的。1930 年 6 月 11 日召开的中央政治局会议，通过了李立三拟定的以武汉为中心的全国中心城市起义和集中全国红军攻打中心城市的冒险计划，从而使“左”倾冒险主义在党中央占据了统治地位。这次“左”倾错误在党内统治的时间虽然不长，但党却为此付出了沉重代价。

由于共产国际的干预，1931 年 1 月 7 日，党的六届四中全会在上海召开，以教条主义为特征的王明“左”倾错误在党中央开始长达四年的统治。

就在这时，日本帝国主义开始向中国发动侵略战争。1931 年 9 月 18 日深夜，根据不平等条约驻扎在中国东北的日本关东军，向中国军队驻地北大营和沈阳城发动了进攻。中日之间的民族矛盾逐步上升到主要地位，中国国内的阶级关系发生了重大变动。这时摆在党面前的问题是，正确认识民族危机空前严重的情况下出现的国内阶级关系的新变动。然而，临时中央继续推行“左”倾关门主义的方针，使“左”倾冒险主义在实际工作中进一步发展。

1932 年年底，国民党军队调集 30 多个师的兵力，向中央根据地发动第四次“围剿”。这时，毛泽东已被撤销在红军中的领导职务。周恩来、朱德从实际情况出发，指挥红一方面军在运动战中消灭敌人，取得了第四次反“围剿”的胜利。

就在第四次反“围剿”正在进行的时候，临时中央于 1933 年年初迁入中央根据地，在党、红军和根据地内全面地推行“左”倾冒险主义的方针和政策。为了排除障碍，在组织上采取宗派主义的手段，对持有不同意见的干部实行“残酷斗争”和“无情打击”。

1933 年下半年，蒋介石发动对革命根据地的第五次“围剿”。他先后调集 100 万军队向各地红军进攻，其中以 50 万军队从 9 月下旬开始向中央根据地进攻。临时中央负责人博古依靠共产国际派来的军事顾问、德国人李德负责军事指挥。他们放弃过去几次反“围剿”中行之有效的积极防御方针，主张“御敌于国门之外”，使红军陷于被动地位；在进攻遭受挫折后，又采取消极防御方针，实行分兵防御、“短促突击”，企图用阵地战代替游击战和运动战，同装备优良的国民党军队拼消耗。这样，战局的发展对红军日渐不利。1934 年 4 月，广昌失守之后，中央红军在根据地内粉碎国民党军队的第五次“围剿”的可能很小。5 月，中央书记处作出决定，准备将中央红军主力撤离根据地，并将这一决定报告共产国际。不久，共产国际复电同意。10 月中旬，中共中央机关和中央红军 8.6 万多人撤离根据地，踏上向西突围的征途。

在中央红军长征开始以后，“左”倾领导人又犯了退却中的逃跑主义错误，并把战略转移变成搬家式的行动。在连续突破国民党军队布置的四道封锁线之后，红军和中央机关人员锐减到 3 万多人。

遵义会议与红军长征的胜利

在严酷的事实面前，党和红军内部对错误领导的不满并要求加以改换的情绪愈益明显。一些曾支持过“左”倾错误的领导人，也在逐步改变态度。

在这紧急关头，毛泽东建议放弃同红二、红六军团会合的计划，改向敌军力量薄弱的贵州挺进。他的主张得到许多人的赞同。

1935年1月7日，红军攻克黔北重镇遵义，并于1月15日至17日在这里召开政治局扩大会议，集中全力解决当时具有决定意义的军事和组织问题。会上，由博古作关于第五次反“围剿”总结的主报告，周恩来作副报告。张闻天作反报告，毛泽东、王稼祥作了重要发言。他们尖锐地批评博古、李德在第五次反“围剿”中实行单纯防御、在战略转移中实行退却逃跑的错误。经过激烈的争辩，多数人同意张闻天、毛泽东等人的报告和意见，将毛泽东增选为中央政治局常委，并委托张闻天起草《中央关于反对敌人五次“围剿”的总结的决议》。会后不久，中央政治局常委决定由张闻天代替博古负总的责任，并成立由毛泽东、周恩来、王稼祥组成的三人团，负责全军的军事行动。

遵义会议确立了毛泽东在党和红军中的领导地位，在极其危急的情况下挽救了党，挽救了红军，挽救了中国革命。中央红军在毛泽东等人的指挥下，根据实际情况的变化，灵活地变换作战方向，四次渡过赤水河，迂回曲折地穿插于敌军重兵之间。在渡过金沙江后，摆脱了几十万国民党军队的围追堵截。随后，强渡天险大渡河，翻越人迹罕至的夹金山，在懋功（今小金）地区同张国焘、徐向前等率领的红四方面军会师。10月19日，到达陕北吴起镇。中央红军行程二万五千里、纵横11个省的长征胜利结束，终于实现了战略大转移。而在粉碎了张国焘另立中央的分裂行为之后，红四、红二方面军共同北上，在1936年10月间先后同红一方面军在甘肃会宁、静宁将台堡（今属宁夏回族自治区）会师，胜利地结束了长征。

红军长征的胜利，是中国革命转危为安的关键。长征中红军所表现出来的坚定的共产主义理想、革命必胜的信念、艰苦奋斗的精神和一往无前、不怕牺牲的英雄气概，构成了伟大的长征精神，成为激励共产党人和人民军队继续前进的巨大动力。

为建立抗日民族统一战线而斗争

在中央红军北上到达陕甘地区前后，日本侵略者加紧对华北的侵略，整个华北危在旦夕。面对日益加深的民族危机，在中共地下党组织的领导下，北平学生在1935年12月9日举行声势浩大的抗日游行，由此开始的“一二·九”运动迅速波及全国。许多大中城市先后爆发学生运动，各地工人在全国总工会的号召下，纷纷举行罢工，支援学生斗争。抗日救亡斗争迅速发展成为全国规模的群众运动。

这些情况表明，中国已处在政治大变动的前夜。把各种要求抗日的力量汇合起来，组成抗日民族统一战线，共御外敌，这一使命历史地落在中国共产党身上。12月17日至25日，中共中央在瓦窑堡召开政治局扩大会议，讨论军事战略问题、全国的政治形势和党的策略路线问题。会议通过张闻天起草的《中央关于目前政治形势与党的任务决议》。12月27日，毛泽东根据会议精神，在党的活动分子会议上作题为《论反对日本帝国主义的策略》的报告。瓦窑堡会议决议和毛泽东的报告，分析了日本侵略者打进中国之后社会各阶级之间相互关系的变化，明确提出党的基本策略任务是建立广泛的抗日民族统一战线。

瓦窑堡会议是从第五次反“围剿”失败到全民族抗战兴起过程中召开的一次重要会议。按照瓦窑堡会议的精神，党克服关门主义，注意发展党员，建立健全党的各级组织，使党的组织和党员队伍得以发展壮大。到全民族抗日战争爆发前夕，党员已发展到4万多人。党的各方面建设走上健康发展的轨道，为中国共产党在即将到来的全民族抗日战争中发展壮大，并牢牢掌握政治上的主动权，争取抗战胜利，为人民的胜利，奠定了思想上、政治上和组织上的坚实基础。

与此同时，蒋介石和国民党中央对日本的态度，在华北事变后也发生了变化。据此，中共中央通过多种渠道向国民党方面提出停止内战、一致抗日的主张，并公开放弃反蒋口号，倡导国共两党重新合作。1936年9月1日，中共中央发出党内指示，明确提出党的总方针应是逼蒋抗日。从抗日反蒋到逼蒋抗日，这是党根据中日民族矛盾上升，引起国内阶级关系变化的实际状况而作出的一个重大政策变化。

但是，蒋介石仍准备对陕北根据地发动新的“会剿”。他于12月4日到达西安后，逼迫张学良、杨虎城率部开赴陕北前线“剿共”。在这种情况下，张、杨决定发动“兵谏”。12 月 12 日凌晨，东北军一部以迅速行动包围临潼华清池，扣押了蒋介石。张、杨向全国发出停止内战、一致抗日的通电。这便是震惊中外的西安事变。

中共中央以中华民族利益的大局为重，确定了用和平方式解决西安事变的方针。根据这一方针，周恩来与张学良、杨虎城共同努力，经过谈判，迫使蒋介石作出了“停止剿共，联共抗日”等六项承诺。西安事变的和平解决，成为扭转时局的关键。历史的潮流正不可逆转地向着实行团结抗日、共御外侮的阶段发展。

1937 年 7 月 7 日夜，日本侵略军在北平西南的卢沟桥附近，突然向中国驻军进攻，中国官兵奋起抵抗。中华民族全面抗战从此开始。在全国抗日救亡运动高涨和共产党倡议国共合作抗战的情况下，9 月 23 日，蒋介石发表实际上承认中国共产党合法地位的谈话，标志着以国共两党合作为基础的抗日民族统一战线正式形成，对抗日战争的全面展开有重大意义。

加强党的思想理论建设

中国共产党在积极促成抗日民族统一战线、做好抗战准备的同时，还为系统总结党的历史经验，努力加强自身建设，特别是思想理论建设，做了大量的工作。自瓦窑堡会议确定“为扩大与巩固共产党而斗争”的方针后，党的组织有了明显的扩大。冒险主义、关门主义错误受到初步批判，全党对建立广泛的抗日民族统一战线政策的认识逐渐趋于一致。国民党统治区党的工作也有新的发展。对党内矛盾的解决，改变了过去“残酷斗争”、“无情打击”的做法，虽然还没有使用“治病救人”这样的语言，但实际上已采取这种方针来团结犯过严重错误而愿意改正的同志，继续让这些同志参加中央和各级的领导工作。

为了加强党的思想理论建设，清除主观主义特别是教条主义的影响，以便使党能够在国共合作抗战的复杂环境中，正确地解决各种问题。毛泽东着重从思想路线的高度总结党的历史经验。在 1936 年年底至 1937 年夏，他先后写出《中国革命战争的战略问题》、《实践论》和《矛盾论》等重要论著，对辩证唯物主义的认识论和唯物辩证法的核心——对立统一规律，作了系统的精辟的发挥，科学地论述了无产阶级的世界观、认识论和方法论。这几篇著作既是对中国革命的艰苦卓绝的斗争实践经验的哲学概括，又是对中国共产党批判“左”、右倾错误特别是“左”倾教条主义错误的哲学总结。它在中国共产党历史上第一次深刻地、系统地论述了党内同志犯错误的思想认识根源。这对于提高党的干部的思想理论水平起了重大的作用，对马克思主义哲学的发展也是一个杰出的贡献。

遵义会议后，党纠正历史上的“左”、右倾错误，在全党形成了以毛泽东为核心的正确领导。但是，还没有来得及对党的历史上的经验进行系统总结，特别是没有从思想路线的高度对造成过去“左”、右倾错误的根源进行清算，党内在指导思想上仍然存在一些分歧。因此，深入总结党的历史经验教训，清算错误路线，教育全党学会运用理论和实际相结合的方法处理中国革命中的具体问题，就成为加强党的建设迫切需要解决的问题。

1941 年 5 月，毛泽东作《改造我们的学习》的报告。九十月间，中共中央召开政治局扩大会议，党的高级干部开始学习和研究党的历史，总结党的历史经验，从政治路线上分清是非，达到基本一致的认识。这次会议初步统一中央领导层的思想，为全党普遍整风作了准备。1942 年 2 月，毛泽东先后作《整顿党的作风》和《反对党八股》的讲演。反对主观主义以整顿学风、反对宗派主义以整顿党风、反对党八股以整顿文风的整风运动在全党普遍展开。师哲回忆说：“整风学习运动开始时，大家严肃认真地集中思想和精力学习文件，研究关于政策、方针、路线等各方面的问题，并展开讨论。大家学习的态度很好，很认真，既作笔记，又写自我检讨。整风初期，运动进行得比较正常，各级干部在学习中提高了思想认识，纠正了一些同志的错误思想、糊涂观念、不正确的小资产阶级的思想作风和工作作风，从而使党内出现了更加团结一致的局面。”①

整风运动既是一次深刻的马克思主义教育运动，也是一次伟大的思想解放运动。它坚持马克思主义同中国实际相结合的正确方向，使全党端正了思想政治路线，破除了把马克思主义教条化、把苏联经验和共产国际指示神圣化的教条主义。它是加强党的建设伟大工程的一个创造，是增强党的战斗力的

① 《在历史巨人身边——师哲回忆录》，中央文献出版社 1991 年版，第 243 页。

一次成功实践。它所积累的经验对党的建设具有重大和深远的意义。

为了加强中央的集中统一领导，1943 年 3 月 20 日，中央政治局决定调整精简中央组织机构，规定“在两次中央全会之间，中央政治局担负领导整个党工作的责任，有权决定一切重大问题”。政治局推选毛泽东为主席，“会议中所讨论的问题，主席有最后决定之权。”①

7 月 8 日，王稼祥在《解放日报》发表的《中国共产党与中国民族解放的道路》一文中，第一次提出了“毛泽东思想”的概念，并为全党大多数同志所接受。党的六中全会以后，根据共产国际关于“在领导机关中要在以毛泽东为首的领导下解决问题”的意见，张闻天逐渐把党内总负责的工作向毛泽东转移，使毛泽东在全党的领导地位，不仅在思想上而且在组织上进一步得到巩固。

通过长期的革命战争，特别是抗日战争，到党的七大召开时，党的建设已经比较成熟了。这主要体现在以下三个方面：首先，中共成功领导了八路军、新四军及其他的人民军队，在抗战中发挥了中流砥柱的作用；其次，抗战期间，中共领导着近一亿人民建立的敌后根据地已经进行了各种各样的民主改革，进行了政治、经济、军事、文化等多方面的建设，不仅为抗战胜利打下了坚实的基础，也提高了党的领导能力与建设水平；第三，经过延安整风，党已经克服了在历史上犯的各种各样错误思想，在思想上、政治上、组织上都已经达到了空前团结和统一。

二、党的七大的召开与党章的制定

党的七大一再延期的原因

按照党章的规定，党的全国代表大会通常按照惯例应当每一年召开一次。虽然党的六大以后的革命形势和客观环境使党章的这一规定难以实现，但是在这期间，我们党为党的七大的召开和党章的修改做了比较充分的准备。

早在 1931 年 1 月，党的六届四中全会就提出召开党的七大，《中共四中全会决议案》把召开党的七大、总结苏维埃运动经验、通过党纲和其他文件作

① 中共中央组织部等编：《中国共产党组织史资料》（1921—1997）第 8 卷，中共党史出版社 2000 年版，第 620 页。

为“最不可迟延”的任务。此后不久，由于国民党军队连续对中央苏区发动反“围剿”，战事连绵不断。这期间，党的最高领导人顾顺章、向忠发陆续被捕叛变，中共中央不得不从上海转移到中央苏区。随着第五次反“围剿”的失利，红军被迫撤出中央苏区进行战略转移，开始艰苦卓绝的二万五千里长征。长征途中，天上有国民党飞机侦察轰炸，地面有国民党部队围追堵截，召开党的七大之事就此搁置下来了。

中共中央到达陕北后，召开党的七大又提上了议事日程。1937 年 12 月召开的中共中央政治局会议通过了《中共中央政治局关于召集第七次全国代表大会的决议》，决定在最近时期内召开党的七大，并初步拟定了党的七大的主要任务和议事日程。会议还决定成立以毛泽东为主席的党的七大筹备委员会。1938 年 11 月，中共中央召开党的六届六中全会，对党的七大报告的起草、议事日程、代表分配及产生办法等问题，作了若干规定和明确指示。1939 年 6 月 14 日、7 月 21 日，中共中央书记处两次向各地党组织发出如何选举党的七大代表的通知，要求 9 月 1 日前选举出代表。然而，从这时起，国内形势又发生变化，国民党顽固派相继发动了两次反共高潮，中共中央把主要精力放在领导各地打退反共高潮和粉碎日军“扫荡”上，召开党的七大的筹备工作又一次受到影响。

1941 年 3 月 12 日，中央政治局会议决定在 5 月 1 日召开党的七大。这次会议确定党的七大的主要议程为毛泽东作政治报告、朱德作军事报告和周恩来作组织报告，并决定成立党的七大秘书处，任弼时为秘书长，王若飞、李富春为副秘书长。然而不久，中央又因故决定推迟召开党的七大。1942 年由于全党的整风运动、边区军民的大生产运动和其他工作的干扰，原定当年召开的党的七大也没能开成。

1943 年 7 月 17 日，中央书记处向中央政治局提出在 8 个月到 9 个月内召开党的七大的建议。中央政治局予以同意，随即在 8 月 1 日发出《关于七大代表赴延安出席大会的指示》。由于中共中央政治局重新召开整风会议，要求党的高级干部学习党史，党的七大的召开再次延期。

通过轰轰烈烈的整风运动，全党思想空前统一，召开党的七大的条件已日趋成熟。中共中央书记处在 1944 年 5 月 10 日的会议上决定：立即着手筹备工作，准备召开党的七大，并将各种报告的起草、修改工作落实到人。会议同时明确规定了起草各大报告的成员及其负责召集人：军事问题报告委员会成员为朱德、彭德怀、刘伯承、陈毅、叶剑英、谭政、徐向前、贺龙、聂荣臻，由朱德负责召集；组织问题报告委员会成员为刘少奇、周恩来、彭真、高岗、谭政、王若飞，由刘少奇负责召集；统一战线工作报告委员会成员为周恩来、邓颖超、陈毅、王若飞、薄一波、贾拓夫、林伯渠、林彪，由周恩来负责召集；党内历史问题决议由任弼时负责。会议还决定在党的七大前召开党的六届七中全会，并于 5 月 20 日左右召开一再延迟的党的七大，至此党的七大终于提上了日程。

到 1945 年春，国内外形势发生了急剧变化，全世界反法西斯战争已取得决定性胜利，抗日战争也已经胜利在望。然而，中国内部仍然是分裂的，还存在着内战的危机。此时此刻，中国人民面临着两个前途和两种命运：是建设一个光明的中国人民得到解放的新中国？还是仍然维持着半殖民地半封建的贫穷落后的旧中国？这一切都需要党召开全国代表大会，总结我国民主革命 20 多年来曲折发展的历史经验，制定正确的纲领和策略，克服党内错误思想，团结全党和全国各族人民夺取抗日战争的最后胜利。

代表资格的审查

代表资格的审查工作在战争年代是一项政治性要求极高的工作，其重要性不言而喻。各地选出的代表有的来自抗日根据地，有的来自敌占区和国民党统治区，其中有的同志曾遭受过国民党的逮捕关押。由于根据地分散，且受日军和国民党包围封锁，审查工作相当困难。而党的七大会期的一再延迟，以及客观情况的反复变化，使得党的七大代表资格的审查工作历时四年之久。

为使党的七大能够集全党最优秀的代表于一堂，会前，中共中央组成了以彭真为主任的代表资格审查委员会，成员有任弼时、陈云、李富春、蔡畅、胡耀邦、谭政等人，具体工作主要是在任弼时的主持下进行的。从 1940 年 5 月 29 日第一次审查工作会议开始，到 1941 年 2 月近一年的时间里，共召开了 19 次审查代表资格的会议。他们认真分析每一份材料，向熟悉情况的同志调查核实，也耐心地听取本人的意见，弄清事实，再决定取舍，绝不允许任何无根据的怀疑。师哲回忆说：“我在同任弼时一起工作中，确实受益匪浅！事实上，我们发现疑点的几个代表，在七大之后，都向组织交代了自己向敌人自首过的历史，可能在大会上受到了更多的教育和感召，也说明任弼时的等待是正确的。其中有一人还当选了中央委员，他向党交代后，要求取消他中央委员的资格，中央同意了。”①

除正式代表和候补代表外，1941 年 3 月 12 日，中央政治局还决定由任弼时、陈云、李富春商议一个 150 名旁听代表的名单，提交中央政治局批准。

1945 年 3 月中下旬，任弼时主持党的七大各代表团负责人会议，再次对代表资格逐个进行审查。审查的结果是：合格的正式代表 547 人，候补代表 208 人，合计 755 人，其中新增补的 246 人，被停止或撤销代表资格的，或被原来的选举单位撤销代表资格的 49 人，圆满地完成了代表资格的审查任务，保证了党的七大代表的先进性和纯洁性，为党的七大的顺利召开和党的七大报告的顺利通过，以及党的最高领导层的选举，提供了重要的组织保障。

艰辛的赴会之旅

党的七大代表的名单在离大会开幕还有六七年前就开始确定下来了。因此，与会代表奔赴延安的路程，从这时起就陆续开始了。由于处于战争年代，代表们去延安的路程可谓曲曲折折，困难重重，险象环生，甚至是冒着生命的危险。他们大都来自沦陷区或抗日根据地，要通过敌人的封锁区，交通不便，有的骑马，更多的是步行；因为路途遥远，环境险恶，有的化装成商人、小贩或乞丐，提前几年出发，靠一双脚板昼夜兼程；有的是由游击队护送来的，有的则是通过伪军的关系护送来的；有的是从国外辗转归来的；有的在路上遇到敌人袭击身负重伤，甚至牺牲在奔赴延安的途中。对党的忠诚，对延安的向往，使代表们历经艰险汇聚到了宝塔山下。

对各位代表来说，参加党的七大是一件极其光荣的使命和千载难逢的机会，但是奔赴延安的路程却是险象环生，异常艰难。对此，所有外地代表都深有体会，尤其南方各省代表对自己所经历的艰辛，更是刻骨铭心。上海地下党的代表张妙根回忆说：“东南八省五十多名代表不分白天黑夜，酷暑严

① 中共中央党史研究室第一研究部编：《七大代表忆七大》上，上海人民出版社 2006 年版，第 51 页。

寒，花了一年多时间，经过八个省的山山水水，行程一万多里，终于来到了延安。我清楚地记得那一天是 1940 年 12 月 25 日。当我们抬头望见宝塔山的时候，许多同志不禁齐声高唱《延安颂》，激动得热泪双流。”①

离陕北根据地较近的晋察冀代表却没有南方各省代表那么幸运。为了避免与敌人遭遇，他们只能走山路、走水路，行军非常困难。1940 年 4 月的一天晚上，他们通过太原市西南白水镇的铁路后被日军发现，代表们立即撤下山路，从山沟里突围。党的七大代表赵进回忆说，“这场战斗使我们的损失较大，有的代表被打死了，有的被打伤了，我戴的帽子也被打掉了。天亮后，我们突围出来。后来得知，还有的代表没能突围出来被俘了。”②

相比之下，新四军和皖南地区代表们的遭遇最为惨烈。一行 24 人到达安徽无为时，被国民党扣押起来，最后全部遇害。

刘少奇于 1942 年 3 月 19 日动身，穿越日伪军严密封锁的陇海路，历经艰险，于 12 月 30 日到达延安。当时在华中抗日根据地的陈毅也经过 3 个月的跋涉，于 1944 年 3 月 7 日抵达延安。彭德怀和刘伯承是 1943 年 9 月一起去延安参加整风运动的，之后就留在延安参加党的七大。其他根据地的领导人如贺龙、聂荣臻等也先后来到延安。“山一程，水一程，万里长征足未停。太行笑相迎。昼趱行，夜趱行，敌伪关防穿插勤。到处是军屯。”这是陈毅赴延安途中所作的一首词《长相思·冀鲁豫道中》，在冒着生命危险穿越敌人封锁线之余，表现出了革命乐观主义精神。终于，代表们历经艰险，分批从四面八方汇集到宝塔山下。一时间，延安群星荟萃，虽然代表们住的简陋，吃的也很简单，但他们毫无怨言，因为他们在延安看到了新的气象，看到了新中国的曙光。

党的七大召开前的两次重要会议

为了提前做好各种准备工作，起草文件，总结党的历史经验，形成关于党的若干历史问题的决议，在党的七大正式召开前，党中央先期召开了两次

---

① 中共中央党史研究室第一研究部编：《七大代表忆七大》下，上海人民出版社 2006 年版，第 1144 页。

② 中共中央党史研究室第一研究部编：《七大代表忆七大》上，上海人民出版社 2006 年版，第 386 页。

重要的会议，即党的六届七中全会和党的七大预备会议。

从1944年5月21日到1945年4月20日，党的扩大的六届七中全会在延安召开，党的扩大的六届七中全会是与全党的整风运动紧密联系在一起的，会期长达11个月，期间先后召开了8次全体会议。毛泽东在会上提出党的六届七中全会的任务有两项：一是为党的七大做准备；二是在全会期间处理中央的日常工作。

党的六届七中全会的主要内容和最重要的成果是通过《关于若干历史问题的决议》。会议召开前夕，中央书记处决定成立“党内历史问题决议准备委员会”。该委员会的召集人是任弼时，成员有刘少奇、周恩来、康生、张闻天等人。1944年5月，任弼时根据毛泽东在1942年起草的《结论草案》，写出《决议》的第一稿，题为《检讨关于四中全会到遵义会议期间中央领导路线问题的决议（草案初稿）》。此后，胡乔木、张闻天等人先后写出“决议草案二稿”和“决议草案三稿”。其中，张闻天在“决议草案三稿”中突破了此前只从党的六届四中全会写起的做法，将时间提前到1927年的大革命失败，并且在修改过程中突出了毛泽东的地位。他在修改时加写道：“尤其值得我们骄傲的，是十年内战更使我党马列主义的理论与中国的实际结合起来了。以毛泽东同志为代表的马列主义理论与中国实际统一的思想，在内战中有了极大的发展，给中国共产党指出了正确的行动方向。”①

在决议草案起草过程中，党的高级干部进行了多次的认真的讨论。在1945年三四月间，讨论进入加紧进行阶段，高岗、李富春、叶剑英、聂荣臻、刘伯承、陈毅、朱瑞、林枫等负责的各个组，连续开会讨论，提出很多意见。党中央、毛泽东和党内历史问题决议准备委员会认真地研究了这些意见，将合理的、有益的意见尽量吸收在决议中。

在决议草案的起草和讨论中，充分体现了党内生动活泼的民主生活，参加讨论的同志畅所欲言，各抒己见。关于这一点，毛泽东作了很好的说明，“我们现在学会了谨慎这一条。搞了一个历史决议案，三番五次，多少对眼睛看，单是中央委员会几十对眼睛看还不行，七看八看看不出许多问题来，而

① 《胡乔木回忆毛泽东》，人民出版社1994年版，第311页。

经过大家一看，一研究，就搞出许多问题来了。很多东西在讨论中你们提出来了，这很好，叫做谨慎从事。”①

历史决议原准备提交党的七大讨论通过，为使党的七大能集中精力讨论抗战建国方针问题，而改在党的六届七中全会讨论通过。党的六届七中全会的召开和《关于若干历史问题的决议》的通过，标志着整风运动的胜利结束，增强了全党在毛泽东思想基础上的团结，为党的第七次全国代表大会的召开在思想上作好了充分准备。

1945 年 4 月 21 日，中国共产党举行第七次全国代表大会的预备会。毛泽东在会上作关于党的七大工作方针的报告，阐明了大会的工作方针是：“团结一致，争取胜利。简单讲，就是一个团结，一个胜利。胜利是指我们的目标，团结是指我们的阵线，我们的队伍。”他指出，我们现在还没有胜利，困难还很多，敌人的力量还很强大。我们必须谦虚谨慎，戒骄戒躁。他号召全党要团结得像一个和睦的家庭一样，家庭是有斗争的，新家庭里的斗争，要用民主来解决。毛泽东特别指出：“大家都犯过错误，我也有过错误。错误人人皆有，各人大小不同。决议案上把好事都挂在我的账上，所以我对此要发表点意见。写成代表，那还可以，如果只有我一个人，那就不成其为党了。”②

至此，召开党的七大的所有筹备工作全部完成。

党的七大的召开

1945 年 4 月 23 日至 6 月 11 日，党的七大在延安杨家岭中央大礼堂隆重举行。出席大会的正式代表共 547 人，候补代表 208 人，合计 755 人，代表着全党 121 万名党员。

毛泽东在大会上致开幕词和闭幕词，并作《论联合政府》的书面政治报告、关于形势和思想政治问题的报告、关于讨论政治报告的结论和关于选举问题的讲话。朱德作《论解放区战场》的军事报告和关于讨论军事问题的结论。刘少奇作《关于修改党章的报告》和关于讨论组织问题的结论。周恩来在会上作《论统一战线》的发言。这些报告和发言从各个方面论述党的政治路线、军事

① 中央档案馆编：《中共中央文件选集》第 15 册，中共中央党校出版社 1991 年版，第 101 页。
② 《毛泽东文集》第三卷，人民出版社 1996 年版，第 297 页。

路线、组织路线的基本精神，总结党的历史经验，并对各条战线的任务和政策提出了具体意见。大会经过深入讨论，一致通过了关于政治、军事、组织方面的报告，通过了政治决议案、军事决议案和新的党章。

大会尖锐地指出，在中国面临着两个前途、两种命运的情况下，中国共产党的任务，就是要竭尽全力去争取光明的前途，反对黑暗的前途。大会确信："如果我们能够团结全国人民，努力奋斗，并给以适当的指导，我们就能够胜利。"这也是党的七大的中心任务。

党的七大的一个重大历史功绩是确定了党的政治路线，即"放手发动群众，壮大人民力量，在我党的领导下，打败日本侵略者，解放全国人民，建立一个新民主主义的中国"。这条政治路线阐明了全党全国人民的奋斗目标是打败日本侵略者，建立一个新民主主义的中国；阐明了为实现这一奋斗目标，就要放手发动群众，壮大人民力量；阐明了加强党的领导是革命取得胜利的关键。

经过充分酝酿，党的七大选举产生了新的中央领导集体。在选举中坚持了三个原则：(1)对过去犯过错误的同志，不要一掌推开，只要承认错误，决心改正错误，还可以入选；(2)对于中国革命在长期分散的农村环境中形成的"山头"，既要承认和照顾，又要缩小和消灭，要把各个地方、各个方面的党的先进代表人物都组织进中央委员会；(3)不要求每一个中央委员都通晓各方面知识，但要求中央委员会通晓各方面知识，因而要把有不同方面知识和才能的同志选出来。在选举过程中，候选人名单先由各代表团小组提出，经过充分讨论后，进行预选，再提出正式候选人名单，最后举行无记名投票选举。以这样的民主方式进行选举，在党的代表大会历史上是第一次。

1945年6月19日，党的七届一中全会召开第一次会议，选举毛泽东、朱德、刘少奇、周恩来、任弼时、陈云、康生、高岗、彭真、董必武、林伯渠、张闻天、彭德怀为中央政治局委员；选举毛泽东、朱德、刘少奇、周恩来、任弼时为中央书记处书记；选举毛泽东为中央委员会主席、中央政治局主席、中央书记处主席；选举任弼时为中共中央秘书长，李富春为副秘书长。党的七大产生的以毛泽东为首的中央委员会，是一个具有很高威信的、能够团结全党的坚强的领导集体。薄一波回忆说："大会代表当时一百二十一万党员选举出四十四名中央委员和三十三名中央候补委员。在大会选举时，毛主席全票当选，少奇同志少一票，仅次于毛主席，享有崇高威望。”①

党的七大是中国共产党在新民主主义革命时期极其重要的一次、也是最后一次代表大会。它总结中国新民主主义革命20多年曲折发展的历史经验，使全党在马克思列宁主义、毛泽东思想的基础上达到了空前的团结。对于“团结”一词的含义，胡乔木显然有着深刻的理解，他回忆说：“经过整风，经过作历史问题决议，在这个基础上形成的团结，确实如决议所说，像一个和睦的家庭一样，像一块坚固的钢铁一样。后来几次代表大会也说是团结的大会，但团结的含义不完全相同。当时说团结，是说从六大以来，其间经过了这么多的曲折，终于达到思想上政治上的一致。它是有特定的含义的。”②

三、刘少奇的修改党章报告与党的七大党章的制定

刘少奇的修改党章报告

从1928年召开党的六大到1945年的党的七大，时间跨度长达17年之久，党内外情况发生了极大的变化。中共在长期的斗争中成熟和壮大起来，拥有121万党员，其组织和党员遍布全国，领导着有9500万人口的根据地，成为全国政治生活中的极其重要的因素。但是，中共党内还存在着主观主义、命令主义、官僚主义、军阀主义、山头主义等缺点。党的六大通过的党章，“由于情况的特殊，许多部分不能适用，这就造成许多党员对于党章重视不够、实行不力的习惯”。随着革命形势的迅猛发展，中共日益从地下斗争转入公开斗争，这种不适应也就更加突出了。

在长期的革命斗争实践中，中国共产党有了一个自己的领袖，逐渐形成了毛泽东思想。在形成全党共识的过程中，20世纪40年代前期的延安整风运动起了重大的历史作用。延安整风运动在全党范围内进行了一次普遍的马克思列宁主义教育，系统地清算了以王明为代表的“左”倾教条主义，使全党特别是高中级领导干部更加深刻地认识到以毛泽东为代表的理论和路线的正确

---

① 薄一波：《领袖元帅与战友》，人民出版社2002年版，第99页。
② 《胡乔木回忆毛泽东》，人民出版社1994年版，第76页。

性。经过党的六届七中全会的讨论，认识达成一致。在这次全会上讨论通过的《关于若干历史问题的决议》，高度评价、肯定了毛泽东思想的历史地位。这些论断，为党的七大修改党章奠定了坚实的理论基础，后来都基本上写进了党的七大制定通过的新党章和刘少奇在党的七大上所作的《关于修改党章的报告》之中。

刘少奇首先说明了为什么要修改党章，他说，我们的党章，从 1928 年六大修改以后，到现在已有 17 年了，党的六大通过的党章已有许多部分不能适用，17 年革命斗争中所积累起来的极丰富极重要的经验也必须充实到新党章中去，以加强党的建设，动员全党去执行新的政治任务。因此“七大”必须制定完全适合于新的情况的党章。

《关于修改党章的报告》共分九个部分：一、引言；二、关于党章的总纲；三、关于党员；四、关于党员的义务与权利；五、关于党内的民主集中制；六、关于干部问题；七、关于党的基层组织；八、关于奖励与处分；九、党的严肃性与灵活性。

在关于党章的总纲的说明中，刘少奇解释了四个问题：一是关于我们党的性质问题，他指出：我们党是中国工人阶级的先进的有组织的部队，是它的阶级组织的最高形式。它代表中国民族与中国人民的利益。它在现阶段为实现中国的新民主主义制度而奋斗。它的最终目的是在中国实现共产主义制度。二是关于党的指导思想问题，他指出，我们党要以毛泽东思想作为一切工作的指针。“毛泽东思想，就是马克思列宁主义的理论与中国革命的实践之统一的思想，就是中国的共产主义，中国的马克思主义。”三是关于中国革命的特点问题。四是关于党的群众路线问题，他指出，“党的群众路线，是我们党的根本的政治路线，也是我们党的根本的组织路线”。

党的七大党章的主要内容和特点

党的七大通过的党章是党在民主革命时期最好的一部党章，是党成熟的重要标志。从结构上看，党的七大党章有一个总纲，总纲下包括 11 章 70 条内容，这个结构和现在的党章已经相似；从内容上看，也很丰富，规定了中国革命的性质、任务、特点、最终目标，以及党的性质、群众路线、民主集中制原则、党员的权利义务等。与党的六大通过的党章相比，党的七大党章的有些章节作了合并，增加了“奖励与处分”、“党的地下组织”、“党的监察机关”三章。党的七大通过的党章的突出特点是：

第一，增写了总纲部分，这是我们党的一个创造，是注重从思想上建党的充分体现。党的七大党章之所以被誉为党在民主革命时期最好、最完备的一部党章，其中一个很重要的原因是：党的七大党章增加了以往党章所没有的总纲部分。

党的七大党章将总纲部分放在了党章的最前面，总纲就是对党章的各方面内容进行一个总体性的规定，它是党的政策主张和指导方针的集中体现，是整个党章的前提和基础。为了进一步巩固整风运动的成果，党通过在党章中增加总纲的形式得以实现。总纲对于机会主义的批判、党内的自我批评以及党的民主集中制的组织原则等内容，都是整风运动成果的体现。因此，刘少奇强调：“我们现在制订了党的总纲，加在党章前面。这就是我们党的基本纲领。这也是党章的组成部分，是党章的前提和总则。因此凡是党员，都必须承认这个总纲，并以这个总纲作为自己一切活动的准则。我们党有了这个总纲，将更加促进全党的团结与统一。”①

作为一个政党，纲领这个旗帜性的东西是不可缺少的。所以，在破除了共产国际迷信的党的七大上，制定通过了加了总纲的党章。总的来看，党的七大党章增加总纲并不是历史的偶然，而是中国共产党长期发展的必然。主要是由于经过长期革命战争洗礼的中共自身的发展成熟以及在共产国际解散后可以独立自主的制定党的纲领和政策。可以说，党章的发展史就是党建的发展史，党章总纲的加入是党的建设走向成熟的重要标志。

第二，确立毛泽东思想是党的指导思想，是党的七大通过的党章最重要的也是最根本的特点。新党章的总纲规定：“中国共产党，以马克思列宁主义的理论与中国革命实践之统一的思想——毛泽东思想，作为自己一切工作的指针。”这标志着党在政治上、思想上、组织上已经达到成熟。

党的一大至六大通过的党章都是在共产国际帮助指导下制定的。从总的方面看，共产国际的帮助指导起了好的作用，但也造成了一定的消极影响，

① 《刘少奇选集》上，人民出版社1981年版，第321—322页。

没有完全从中国的实际情况出发。到党的七大时，情况发生了根本的变化。共产国际已于 1943 年解散，党解除了对于共产国际的章程和历次大会决议所规定的各种义务。特别是延安整风冲破了主观主义、教条主义的束缚，全党解放了思想，能够独立自主地从中国实际情况和党所面临的任务出发考虑党的建设问题。因此，党的七大党章突出体现了以毛泽东为代表的中国共产党人把马克思列宁主义的理论与中国实际相结合，在长期的革命斗争中形成了完整的有中国特色的建党路线。毛泽东的《古田会议决议》、《共产党人发刊词》、《改造我们的学习》、《反对党八股》等一系列文章都体现了毛泽东建党路线的特点：强调在思想上、政治上进行建设，同时也在组织上进行建设。之所以强调思想建设，就是考虑我们中国的特殊国情即半殖民地半封建社会，农民占大多数而不是工人。这种情况反映到党内就是“现在我们党的主要部分是处在农村中，党员的绝对大多数，是出身于农民和小资产阶级知识分子，工人成分很少”[①]。

第三，特别强调了党的群众路线。党的七大党章在总纲和条文上，都特别强调了党的群众路线，这也是党的七大党章的一个特点。新党章的总纲规定：“中国共产党人必须具有全心全意为中国人民服务的精神，必须与工人群众、农民群众及其他革命人民建立广泛的联系。并经常注意巩固与扩大这种联系。”[②]

刘少奇在《关于修改党章的报告》中，对这一特点及其重要性和必要性作了详尽的说明。他在引用毛泽东关于群众路线的论述时指出，“毛泽东同志屡次指示我们：在一切工作中要采取群众路线。他在向这次大会的报告中，又以极恳切的词句指示我们：要根据群众路线去进行工作。他说：我们共产党人与最广大的人民群众取得最密切的联系，是我们区别于任何其它政党的一个显著的标帜。他要我们全心全意地为人民服务，一刻也不脱离群众；一切从人民的利益出发，而不是从个人或小集团的利益出发。他要我们同志明了：‘共产党人的一切言论行动，必须以合乎最广大人民群众的最大利益，为最广大人民群众所拥护为最高标准。’”[③]

① 《刘少奇选集》上，人民出版社 1981 年版，第 323 页。

② 《中国共产党党章》，中央档案馆编：《中共中央文件选集》第 15 册，中共中央党校出版社 1991 年版，第 117—118 页。

③ 《刘少奇选集》上，人民出版社 1981 年版，第 343 页。

群众路线是以毛泽东为代表的中国共产党人，在长期的革命斗争中，把马克思主义历史唯物主义原理和辩证唯物主义认识论的基本观点，运用于党的工作实践，创造而形成的科学的工作方法和优良传统。党的七大把群众路线写进党纲和党章，标志着我们党建立起了群众观和群众路线的理论体系，并成为毛泽东思想的重要内容和鲜明特征。可以说，在长期的革命战争中，我们党正是依靠人民群众的支持和拥护，才能克服一切困难，打败强大的敌人，取得新民主主义革命的伟大胜利。

第四，更加完善了党的民主集中制原则和制度。中国共产党在成立之初时，就把民主集中制确立为党的组织原则和制度。通过一系列反对错误倾向的斗争及其理论总结，党逐步认识了在中国条件下贯彻民主集中制的特殊重要性和困难，也积累了自己的独特经验。这些认识和经验都在党的七大通过的党章和修改党章报告中得到了充分的反映。

党的七大党章把党的民主集中制提到党的组织规律的高度，从而提高了对党的民主集中制的必然性和必要性的认识。对于民主集中制的具体规定，党的七大党章在第二章“党的组织机构”中，专门写了一条：“党的组织机构，是按民主集中制建设起来的。民主的集中制，即在民主基础上的集中和在集中领导下的民主。”党的七大通过的党章对民主集中制基本原则的概括，比党的六大更全面了，共有四条：“（一）党的各级领导机关由选举制产生。（二）党的各级领导机关向选举自己的党组织做报告。（三）党员个人服从所属党的组织，少数服从多数，下级组织服从上级组织，部分组织统一服从中央。（四）严格地遵守党纪和无条件地遵守决议。”①

党的七大党章关于党的组织原则、组织制度的规定，是党在民主革命时期组织建设经验的全面总结，是对马克思列宁主义的民主集中制思想的成功运用和发展，标志着党在组织的建设和理论方面的成熟。

党的七大通过的党章继承了以前历届党章和党的其他规章的优点，特别是吸收了《古田会议决议》着重从思想上建党和1938年党的六届六中全会制定

---

① 《中国共产党党章》，中央档案馆编：《中共中央文件选集》第15册，中共中央党校出版社1991年版，第122—123页。

的坚持和健全党的民主集中制、维护和巩固党的团结统一、严格和加强党的纪律的三项规章（即《中央扩大的六中全会关于各级党委暂行组织机构的决定》、《中央扩大的六中全会关于各级党部工作规则与纪律的决定》、《中央扩大的六中全会关于中央委员会工作规则与纪律的决定》）的重要内容。所有这些，都标志着党的七大通过的党章具有鲜明的中国特色，是民主革命时期最完备的一部党章。历史也证明，党的七大通过的党章的确是一部保证中国共产党能够领导中国民族和中国人民获得胜利和解放的党章。

第六章
中国共产党执政后的第一部党章

一、党的八大制定党章的历史背景

党的八大迟迟未能召开的原因

根据党的七大党章的规定，党的全国代表大会每三年召开一次。党的七大是在1945年4月召开的，党的八大理应在1948年前后召开。但是，从当时的国内外形势来看，按照党章规定如期召开下一次党代会十分困难。

1945年到1949年，正是中国共产党领导中国人民争取民主革命胜利的决胜阶段，三大战役结束后，解放战争的胜利已成定局。在这胜利的前夕，中国共产党为了解决新形势下所面临的一系列重大问题，于1949年3月5日至13日，在西柏坡召开了党的七届二中全会。毛泽东在会上的报告中，指出了促进革命迅速取得全国胜利和组织这个胜利的方针；说明了在全国胜利的局面下，党的工作重心由乡村转移到城市；规定了革命在全国胜利后，党在政治、经济、外交方面应采取的基本政策，以及使中国由农业国转变为工业国、由新民主主义转变为社会主义社会的总任务和主要途径。此外，毛泽东还科学地分析了革命胜利以后国内外阶级斗争的新形势，号召全党警惕资产阶级“糖衣炮弹”的进攻。为此，全会特别提醒全党，在革命胜利后务必继续保持谦虚、谨慎、不骄、不躁的作风，务必继续保持艰苦奋斗的作风。党的七届二中全会是解放战争时期中共召开的唯一的一次中央全会，会议作出的各项政策规定，不仅对迎接中国革命的胜利，而且对新中国的建设事业，都起着巨大的指导作用。

1949年10月1日中华人民共和国成立后，中国共产党成为在全国范围执政的党，担负起领导全国各族人民建设新国家的重任。在当时的情况下，百废待兴，百业待举，需要全力进行民主改革，恢复国民经济，制止通货膨胀，恢复和发展生产，保障人民生活。同时，还需要全力捍卫新生的政权，镇压反革命，巩固人民民主专政，全力进行抗美援朝战争。这一时期，党的各项工作繁忙，召开全国代表大会几乎是不可能的事。

虽然在1952年，中共中央就开始考虑召开党的八大，但最终确定这件事却是在1955年3月举行的党的全国代表会议上。毛泽东在闭幕会上所作的讲话中说：中央决定于1956年下半年召开第八次大会，“党的代表大会，十年没有开了。当然头五年是应当开，因为兵荒马乱，又开了‘七大’，后五年可以开而没有开。没有开也有好处：高饶问题搞清楚再开，不然他们要利用‘八大’大做文章。同时，我们的五年计划也上了轨道，过渡时期总路线也提出来了，又经过这次代表大会使大家在思想上更加统一了，为召开党的第八次代表大会准备了条件。”①

之所以一拖再拖，是因为在提出过渡时期总路线时，发生了高岗、饶漱石分裂党的重大事件，中央不得不花精力来处理这个中央所极不愿意看到的有碍党的团结的问题。1954年2月，党的七届四中全会揭发批判了高岗、饶漱石的反党分裂活动。1955年3月，在北京召开了原定的党的全国代表会议，会议通过决议，开除高岗、饶漱石的党籍，撤销他们所担任的一切职务。通过这次斗争，维护了党的团结，为过渡时期总路线的顺利贯彻提供了重要保证，也为顺利地召开党的八大做了准备。

随着第一个五年计划的实施，在全国范围内开始了有计划的经济建设，与此同时，还对农业、手工业和资本主义工商业进行了社会主义改造。到1956年党的八大召开前夕，全国绝大部分地区基本上完成了对生产资料私有制的社会主义改造，“一五”计划的执行也取得了相当大的成就。我国工业总产值平均每年递增19.6%，农业总产值平均每年递增4.8%，当时经济建设所需机

① 《毛泽东文集》第六卷，人民出版社1999年版，第406页。

器设备的65%已能自给。“一五”计划的许多重要指标已有确实把握提前完成，从而为全面开展社会主义建设奠定了初步的物质和技术基础。

从党的七大到党的八大，中国共产党的状况也发生了很大变化。党的八大召开前，全国已有1073万党员，比党的七大时增加了8倍，与1949年全国胜利时相比也增加了近两倍。特别是由于中国共产党成为了执政党，所处的地位和新环境使党面临着新的考验，也给党的建设提出了新的问题和新的任务。建国后的7年里，党经受住了各种考验，增强了党的团结与统一，召开党的八大的条件日趋成熟。

与此同时，国际共产主义运动出现了新的情况。1956年2月召开的苏共二十大第一次揭露了斯大林的错误和苏联社会主义模式的弊端，在国际共产主义运动中激起了轩然大波。历史的发展，国内形势的变化，国际共产主义运动中出现的新情况、新问题，要求党必须对党的七大以来的工作，特别是建国以来的工作，进行全面的系统的总结，做出正确的分析和结论，对国际形势做出正确的判断，从而制定党在新的历史时期的正确路线，提出社会主义建设、党的建设、国家建设、对外关系等方面的任务和完成这些任务的方针、政策。

对建设社会主义道路的探索

在中国这样一个贫穷落后、人口众多的东方大国建设社会主义，是一个非常困难而复杂的问题。要解决这个问题，只能从实践中逐步认识，进行系统而周密的调查研究。

毛泽东的调查研究从1956年2月14日开始，到4月24日结束，他总共听取国务院34个部门的工作汇报，还有国家计委关于第二个五年计划的汇报，实际听报告的时间为43天。在毛泽东听取汇报的过程中，周恩来几乎每次都来，刘少奇、邓小平、陈云也多次参加。这样，毛泽东召集的汇报会，实际上成为中央主要领导成员参加的规模较大的一次集体调研活动。

正如毛泽东所说，“调查就像‘十月怀胎’，解决问题就像‘一朝分娩’”[①]。这次调查研究基本摸清了新中国成立6年多来在经济、政治、文化等方面所发

① 《毛泽东选集》第一卷，人民出版社1991年版，第110页。

生的变化、出现的新情况和新问题，为制定正确的路线提供了科学依据。毛泽东后来回忆说："那个十大关系怎么出来的呢？我在北京经过一个半月，每天谈一个部，找了三十四个部的同志谈话，逐渐形成了那个十条。如果没有那些人谈话，那个十大关系怎么会形成呢？不可能形成。"①

值得注意的是，就在毛泽东调查研究期间，赫鲁晓夫于2月24日作了《个人崇拜及其后果》的秘密报告，全盘否定了斯大林，在苏联国内和全世界引起了极大的震动。中共中央立即开会认真讨论了这个问题，明确表示，不赞成全盘否定斯大林领导时期苏联党和人民为社会主义而奋斗的历史。同时认为，揭开斯大林的盖子，对于各国共产党，包括我们党，破除对斯大林和苏联经验的迷信，解放被教条主义束缚的思想，努力寻求适合本国情况的革命和建设的道路，具有重要意义。

通过调查研究、集体讨论，在总结我国社会主义建设经验和吸取苏联的教训的基础上，4月25日，毛泽东在中南海颐年堂主持召开中央政治局扩大会议，出席会议的除政治局委员外，还有各省、市、自治区党委第一书记。会议原定议题是讨论农业生产合作社等问题，谁也没有料到毛泽东要在这次会上发表《论十大关系》的讲话。在讲话中，毛泽东以苏联的经验为鉴戒，总结了我国的经验，提出了调动一切积极因素为社会主义事业服务的基本方针，对适合中国情况的社会主义建设道路进行了初步探索。

从错综复杂的中国社会矛盾中，毛泽东抽取了十个问题（也就是十大关系），它们是：(1)重工业和轻工业、农业的关系；(2)沿海工业和内地工业的关系；(3)经济建设和国防建设的关系；(4)国家、生产单位和生产者个人的关系；(5)中央和地方的关系；(6)汉族和少数民族的关系；(7)党和非党的关系；(8)革命和反革命的关系；(9)是非关系；(10)中国和外国的关系。在这十大关系中，前五种关系属于经济问题，后五种关系属于政治问题。

毛泽东提出正确认识和处理这十大关系的基本思想是："把党内党外、国内国外的一切积极的因素，直接的、间接的积极因素，全部调动起来，把我国建设成为一个强大的社会主义国家。"②

---

① 《毛泽东传1949—1976》(上)，中央文献出版社2003年版，第471页。
② 《毛泽东文集》第七卷，人民出版社1999年版，第44页。

《论十大关系》的讲话，总结了我国在建国以后7年来社会主义建设的经验（实际上也包含了建国前28年的经验），提出了探索适合中国国情的社会主义建设道路的任务，是毛泽东关于社会主义建设问题的代表作。这篇讲话，完全从实际出发，通过解放思想，实事求是，得出了若干规律性的认识，这是毛泽东留给我们建设社会主义的重要理论遗产。正如1975年7月邓小平在给毛泽东的信里说的："这篇东西太重要了，对当前和以后，都有很大的针对性和指导意义，对国际（特别第三世界）的作用也大。"[①]

党的八大的筹备

早在党的七大上，毛泽东就作出了这样的判断：要准备革命重心转变，夺取像北平、天津这样大的三五个中心城市，"我们一定要在那里开八大，有人说这是机会主义；恰恰相反，八大如果还在延安开，那就近乎机会主义了。"[②]历史的发展果如毛泽东所预言的那样，11年之后，中国共产党在北京召开了党的第八次全国代表大会。

为了筹备党的八大的各项准备工作，1955年10月4日，党的七届六中全会在北京举行。邓小平代表中央政治局作了《关于召开党的第八次全国代表大会的决议草案的说明》，他在报告中对党的八大未能早开的原因、主要议程、代表选举及召开时间作了说明："八大迟未召开是有原因的。一九四五年到一九四九年这四年，我们正处在疾风暴雨的革命战争中；一九五〇年到一九五二年这三年，我们全力贯注地进行了完成民主改革、恢复国民经济和巩固人民民主专政这些极为繁重的巨大的工作，并且紧张地进行了抗美援朝斗争。在这七年中间没有召开党代表大会，是完全可以理解的。"他接着说，"在1953年下半年，经过全国财经会议和全国组织工作会议之后，党中央察觉了高饶反党联盟，于是，先后通过1954年2月党的七届四中全会和今年3月党的全国代表会议，对这个事件作了严肃的处理。显然，在解决了高饶反党联盟这样重大事件之后，再来考虑召开八大问题，无疑是更为适当的。在这几

① 《〈关于建国以来党的若干历史问题的决议〉注释本》（修订本），人民出版社1986年版，第245页。

② 《毛泽东文集》第三卷，人民出版社1996年版，第333页。

年中，党规定了过渡时期的总路线；全国人民代表大会通过并公布了宪法，在社会主义建设和社会主义改造以及其他方面的工作中，有了更多宝贵的经验；同时经过整党建党、审干、总路线宣传和社会主义建设、社会主义改造一系列实际斗争教育，党的组织更加巩固和团结，党员的政治觉悟有所提高。所有这些，实际上对党的八大召开作了更为充分的政治准备和组织准备。今天看来，八大开迟了几年固然是个缺陷，但无论从政治上或组织上说，在1956年召开党的第八次全国代表大会将会更为完满一些。”①

12月5日，刘少奇在北京主持中共中央政治局召开的有各省、市、自治区负责人参加的座谈会，传达了毛泽东关于召开党的八大的指示精神，并对这次大会的准备工作作出部署。他指出：“应该动员干部，动员群众，展开批评自我批评，反对保守主义，作出更多、更大、更好的成绩，迎接八大。这也是对八大的准备工作。八大的准备工作应同各部门各地方的实际工作结合起来。”②

这次会议通过了邓小平草拟的党的八大政治报告起草委员会、修改党章和修改党章报告起草委员会名单。政治报告起草委员会由刘少奇、陈云、邓小平、王稼祥、胡乔木、陈伯达、陆定一7人组成。修改党章和修改党章的报告起草委员会由邓小平、杨尚昆、安子文、刘澜涛、宋任穷、李雪峰、胡乔木、马明方、谭震林9人组成。在党的八大文件起草、修改过程中，中共中央充分发挥了集体智慧和民主精神。各文件草稿提出来以后，中央曾组织中央机关和省、市、自治区及军队党的领导同志进行反复讨论、征求意见。

在党的八大正式召开前夕，1956年8月22日、9月8日、9月13日，毛泽东先后在中南海勤政殿、怀仁堂主持召开党的七届七中全会第一、二、三次会议，审议通过提交党的八大的重要文件，对大会的有关事项作出决定。与此同时，8月30日至9月12日，还召开了党的八大的两次预备会议。这几个会议交叉进行，为党的八大的召开做着最后的准备。

8月30日，在中南海怀仁堂举行的党的八大预备会议第一次全体会议上，毛泽东作了题为《增强党的团结，继承党的传统》的讲话，提出了大会的目的和宗旨：“总结七大以来的经验，团结全党，团结国内外一切可以团结的力

① 《建国以来刘少奇文稿》第七册，中央文献出版社2008年版，第349—350页。
② 《建国以来刘少奇文稿》第七册，中央文献出版社2008年版，第410页。

量，为建设伟大的社会主义中国而奋斗。”①

会后，出席党的八大的各代表团开始讨论政治报告、修改党章报告和修改后的党章、关于“二五”计划建议的报告和“二五”计划建议等文件草稿。

中央委员人选的酝酿

党的八大是中国共产党领导中国人民探索社会主义建设道路的里程碑式的会议，作为领导机构的中央委员会成员的构成，就直接影响到党的八大路线能否坚定地贯彻执行。

关于选举原则，毛泽东在考虑到方方面面的情况后，作了这样的说明：“第八届中央委员会的名额为一百五十到一百七十人。七届中委是七十七人，这次加一倍多一点，这样恐怕比较妥当。等几年，比如等五年，那个时候再来扩大，恐怕是比较有利。现在，很多很有用的人才是在抗日战争时期培养起来的，这就是所谓‘三八式’的干部。他们是我们现在工作的很重要的基础，没有他们不行。但是这部分干部人数很多，如果要安排，这届中委的名额就要增加到好几百人。所以这次就不考虑安排了。”②

关于选举方针，要充分发扬民主，采取与以往不同的方式。先由各代表团提名候选人，再集中到中央讨论，又经过代表们的预选，再经过中央提出正式候选人，最后由代表们民主投票产生新的中央委员会。这种自下而上和自上而下相结合的方式，既体现了民主又是集中的产物，是党的民主集中制的重要反映。

继8月30日，在中南海怀仁堂举行的党的八大预备会议第一次全体会议之后，9月10日，党的八大预备会议在中南海怀仁堂举行第二次全体会议。出席代表927人，请假52人。毛泽东主持会议，陈云代表中央对八届中央委员候选人名单和提出的经过作了说明。他说，拟定这个名单经过三个过程：第一次是代表团送到政治局的名单。第二次是由中央政治局跟代表团的正副团长反复讨论的名单。第三次是由政治局与代表团的正副团长在一起，经过充

① 《毛泽东文集》第七卷，人民出版社1999年版，第86页。

② 《毛泽东文集》第七卷，人民出版社1999年版，第93页。

分讨论后确定的。

毛泽东在会上发表了重要讲话，在谈到选举问题时，他指出，“刚才政治局跟各代表团的负责同志商量，觉得可以增加少数人，如果通不过，也可以减少几个人。七大就是这样，有两位同志，几次在候选名单上提了他们，最后就是没有选上。这次也可能有个别同志虽然在名单中提出了，但是选不上。我们可以建议，但不能强加于人，不能强加于代表们，权利完全在代表们手里头。”①

毛泽东的这个讲话，为党的八大的召开奠定了重要的思想基础。

党的八大代表、济南军区代司令员兼政委王新亭回忆说：“在候选人的酝酿提名过程中，是充分体现了高度的民主作风，和高度的集中统一，领导与群众相结合的精神。同时，在提候选人名单的过程中还洋溢着谦虚的气氛，没有哪个人出来争要的，提到谁可以作为候选人时，谁都谦虚地说自己不行，一再谦让，直到候选人的名单最后确定下来的时候，大家还在推让。毛泽东主席看到这种情况后，很风趣地对大家说：大家不要打退堂鼓，大家都推让，革命叫谁来干！”②

二、党的八大的召开与党章的制定

田家英写的开幕词

1956 年 9 月 15 日下午 2 时，中国共产党第八次全国代表大会在北京政协礼堂隆重开幕，这是我们党在全国执政以后召开的第一次全国代表大会。出席会议的代表有 1021 人（5 名代表请假），他们代表着 1073 万名党员。有 50 多个国家的共产党、工人党、劳动党和人民革命党的代表团应邀列席会议，我国各民主党派领导人和无党派民主人士代表也应邀参加了大会。

在热烈的掌声中，毛泽东宣布党的八大开幕，庄严的《国际歌》响彻全场。开幕词全文仅有 2400 多字，开头没有讲会议的意义、要求和召开的形式，

---

① 《毛泽东文集》第七卷，人民出版社 1999 年版，第 108 页。
② 《王新亭回忆录》，解放军出版社 1992 年版，第 473—474 页。

更没有讲无关紧要的客套话，而是紧扣主题，在对党的七大以来牺牲的同志和朋友表示哀悼后，开门见山地提出，“我们这次大会的任务是：总结从党的七大以来的经验，团结全党，团结国内外一切可能团结的力量，为了建设一个伟大的社会主义的中国而奋斗。”① 这就使与会者一开始便把党的八大的任务深深地印在脑子里。

毛泽东强调指出：把马克思列宁主义的理论和中国革命的实践密切地联系起来，这是我们党的一贯的思想原则。然而，在我们许多同志中间，仍然存在着违反马克思列宁主义的观点和作风，这就是：思想上的主观主义、工作上的官僚主义和组织上的宗派主义。这些观点和作风都是脱离群众、脱离实际的，是不利于党内和党外的团结的，是阻碍我们事业进步、阻碍我们同志进步的。

为了迎接即将到来的全面经济建设的高潮，毛泽东向全党发出了“必须善于学习”的号召。他说：“要把一个落后的农业的中国变成为一个先进的工业化的中国，我们面前的工作是很艰苦的，我们的经验是很不够的。因此，必须善于学习。要善于向我们的先进者苏联学习，要善于向各人民民主国家学习，要善于向世界各兄弟党学习，要善于向世界各国人民学习。我们决不可有傲慢的大国主义的态度，决不应当由于革命的胜利和在建设上有了一些成绩而自高自大。国无论大小，都各有长处和短处。即使我们的工作得到了极其伟大的成绩，也没有任何值得骄傲自大的理由。虚心使人进步，骄傲使人落后，我们应当永远记住这个真理。”②

短短两千余字的开幕词，被30多次热烈的掌声打断，可见它在代表们心中引起了多么强烈的反响。毛泽东致开幕词后，来到休息室。许多人都称赞开幕词写得好。然而，毛泽东却说，开幕词是个年轻秀才写的。此人是田家英！

众所周知，毛泽东作报告，作讲演，写文章，从来不让别人代笔。不论是在烽火连天的革命战争年代，还是在建国以后的和平建设时期，都是如此。

---

① 《毛泽东文集》第七卷，人民出版社1999年版，第114页。
② 《毛泽东文集》第七卷，人民出版社1999年版，第117页。

唯一的例外，恐怕就是党的八大的开幕词了。

田家英当时年仅 34 岁，担任毛泽东的日常秘书，他事无巨细，把主要的精力与才华都用于工作之中。从起草文件、下乡调查、处理信访直至保管存折，可以称得上是毛泽东的“大管家”。

党的八大召开前夕，毛泽东亲自动笔起草了开幕词的两个草稿，但都没有写完。也许是对自己写的稿子不太满意，加上在筹备党的八大的那些日子里，毛泽东的工作千头万绪，特别繁忙，他便委托秘书陈伯达代为起草。按毛泽东的要求，开幕词要力求简短一些，简明扼要说明问题即可。陈伯达为此费了不少脑筋，但毛泽东看后并不满意，认为写得太长、扯得太远了。田家英临危受命，聚精会神地写了两天时间，很快赶写出一个初稿。毛泽东比较满意，亲自动笔在个别地方作了几处修改和补充，然后让杨尚昆送给胡乔木、陈伯达和田家英作进一步的修改。这时，已经是 9 月 14 日清晨 4 点半钟了，离党的八大开幕只有一天的时间了。

时任中共中央副秘书长的李雪峰回忆说，“主席对开幕词很满意，会议期间他曾兴奋地告诉我们：开幕词最先是陈伯达写的，我看了不行，就自己动手写了一篇，写好拿给田家英看，他说尽是标语口号，也不行。现在的开幕词是田家英写的。毛主席历来注重发挥青年人的作用，赞赏青年人不受条条框框的约束，敢想敢干的精神，田家英就是其中的一个。著名的‘虚心使人进步，骄傲使人落后’，就出自这篇开幕词。”①

政治报告的起草

在党的八大的各项准备工作中，最重要的就是党的八大政治报告的起草和修改。如果从 1955 年 5 月算起，经过了 1 年零 4 个月的时间，前后的各种修改稿达 80 多份。整个报告经历了 5 次大的修改。

1955 年 5 月，中共中央政治局会议通过了党的八大政治报告起草委员会的名单，成员包括刘少奇、陈云、邓小平、王稼祥、陆定一、胡乔木、陈伯达，刘少奇负责政治报告起草委员会的日常工作。

---

① 李雪峰：《关于党的八大召开前后的历史片断回忆》，《中共党史研究》1996 年第 4 期。

党的八大政治报告的指导思想是由毛泽东确定的。起初，毛泽东为政治报告提出的指导思想是：反对右倾思想、反对保守主义，提早完成我国社会主义工业化和社会主义改造，保证15年并且争取15年以前超额完成。农业合作化运动全面高涨以后，毛泽东信心大增，进而断言："目前我国正处在伟大的社会主义革命高潮中。"在这种认识的支配下，提出将克服右倾保守思想作为起草党的八大政治报告的指导思想，也是顺理成章的事情。

1956年2月，赫鲁晓夫在苏共二十大上作了《关于个人崇拜及其后果》的报告，引发了毛泽东关于中国社会主义革命和建设道路一系列新的认识和思考。1956年4月，毛泽东发表《论十大关系》的讲话，揭开了全党从"以俄为师"向"以苏为鉴"伟大思想转变的序幕，为党的八大政治报告的起草提供了新的指导思想。邓力群回忆说："原来正发愁，要陈伯达起草，陈伯达写了个像学术报告那样的报告，再要胡乔木起草，胡乔木的还没有搞出来，搞出来成不成也不知道，怎么办？少奇同志心里还不踏实。现在有了毛主席的这个讲话，一下子豁然开朗，给我们找到路子了，事情好办了。所以那些谣言讲，八大和毛主席想的完全是两回事，是什么对着干的，那毫无根据，完全是在胡说八道。"[①]

1956年6月30日，刘少奇召集政治报告起草委员会会议，讨论政治报告的起草工作。接着，毛泽东从7月6日开始，连续召开政治报告起草委员会会议，加紧了政治报告的起草工作。7月14日，政治报告的第一稿《为实现过渡时期的总任务而斗争》形成，提交政治局会议讨论。7月23日，毛泽东和刘少奇离京去北戴河集中修改政治报告。当时在刘少奇身边工作的刘振德回忆说："少奇同志对《政治报告》的起草和修改特别认真仔细，一直到离开会时间很近了，他还在逐段逐句逐字地斟酌推敲，甚至对每一个标点符号，他都要反复琢磨。当时任中央办公厅主任的杨尚昆同志曾几次打电话对我说：'你要催催少奇同志，请他尽快定稿。因为他不定稿，我们大会秘书处的许多工作就无法进行。'我将尚昆同志的意见报告后，少奇同志才说：'那就这样定稿吧！'"[②]

---

① 邓力群：《我为少奇同志说些话》，当代中国出版社1998年版，第62页。

② 刘振德：《我为少奇当秘书》，中央文献出版社1994年版，第34页。

尽管三番五次地修改，到8月22日时，刘少奇提交给党的七届七中全会讨论修改的政治报告文稿仍然长达9万多字，距离毛泽东提出的3万字的目标还有很大距离。此后，虽然继续经过反复的修改，毛泽东仍然对其中的建设部分、国际部分和党的部分很不满意，仍然要求周恩来、陈云、张闻天等再作修改。党的八大开幕的前一天，即9月14日凌晨6点，毛泽东还审阅了前一天刚刚修改排版出来的政治报告部分清样，并在给刘少奇的信中说："你在其余地方有修改，请直付翻译，并打清样，不要送我看了。"①

从某种程度上看，毛泽东对最后提交给党的八大的政治报告文稿并不是很满意，但是毛泽东在《论十大关系》等讲话中提出的一系列新的方针、政策和观点都在报告中得到了比较准确的反映。党的八大政治报告在毛泽东提出的一系列原创思想的基础上，吸收和汇集了党内党外各方的意见，代表了当时全党在认识和探索中国特色社会主义事业发展道路上取得的最高认识水平。

建国初期，应该说毛泽东和刘少奇在包括1956年的反冒进等一些重大问题上是有过分歧的，但在主导思想和主要方面是一致的。邓力群回忆说，"不少人说毛主席早就要把刘少奇搞倒，或者刘少奇早就对毛主席有这个意见、那个意见。事实完全不是这样。从我经历的这些事情看，他们两个之间，整个中央集体之间，可以说是互相学习，互相尊重的。毛主席看到了少奇同志做调查就跟着做调查，还说这个办法好，我也学嘛。毛主席讲了十大关系以后，少奇同志又觉得毛主席讲得好，尊重毛主席的意见，要按主席的意见来写报告。他们之间的关系非常和谐，非常密切，整个中央领导集体在八大开会之前、之后，都是紧密团结的。当然这并不是说，就没有不同意见的讨论。"②

中央领导机构的调整与总书记人选的确定

随着党的八大筹备工作的逐步展开，加强和改进中央领导机构的问题再次提上议事日程。最初党内酝酿中央领导机构和人选的时候，曾设想党中央设主席一人、副主席一人，并拟由毛泽东、刘少奇分别担任正副主席。刘少奇不同意由他一人任副主席的方案，提议多设几位副主席。1956年4月28日，

① 中共中央文献研究室编：《刘少奇传》下，中央文献出版社1998年版，第795页。
② 邓力群：《我为少奇同志说些话》，当代中国出版社1998年版，第64—65页。

毛泽东在中央政治局扩大会议上，提出了机构改革问题。他说："中央究竟是设一个副主席还是设几个副主席，也请你们讨论。少奇同志提出设几个副主席，现在的这个党章草案上是说设一个副主席。"①

毛泽东的意见，很快被吸收到党章修改稿中，并提请全国各地党委主要负责人讨论。

8月22日，党的七届七中全会第一次会议在北京召开。毛泽东就中央领导机构的组成作了说明："中央政治局还设一个常委会，常委会相当于过去的书记处。因为估计到新的中央政治局委员可能不止十三个人，政治局委员、候补政治局委员合起来可能会到二十人多一点。我们认为组织一个小的常委会，一个小的'内阁'，是有必要的。还有中央副主席、主席。过去只有中央主席，没有副主席，没有总书记，现在设总书记，又设副主席。"

接着，他进一步解释要做这样调整的原因："我们这么一个大国，六亿人口，一千一百万党员，一个主席、一个副主席总觉得孤单。准备向新的中央委员会建议，过去的几位书记都当副主席。'天有不测风云，人有旦夕祸福。'或者是从飞机上掉下来，或者是一个炸弹下来，把主席打死了，还有副主席；把一个副主席打死了，还有三个副主席；把两个副主席打死了，还有两个；把三个副主席打死了，还有一个；统统打死了，还有一个总书记。总而言之是有备无患。此外还有，在必要时要设名誉主席。这也是为了有备无患。有些人不赞成现在设，也可以考虑，设不设要看对党与国家是否有利。"②

9月13日，毛泽东主持召开党的七届七中全会第三次会议，再一次就增设几个中央副主席和总书记的问题讲了话。他说："上一次也谈过，中央准备设四位副主席，就是少奇同志，恩来同志，朱德同志，陈云同志。另外，还准备设一个书记处，书记处的名单还没有定，但总书记准备推举邓小平同志。"③

对于担任党的总书记一职，邓小平曾一度婉拒。刘振德曾回忆说，党的八大会议期间，有一次政治局常委开碰头会，动员邓小平同志出任党中央书记处的总书记。"当时小平同志的声音比较大，一再推辞说：'我不行，我不

① 《毛泽东文集》第七卷，人民出版社1999年版，第54页。
② 《在中共七届七中全会第一次会议上的讲话》,《党的文献》2006年第5期。
③ 《毛泽东文集》第七卷，人民出版社1999年版，第110—111页。

行，我的威望和能力都不行，怕难以胜任，还是让别人当吧！’小平同志的态度诚恳而坚决。‘我们是医生，书记处是护士，你是护士长，还是我们的助手嘛！’毛主席那浓重的湖南口音传到了门外。紧接着是周总理的声音：‘毛主席比喻得很形象！’毛主席又补充说：‘其实，还是你那个秘书长的差事！’其他几位常委也帮着动员小平同志。这时，我听见少奇同志说话了：‘主席，我看就这样定了吧！’‘好，定了！’毛主席一锤定音，其他常委也异口同声地说：‘定了！’小平同志再也没有推辞。”①

党的八大选举了邓小平为总书记，彭真、王稼祥、谭震林、谭政、黄克诚、李雪峰为书记，刘澜涛、杨尚昆、胡乔木为候补书记的中央书记处。李雪峰回忆说，“小平同志一向做事谨慎，在中央决定他做总书记时，他曾向毛主席提出，书记处还是作为政治局的办事机构，负责对军队和国务院的文件承送。主席不同意，强调书记处是党中央的办事机构，什么事都要管，中央的事都由你们做，发文用中央名义。这实际上是赋予书记处重要责任，也是对小平同志的信任。”②

由此，以毛泽东为核心的党的第一代中央领导集体最终形成。他们分别是毛泽东、刘少奇、周恩来、朱德、陈云、邓小平。

三、党的八大党章的制定及其特点

党章的修改和修改党章报告的起草

党章的修改和修改党章报告的起草工作，由邓小平主持。1955 年 5 月，修改党章和修改党章报告起草委员会经中央政治局批准成立，实际上是由当时的中央正副秘书长组成的。他们是：邓小平、胡乔木、李雪峰、谭震林、马明方、安子文、刘澜涛、宋任穷和杨尚昆。

修改党章和起草修改党章的报告是紧密相联的两件事情，常常交叉进行着。

1955 年 9 月，讨论修改党章问题的会议在中南海西楼会议室召开，决定先由胡乔木起草《中国共产党章程》。10 月 20 日，胡乔木完成了《中国共产党

① 刘振德：《我为少奇当秘书》，中央文献出版社 1994 年版，第 34—35 页。
② 李雪峰：《关于党的八大召开前后的历史片断回忆》，《中共党史研究》1996 年第 4 期。

章程（初稿）》，即党章第一次修改稿。此稿共分10章78条，只有条文部分，党纲部分注明“暂缺”。当天，邓小平批示，印发十余份给有关同志。

1956年2月6日上午，邓小平在中南海西楼会议室召开中央秘书长会议，讨论关于起草修改党章报告问题。这个报告的起草任务还是交给了胡乔木。不过，要起草这个报告，首先要把党章修改完成。所以，关于党章的修改工作，大致集中在1956年的4、5两个月，形成了一个比较成熟的党章修改稿。5月19日，胡乔木在《中国共产党党章》标题下，加括号注明：“第五次修改稿，根据中央政治局会议5月17日和19日的讨论修改”。

5月28日，邓小平代中央拟的《中央关于印发党章修改稿交各地方、各单位讨论的通知》下发给各省、市、自治区党委，党中央和国家机关党委，人民解放军总政治部。

党章草案进入广泛征求意见阶段以后，党章修改报告的起草问题便提上议事日程。6月14日上午，邓小平在西楼会议室主持召开了中央秘书长会议，执笔起草报告的任务交给了胡乔木。7月23日，胡乔木在北戴河写成《关于修改党章的报告（初草）》的引言和前四部分。前四部分的内容为：一、从七大以来革命形势的发展和国家状况的变化，说明修改党章的根据并概说修改的情况。二、关于党纲，着重说明“我们党的群众路线问题”。三、关于民主集中制。说明民主集中制是“群众路线在党内生活中的应用”，“是我们党的列宁主义的组织原则”。四、关于党的团结和统一。报告稿论述了党的工作和国家工作的关系，说明应该怎样正确地发挥自己的领导作用和核心作用。

7月25日，邓小平在北戴河召开党的八大修改党章和修改党章报告起草委员会会议，对党章和修改党章报告这两个文件进行讨论。在综合了各方面意见后，8月1日晚毛泽东约见邓小平，谈如何修改党章问题。几天后，邓小平将党章第三十七条草案关于设置中央领导机构方案报请毛泽东、刘少奇、周恩来、朱德核阅。毛泽东作了修改，在“党的中央委员会全体会议选举中央政治局、中央政治局的常务委员会和中央书记处，并且选举中央委员会主席一人、副主席若干人”之后，加上“和总书记一人”[①]。

① 《建国以来毛泽东文稿》第六册，中央文献出版社1992年版，第165页。

在中央政治局通过了中央领导机构的设置方案后，胡乔木于 8 月 11 日起草了《关于修改党章报告》的五、六两部分，即“关于党员”、“关于组织机构”，完成了这个报告的全部起草工作。经邓小平修改之后，中央办公厅即印成《关于修改党章的报告(初草)》(一九五六年八月十二日)。

随着党的八大各项文件起草工作的紧张进行，邓小平和胡乔木等人及时地把党的八大政治报告修改过程中的一些新想法、新提法，在党的八大的新党章和修改党章报告中体现出来。8 月 27 日晚，毛泽东连夜阅改，在稿子首页上批示：“此件看了一遍，觉得大体可用。作了些小的修改，请你们酌定。第 23 页批了一点建议修改的意见，请考虑，许多句子太长，不好读。”①

8 月 28 日，胡乔木等即按毛泽东的意见再次修改，把标题《关于修改党的章程的报告》(初草)改为《关于修改党的章程的报告》(修改稿)。最终由邓小平改定，他将“修改稿”三字删去，注明日期，签上名字：“《关于修改党的章程的报告》(一九五六年九月十六日)邓小平”。根据 9 月 3 日至 5 日各代表团讨论的意见，邓小平、胡乔木又作了修改。毛泽东于 9 月 10 日晚对两个文件又细细推敲，写下批语：“即退小平同志：两件改处都看过，同意这些修改。我只在党章第三条觉得应当添三个字，请酌定。”②

李雪峰回忆说：“修改党章及修改党章报告的起草工作由邓小平负责主持。中央副秘书长不仅要参加修改党章工作，也要参加其他筹备工作会。党章修改工作总的来说比较顺利，毛主席让把党章修改报告写得短些，小平同志说 3 万字吧，不再压了。这样修改党章的报告草成得比较早。”③

党的八大党章为什么没有提毛泽东思想

在党的七大上，在作修改党章的报告时，刘少奇用了整整一章的篇幅论述了党的指导思想——毛泽东思想。然而，党的八大党章却删去了“毛泽东思想”的提法，只提“中国共产党以马克思列宁主义作为自己行动的指南”。此外，在刘少奇的政治报告、邓小平的修改党章报告和党的八大决议中，都没有

① 《建国以来毛泽东文稿》第六册，中央文献出版社 1992 年版，第 187 页。
② 《建国以来毛泽东文稿》第六册，中央文献出版社 1992 年版，第 165 页。
③ 李雪峰：《关于党的八大召开前后的历史片断回忆》,《中共党史研究》1996 年第 4 期。

出现“毛泽东思想”一词，甚至所有的大会代表在发言时也不约而同地都不提“毛泽东思想”。

这一情况引起了党内外一些人的注意。其实，党的八大不提毛泽东思想，并非突如其来，而是有一个历史过程的，而且这个决定是根据毛泽东本人的提议做出的。自 1948 年 11 月起，毛泽东多次将送他审阅的文件中有“毛泽东思想”的字样删去，改为“马克思列宁主义的普遍真理和中国革命的具体实践相结合”，或者就只用“马克思列宁主义”。胡乔木回忆说，“在七届二中全会上，他曾强调不要把他与马、恩、列、斯并列，说如果平列起来一提，就似乎我们自己有了一套，而请马、恩、列、斯来做陪客，这样不好，我们请他们是做先生的，我们做学生。这个想法是毛主席删去‘毛泽东思想’概念，并在相当长时间内不赞成恢复使用它的一个重要原因。”①

这样，由于毛泽东本人一再反对，中共中央终于作出了正式决定并通知全党。1954 年 12 月，中共中央宣传部根据中央书记处的指示起草了一个《关于毛泽东思想应如何解释的通知》(以下简称《通知》)。《通知》指出：“党章已明确指出：‘毛泽东思想’即是‘马克思列宁主义的理论与中国革命的实践之统一的思想’，它的内容和马克思列宁主义是同一的。”《通知》还特别说明，“毛泽东同志曾指示今后不要再用‘毛泽东思想’这个提法，以免引起重大误解。我们认为今后党内同志写文章做报告，应照毛泽东同志的指示办理。”毛泽东在审阅这个通知稿时加了一句：“在写文章做讲演遇到需要提到毛泽东同志的时候，可用‘毛泽东同志的著作’等字样。”②

中央宣传部的这个通知，是根据中央书记处指示起草，经毛泽东修改、中央几位主要领导同志传阅后，发到党内相当广的范围的。

上述情况足以说明，当时不提“毛泽东思想”的确是毛泽东本人的决定，可问题是毛泽东为什么会产生这个想法呢？胡乔木后来解释说：这与苏联共产党对毛泽东思想的提法不感兴趣有关。“在我们党提出毛泽东思想后，苏联党始终拒绝承认这个提法。在苏联报刊上绝口不提毛泽东思想。这成了一个

① 胡乔木：《胡乔木回忆毛泽东》，人民出版社 1994 年版，第 328—329 页。
② 《建国以来毛泽东文稿》第四册，中央文献出版社 1990 年版，第 623 页。

禁区。凡是中共文件中提了的，它在发表时都给删掉。既然苏共是如此态度，而中国革命又离不开苏联的帮助，从大局出发还必须搞好与苏共的团结，出于这样的考虑，不仅‘历史决议’将毛泽东思想提法删去，并且在1956年八大不提了。赶到六十年代初，中苏两党开始论战后，中共中央才恢复使用毛泽东思想的提法。”①

可以看出，毛泽东之所以主张不提“毛泽东思想”，主要顾忌苏共的态度及其对中苏两党和两国关系的影响。党的八大党章虽然不提“毛泽东思想”，但这丝毫没有影响毛泽东思想在全党的实际指导作用，丝毫没有影响毛泽东在全党的领袖地位。而且，毛泽东在全党、全国人民心目中的威望空前地提高了。

党的八大党章的特点

党的八大党章基本上保持了党的七大党章的结构体系，包括总纲和条文部分9章60条。与党的七大党章相比，删除了地下组织与经费两章，减少条文10条，并没有根本原则上的改变，但是，在具体内容上却有了很多的改变，其中包含一些原则性的改变。从这些原则性的改变中，可以看出党的八大党章具有以下一些特点：

（一）体现了加强执政党建设这一突出特点。

作为我们党执政后的第一部党章，党的八大党章的总纲，同党的七大党章的总纲比较起来，有了很大的修改，特别是突出强调了加强执政党建设的内容。这主要包括以下一些方面：第一，增写了全面建设社会主义的任务、实现现代化的目标以及党的内政外交政策。因为党的情况所发生的最重大的变化，是党已经从一个领导人民为夺取国家政权而奋斗的党，成为一个已经掌握着国家政权并在全国范围内处于领导地位的执政党。第二，突出了党的领导地位和如何善于领导的问题。总纲阐明党“必须努力在国家生活的各个方面发挥它的正确的领导作用和核心作用，反对任何降低党的作用和削弱党的统一的分散主义倾向”。第三，增加了党的群众路线的内容。总纲从党的传统、执政、党的领导和对党员的要求四个方面阐述了群众路线问题。第四，强调了党的

① 胡乔木：《胡乔木回忆毛泽东》，人民出版社1994年版，第329页。

团结和统一问题。总纲提出："党的团结和统一，是党的生命，是党的力量的所在。"[①]这是总结我们党所领导的人民革命时期和社会主义改造时期的历史经验得出的一个重要结论。

(二)突出强调了党内民主和集体领导问题。

党的七大党章原来的提法是，"党的组织机构，是按照民主集中制建设起来的。"党的八大党章改变了这个提法，把"党的组织机构实行民主集中制"改成了"党实行民主集中制"。这就说明：不仅党的组织机构，而且党的整体及其活动，都是按照民主集中制组织起来的，更加强调了民主集中制的重要地位。此外，党的八大党章还将党的七大党章中关于"在民主基础上的集中和在集中领导下的民主"的表述，修改为"在民主基础上集中和在集中指导下民主"，突出了民主与集中的同等重要性以及两者之间的辩证关系。在上下级关系上、在各级党组织的集体领导等方面，党的八大党章也增加了许多新的规定。在总结我们党经验教训的基础上，邓小平将"党的各级组织实行集体领导和个人负责相结合的原则"写进党的八大党章，并指出：任何重大问题都由集体决定，同时使个人充分发挥应有的作用。为了保证民主集中制的贯彻执行，党的八大党章对于党员民主权利又增加一些新规定。这些规定，不仅大大丰富了民主集中制的内容，而且对把党建设成思想上、政治上和组织上集中统一的无产阶级政党，起到了至关重要的作用。

(三)在坚持党的集体领导上有了新发展。

刘少奇在党的八大政治报告中特别强调了坚持党的集体领导的问题，允许不同的观点存在，邓小平在修改的党章报告中也充分注意到了这一问题。从党的历史来看，正是在长期的革命斗争过程中，产生了以毛泽东为代表的第一代领导集体，才使中国的民主革命取得了彻底的胜利。从领导体制来看，总的来说，党是坚持集体领导原则的。但随着民主革命和社会主义改造的胜利，毛泽东在党内和群众中的威望日益增高，个人崇拜问题就逐渐凸显出来。为此，党的八大党章强调坚持集体领导原则，反对个人崇拜，改变了党的七大党章将党中央主席、中央政治局主席和党的书记处主席一人兼三任的体制，

① 《中国共产党章程》，人民出版社1957年版，第10页。

实行党的总书记制度，增设党的中央委员会副主席职位，还规定“党的各级组织实行集体领导和个人负责相结合的原则，任何重大问题都由集体决定，同时使个人充分发挥应有的作用”[①]。同时党的八大党章中还增加了“中央委员会认为有必要的时候，可以设立中央委员会名誉主席一人”这样一个条款[②]，这可以说是在酝酿废除实际存在的领导职务的终身制、准备实行党和国家领导体制的一项重要改革。

（四）对党的组织机构及组织制度的一些方面作了重大调整。

党的八大党章首次规定在党的全国的、省一级的和县一级的代表大会实行常任制，“党的全国代表大会每届任期五年”，这一规定一直延续至今；将党的监察机关的领导体制由原来受同级党委“指导”修改为受同级党委“领导”，规定“经常检查和处理党员违反党的章程、党的纪律、共产主义道德和国家法律、法令的案件”是各级监察机关的重要工作任务。

在党员方面，改变了建党以来一直实行的中共党员“不分国籍”的做法，突出强调党员应当是“中国公民”；改写了入党资格和条件，规定党员必须是从事劳动而不剥削他人劳动的人；增加了党员义务，提高了对党员的要求。特别强调党员有“严格地遵守党章和国家的法律”的义务，没有任何人可以例外；增加了党员权利，由党的七大党章规定的四项增加到七项；用党员的“预备期”代替了沿用已久的“候补期”，因为“预备”的含义比“候补”更为确切；取消了原有党章对不同社会成分出身的人规定不同的入党手续的办法。因为这一时期社会成员的出身情况已经发生了根本的变化，对社会成分进行分类和区分已经没有什么意义；规定党员有退党的自由。党员请求退党，应当由支部大会通过除名，并且报告上一级党的委员会备案；将党的纪律处分的种类分为警告、严重警告、撤销党内职务、留党察看、开除党籍五种，这种分类一直延续至今。

党的八大通过的党章是党执政后的第一部党章，是一部具有鲜明时代特色的党章，是继党的七大党章后我们党的又一部把马克思列宁主义的建党学说同中国共产党建设的具体实践紧密结合的一部好党章。党的八大党章规定

① 《中国共产党章程》，人民出版社 1957 年版，第 22 页。
② 《中国共产党章程》，人民出版社 1957 年版，第 31 页。

的主要内容，今天看来都是正确的。它是建国以来毛泽东建党思想发展的重要标志，是探索执政党建设规律的初步成果。令人遗憾的是，由于当时党对全面建设社会主义的任务和理论准备不足，对全面建设社会主义缺乏自身经验和可借鉴的参考经验，对执政党建设规律特别是执政党建设的艰巨性和复杂性，对于党章的权威性和执行党章的严肃性，以及党章可能遭到破坏都缺乏深刻的认识和足够的重视等种种原因，导致党的八大党章在通过以后的一段时间里，没有全面地得到贯彻执行。于光远回忆说，"如果八大路线能够贯彻下去，而不是第二年又转过去强调政治思想领域的阶级斗争，不再把经济建设放在首位，如果不是用另一种对形势的估计代替八大的估计，用另外一条路线代替八大路线，那么中国的状况就不会是后来这个样子，我们中国建设的进程会比现在提前二十多年。"①

---

① 于光远：《难忘的中共八大》，《炎黄春秋》1998年第2期。

第七章
在“文化大革命”中曲折发展的党章

一、强调以阶级斗争为纲的党的九大党章

“文化大革命”的发动

正当国民经济的调整基本完成，国家开始执行第三个五年计划的时候，意识形态领域的批判运动逐渐发展成指向党的领导层的政治运动。一场长达十年，给党、国家和人民造成严重灾难的“文化大革命”爆发了。

1965年11月10日，上海《文汇报》发表了由江青、张春桥等人组织上海市委写作组组织写作，以姚文元个人名义发表的《评新编历史剧〈海瑞罢官〉》一文，成为引发“文化大革命”的导火线。在这篇文章发表后的十几天里，除华东各省报纸和其他少数省报转载外，全国许多中央报刊和省市报刊都反应冷淡，未予转载。这使得江青、张春桥等人大为恼火，而中宣部、北京市委也对上海的报纸直接点名批评北京的副市长吴晗感到惊愕和气愤。毛泽东指出，《海瑞罢官》的“要害问题是‘罢官’”，这使得对《海瑞罢官》的批判带上了严重的政治色彩。

利用毛泽东的不满，江青开始与林彪相互勾结。在林彪的支持下，部队文艺工作座谈会于1966年2月2日至20日在上海召开。江青在会上指出：建国以来，文艺界基本上没有执行毛泽东思想，“被一条与毛主席思想相对立的

反党反社会主义的黑线专了我们的政，这条黑线就是资产阶级的文艺思想、现代修正主义的文艺思想和所谓三十年代文艺的结合。”①

这个座谈会不仅否定了1949年以来文艺工作的成就和主流，也否定了30年代共产党所领导的左翼文艺革命的成就，号召要“坚决进行一场文化战线上的社会主义大革命”。根据这个座谈会整理出来的《部队文艺工作座谈会纪要》，是江青企图从军队方面寻求政治支持、在文艺战线打开突破口的重要步骤，也是江青与林彪相互勾结、相互利用，在党中央领导层进行夺权活动的开端。

在文化批判升级的同时，中央接连发生几起党和国家领导人突然被撤职、受批判的政治事件，在党内外引起极大的震动。

也许是历史的巧合，在1965年11月10日，即姚文元发表《评新编历史剧〈海瑞罢官〉》的同一天，中共中央书记处候补书记、中共中央办公厅主任杨尚昆被免去在中央的职务，名义上是调任中共广东省委书记，实际上是隔离审查，原因是“背着中央私设窃听器”。时任总参谋长的罗瑞卿也因为在军队工作中对林彪提出的种种极端言论颇有微词，为林彪所忌恨，被戴上了“资产阶级野心家”、“军队中的赫鲁晓夫”的帽子。1966年4月，在杭州中央政治局常委扩大会议上，在批判《海瑞罢官》的问题上，毛泽东对北京市委提出严厉指责，彭真被停止工作。中央宣传部部长陆定一因为立场和观点“同彭真完全一致”，也被停职。用当时的话就是，“毛主席又发动了对《海瑞罢官》等大毒草的批判，锋芒所向，直指修正主义集团的巢穴——刘少奇控制下的那个针插不进、水泼不进的独立王国，即旧北京市委。”②

在毛泽东看来，这一系列严重的政治事件说明，“中央出修正主义”已不再是危言耸听的预言或是将来的可能，而已经是摆在人们面前的活生生的现实。以前的危机感、紧迫感已变为今天的一种强烈的现实感，这促使他下决心发动一场大规模的反修防修的群众运动，清除中央内部出现的修正主义。

在毛泽东的提议下，中央政治局扩大会议于1966年5月4日在北京举行，会议集中批判了彭真、罗瑞卿、陆定一、杨尚昆，撤销原来的“文化革命五人小

① 《林彪同志委托江青同志召开的部队文艺工作座谈会纪要》，人民出版社1967年版，第6页。
② 《中国共产党第九次全国代表大会文件汇编》，人民出版社1969年版，第19页。

组”，重新设立文化革命小组，隶属于政治局常委之下。在完成了各项议程之后，会议于5月16日通过了《中国共产党中央委员会通知》(简称“五一六通知”)。

“五一六通知”充满了“左”的色彩。在毛泽东看来，党内走资本主义道路的当权派在中央形成了一个资产阶级司令部，它有一条修正主义的政治路线和组织路线，在各省、市、自治区和中央各部门都有代理人。过去的各种斗争都不能解决问题，只有实行“文化大革命”，公开地、全面地、自下而上地发动广大群众来揭发上述的黑暗面，才能把被走资派篡夺的权力重新夺回来。这些论点被概括成为所谓“无产阶级专政下继续革命的理论”，从而使“无产阶级专政下继续革命”一语有了特定的含义。

8月1日至12日，党的八届十一中全会在北京召开。8月5日，毛泽东以《炮打司令部——我的一张大字报》为题写了一篇令人震惊的大字报，并于8月7日印发中央全会。这篇大字报的出现，立刻改变了会议原有的进程。8月8日，党的八届十一中全会通过《中共中央关于无产阶级文化大革命的决定》(即《十六条》)，决定指出：“在当前，我们的目的是斗垮走资本主义道路的当权派，批判资产阶级的反动学术‘权威’，批判资产阶级和一切剥削阶级的意识形态。”[①]这是继“五一六通知”后，从全局指导“文化大革命”的又一个纲领性文件。

同“五一六通知”一样，《十六条》也没有对“走资派”、“左派”、“右派”等概念提出明确的判别标准，没有对如何实现党的领导作出具体的规定。其中一些具有很大任意性的概念和助长过火斗争的内容，更是在很大范围内激化了盲目的造反行动和严重的社会动乱。

根据毛泽东的提议，全会于8月12日临时增加了改组中央领导机构的议程。中央政治局常委由原来的7人扩大为11人，排名依次为：毛泽东、林彪、周恩来、陶铸、陈伯达、邓小平、康生、刘少奇、朱德、李富春、陈云。林彪由原来的第六位上升为第二位，而刘少奇由原来的第二位下降到第八位。

党的八届十一中全会的召开及会议通过的《中共中央关于无产阶级文化大

① 《中国共产党中央委员会关于无产阶级文化大革命的决定》,《人民日报》1966年8月9日。

革命的决定》，使中共中央从法定程序上确认了在全国开展“文化大革命”的基本方针、政策界限和组织措施，一场史无前例的政治内乱已经不可避免地发生了。

党的九大的筹备

党的八大通过的党章规定：“党的全国代表大会每届任期五年。”[①]党的八大是1956年召开的，到召开党的九大时，已经过去13年了。1966年8月，在党的八届十一中全会的闭幕会上，毛泽东提到了这个问题，他说：“关于第九次大会的问题，恐怕要准备一下。第九次大会什么时候召集的问题要准备一下。已经多年了，八大二次会议到后年就十年了。现在要开九次大会大概是在明年一个适当的时候再开，现在要准备。”[②]

为什么不能按时或早些召开党的九大呢？江青在一次接见群众组织代表时揭开了其中奥秘：开会的时机要有利于“以毛主席为首的无产阶级司令部”。在念了“文化大革命”中揪出来的、以刘少奇为首被认定是“叛徒”、“特务”、“死不悔改的走资派”一长串名单之后，她说如果是在“文化大革命”前召开九大，那么，他们中的绝大多数人都将进入党的第九届中央委员会，有的还会进入核心领导机构，这样，就会大权旁落，“毛主席的革命路线”也要落空。毛泽东也在党的九大开幕式的讲话中说：“刘少奇呀，什么彭真、薄一波这些人，我们不知道他们不好，他们的政治历史我们不清楚，也选进来了。经过‘八大’到现在，搞得比较清楚了。”[③]

为了准备召开党的九大，1968年10月13日至31日，党的八届扩大的十二中全会在北京举行，这是在极不正常的情况下召开的一次极不正常的会议。由于到会的中央委员只有40人，不足半数，开会时被迫从被允许出席的候补中央委员中增补10人为中央委员，才使出席会议的中央委员人数刚刚超过半数。全会通过了《关于第九次代表大会代表产生的决定》和关于《中国共产党章程（草案）》的决定，还批准了中央专案审查小组对刘少奇的“审查报告”，

① 《中国共产党第八次全国代表大会文献》，人民出版社1957年版，第833页。
② 《建国以来毛泽东文稿》第十二册，中央文献出版社1998年版，第100页。
③ 《建国以来毛泽东文稿》第十三册，中央文献出版社1998年版，第24页。

完成了从组织上"打倒刘少奇"的手续，铸成了党的历史上最大的一桩冤案。

在党的九大召开前，"文化大革命"已经进行了两年多的时间。面对全国各地出现的"打倒一切"的浪潮，到底怎么样搞社会主义，毛泽东在苦苦地思索着。在他看来，召开党的九大，将是从"天下大乱"走向"天下大治"的重要转折。在讨论党的九大文件时，他说："中央文革不要加上了，是管文化革命的。文化革命快要结束了，用常委。"[①]这是毛泽东第一次如此明确说"文革"快要结束了。

党的九大的具体准备工作，是从1969年2月开始的。2月1日，周恩来参加中央文革碰头会，讨论党的九大的准备工作。会后，起草了《中央文革碰头会为九大进行准备工作的议程（草案）》报毛泽东、林彪，其中包括：党的九大代表集中到京的日期和开会程序、党的九大代表的审查和批准草案、党章草案修改稿、1969年国民经济计划纲要（草案）、形势和政策讨论大纲（草案）、党的九大后中央机构、有关党的九大的宣传方针等。

一波三折的政治报告起草工作

在党的九大的各项具体筹备工作中，毛泽东最关心的是党的九大政治报告的起草，因为这个报告要总结出"文化大革命"各方面的经验。为此，毛泽东指定由陈伯达、张春桥、姚文元三人共同起草党的九大政治报告，于2月20日交稿。据林彪的秘书回忆：1969年2月的一天下午，林彪对他说："主席让我作政治报告，并说，这次报告不用事先写成稿子，叫我口头讲，然后整理一下；如果需要对外发表，就用记录稿。我提出，在党代表大会上正式作报告，最好请中央文革给写个稿子。……主席同意了，最后决定由陈伯达、张春桥、姚文元三个人组成一个小组，起草政治报告。"[②]

然而，陈伯达不愿意和张春桥、姚文元合作，决定自己动手写。陈伯达的秘书王文耀、王保春回忆说：张春桥、姚文元来了几次电话陈伯达都不接，陈伯达还说，"中央决定主要是要我来写，他们就是想要塞进他们那些东西，这次

① 《毛泽东在中共九大上的讲话记录》，1969年4月1日，引自《毛泽东传1949—1976》（下），中央文献出版社2003年版，第1547页。

② 张云生：《毛家湾纪实——林彪秘书回忆录》，春秋出版社1988年版，第209—210页。

我就是不让他们参加。”[①]

由于毛泽东在 1967 年 8 月 16 日的谈话中曾说过：“我们这次运动打算搞三年，第一年发动，第二年基本上取得胜利，第三年扫尾。”[②]因此，陈伯达想当然地认为“文革”即将过去，不会再搞运动了，应该开始国家的经济建设，于是他决定从“抓生产、促经济”的角度入手，并得到了林彪的支持。后来的党的十大政治报告曾这样指出：“九大以前，林彪伙同陈伯达起草了一个政治报告。他们反对无产阶级专政下的继续革命，认为九大以后的主要任务是发展生产。这是刘少奇、陈伯达塞进八大决议中的国内主要矛盾不是无产阶级同资产阶级的矛盾，而是‘先进的社会主义制度同落后的社会生产力之间的矛盾’这一修正主义谬论在新形势下的翻版。”[③]吴法宪也在回忆中证实：“陈伯达写时天天跑到林家，商量怎么写，林讲了个大概。从这以后，陈开始靠林了。”[④]

陈伯达在撰写过程中下了不少工夫，但这也影响到党的九大政治报告的写作进度。从 2 月 19 日起，毛泽东就催促陈伯达限期交稿，并要陈伯达、张春桥、姚文元三人找林彪谈一谈。但是直到 3 月 7 日，陈伯达负责撰写的党的九大报告草稿也没有能够按时交出，毛泽东对此十分不满，“索性把（起草）小组取消，归中央文革碰头会议，大家来议，请总理负责。”[⑤]

由于在起草党的九大报告过程中，陈伯达与张春桥、姚文元之间的分歧公开化，毛泽东决定另由康生、张春桥、姚文元起草，并将党的九大延期至 4 月 1 日召开。在与张春桥、姚文元等人的谈话中，毛泽东点出了党的九大报告的主题：“总之，要提出矛盾来，无产阶级、资产阶级斗争，为什么要搞文化大革命。阻碍群众运动，就是有这个东西，相当严重。”[⑥]

张春桥、姚文元的初稿写成后，毛泽东认为大致可用，并提出了很多具体的意见：“一、四、五部分问题较少，略作修改就可以了。二、三部分问题较

① 王文耀、王保春：《关于陈伯达起草九大报告的前前后后》,《中共党史研究》2003 年第 2 期，第 89 页。

② 《毛泽东传（1949—1976）》（下），中央文献出版社 2003 年版，第 1499 页。

③ 《中国共产党第十次全国代表大会文件汇编》，人民出版社 1973 年版，第 5 页。

④ 《毛泽东传（1949—1976）》（下），中央文献出版社 2003 年版，第 1546 页。

⑤ 《周恩来年谱（1949—1976）》下卷，中央文献出版社 2007 年版，第 283—284 页。

⑥ 《毛泽东传（1949—1976）》（下），中央文献出版社 2003 年版，第 1545—1546 页。

多，需要大修或重写，缺点是论点过多，近于集纳，可以考虑两部分集合起来，把重复的删掉，不要去描述许多阶段，中央文革成员的名字一个也不要提。”①

在党的九大开幕的前一天，也就是3月31日，毛泽东在修改党的九大报告时加了这样的一句话：“对于犯走资派错误的好人，在他们提高了觉悟，并得到群众的谅解以后，应当及时解放他们，分配适当的工作，并鼓励他们到工农群众中去，改造世界观。”②这段话表明，当时紧张的政治空气似乎有所缓和。

林彪作为接班人被写入党章

1969年4月1日，中国共产党第九次全国代表大会在北京人民大会堂开幕，出席大会的有来自全国各地的1512名代表。毛泽东、林彪分别当选为大会主席团主席和副主席，周恩来当选为大会秘书长。

毛泽东在开幕的讲话中说：九大“可以开成一个团结的大会，胜利的大会，大会以后，可以在全国取得更大的胜利”③。毕竟“文革”已经进行了将近三年之久，毛泽东希望今后在党的九大制定的新的路线基础上，形成一个新的政治格局，取得更大的胜利。

从4月2日开始，大会开始分组讨论林彪的政治报告和党章修改草案。时任中央办公厅副主任的张耀祠回忆说：在党的九大开幕前讨论党章时，江青坚持要把林彪作为毛主席接班人这一条写入党章。“在1969年4月中央讨论修改党章的会议上，江青说：‘林彪的名字还是要写上，我们写上了，可以使别人没有觊觎之心，全国人民放心。’”④

把林彪作为毛主席接班人写入党章并不是江青的发明，早在1967年11月，中央在《关于征询对召开“九大”的意见》通报稿第二面第三段中就已经指出：“许多同志建议，‘九大’要大力宣传林副主席是毛主席的亲密战友和好学生，是毛主席的接班人，并写入‘九大’的报告和决议中，进一步提高林副主

① 《建国以来毛泽东文稿》第十三册，中央文献出版社1998年版，第11页。

② 《建国以来毛泽东文稿》第十三册，中央文献出版社1998年版，第14页。

③ 《毛泽东在中共九大上的讲话记录》，1969年4月1日，引自《毛泽东传（1949—1976）》（下），中央文献出版社2003年版，第1547页。

④ 张耀祠：《张耀祠回忆录——在毛主席身边的日子》，中共党史出版社2008年版，第202页。

席的崇高威望。”[1]

对于林彪的名字是否写进党章的问题，毛泽东做了最后的拍板：既然大多数同志都同意，那就把林彪写进去吧。如果说党的八届十一中全会后，林彪作为毛泽东的接班人的地位只是一种可能的话，那么，党的九大的召开和党章的修改，就表明林彪从此成为毛泽东正式的、合法的、无可争议的接班人了。

时任中央警卫团团长的张耀祠回忆说：“一九六八年十月十七日中共八届十二中全会讨论党章时，江青提出，‘林彪同志很有无产阶级革命家的风度。’‘他那样谦虚，就应该写在党章上。’‘作为接班人写进党章。’她进一步强调说：‘一定要写！’一九六八年十月二十七日讨论党章时，江青又‘坚持要把林彪作为毛主席接班人这一条写入党章’。一九六九年四月中央讨论修改党章的会议上，江青说：‘林彪的名字还是要写上，我们写上了，可以使别人没有觊觎之心，全国人民放心。’张春桥第一个赞成。”“关于林彪的名字是否写进党章的问题，主席考虑了一个晚上，最后对‘写作班子’说：‘既然大多数同志都同意，那就把林彪写进去吧。’”[2]

将“林彪同志是毛泽东同志的亲密战友和接班人”写入了党章，严重地违反了宪法原则、民主集中制原则和集体领导原则。这种做法在国际共产主义运动史上是史无前例的，不仅使林彪的地位固定化、合法化了，而且为他的篡党夺权创造了条件，提供了保障。

4 月 28 日，党的九届一中全会选举产生了新的中央领导机构：

中央委员会主席：毛泽东。中央委员会副主席：林彪。

中央政治局常委：毛泽东、林彪、周恩来、康生、陈伯达。

中央政治局委员：毛泽东、林彪（以下按姓氏笔画为序）、叶群、叶剑英、刘伯承、江青、朱德、许世友、陈伯达、陈锡联、李先念、李作鹏、吴法宪、张春桥、邱会作、周恩来、姚文元、康生、黄永胜、董必武、谢富治。

中央政治局候补委员：纪登奎、李雪峰、李德生、汪东兴。

---

① 《建国以来毛泽东文稿》第十二册，中央文献出版社 1998 年版，第 448 页。

② 《张耀祠回忆毛泽东》，中共中央党校出版社 1996 年版，第 113—115 页。

在选出的党的九届中央政治局成员25人中，林彪、江青两个集团的主要成员几乎全部包括在内；而党的八届中央政治局成员30人（不包括已去世的3人）中，只有12人继续当选。值得注意的是："在对政治局成员所投的二百七十七票中，毛泽东、林彪、周恩来、康生获全票，陈伯达二百七十五票，黄永胜二百七十四票，江青二百七十票。吴法宪、叶群的得票比张春桥、姚文元高。"①

在党的九大党章中，原来由康生主持起草的修改草案中规定，"设立在无产阶级文化大革命中产生的中央文革这样的机构"。毛泽东在审阅时把这句话改为"设立若干必要的精干的机构"，并确定在党的九大后取消"中央文革小组"。这无疑削弱了江青等人的势力，以至于江青发牢骚说："自九大以后，我基本上是闲人。"②由此可以看出，林彪和江青这两个集团之间的矛盾和争夺已渐趋明显了。

党的九大的召开，标志着"文化大革命"的错误理论和实践通过全国代表大会的权威得到了合法化地位，也标志着"文化大革命"第一阶段的结束。此后，毛泽东认为大局已定，转而打算进行"斗、批、改"和落实政策，结束"文化大革命"。但实际上已欲罢不能，一场新的斗争正在酝酿。

党的九大党章的特点

党的九大修改并通过的党章，共6章12条，将总纲作为第一章；第二章：党员；第三章：党的组织原则；第四章：党的中央组织；第五章：党的地方和军队中的组织；第六章：党的基层组织。由于历史条件的限制，党的九大党章的具体内容存在着严重错误、明显缺陷和极左色彩。

（一）对党的性质的表述不科学。

党的九大党章规定："中国共产党是无产阶级的政党"，"中国共产党是由无产阶级先进分子所组成，领导无产阶级和革命群众对于阶级敌人进行战斗的朝气蓬勃的先锋队组织。"这样的表述无疑是错误的。本来，党的八大党章

① 《毛泽东传（1949—1976）》（下），中央文献出版社2003年版，第1553页。
② 《毛泽东传（1949—1976）》（下），中央文献出版社2003年版，第1557页。

根据我国国内社会阶级关系的新变化和新特点，已经正确地用“工人阶级”的提法取代了“无产阶级”的提法，对国内的主要矛盾作了正确的表述，但党的九大党章重新使用无产阶级的提法，这在认识上是一个倒退，更是一个历史的倒退。后来的实践证明，用这一建党思想指导党的建设，使党的建设遭到了严重的破坏。

(二)重新将毛泽东思想写进了党的指导思想之中，但在具体阐述上不够正确、不够科学。

党的九大党章规定：“中国共产党以马克思主义、列宁主义、毛泽东思想作为指导思想的理论基础。毛泽东思想是在帝国主义走向全面崩溃、社会主义走向全世界胜利时代的马克思列宁主义。”这不仅肯定了毛泽东及其思想的崇高历史地位，同时恢复了党的七大党章将毛泽东思想作为全党指导思想的规定。但是，党的九大党章在对毛泽东思想的具体阐述上存在着许多不正确、不科学之处。表面上，党的九大党章试图在推崇和高举毛泽东思想的旗帜，实际上却抽掉了毛泽东思想的真谛——马克思列宁主义的普遍真理同中国革命具体实践相结合，实事求是。

(三)突出强调以阶级斗争为纲。

“无产阶级专政下继续革命”的理论写入了党的九大党章，对“文化大革命”进行了错误的定性。党的九大党章的总纲规定：“社会主义社会是一个相当长的历史阶段。在这个历史阶段中，始终存在着阶级、阶级矛盾和阶级斗争，存在着社会主义同资本主义两条道路的斗争，存在着资本主义复辟的危险性，存在着帝国主义和现代修正主义进行颠覆和侵略的威胁。”

这是毛泽东当时基于对国内外阶级形势以及我们党和国家政治状况完全错误的估计得出的错误论断，也是他晚年在关于社会主义社会阶级斗争问题上的“左”倾错误论点的总概括。此外，党的九大党章还提出了“打倒以苏修叛徒集团为中心的现代修正主义”的反修防修任务。从主导思想上看，提出这一任务是有一定的道理，问题在于用什么方法去反修防修。如果用党的九大党章规定的“文化大革命”的方式，很容易导致阶级斗争扩大化。

(四)在党员方面，改动很大，错误很多。

党的九大党章在入党条件上，突出强调了阶级成分；在党员条件上，取消了党员权利和入党预备期，把党的八大党章规定的党员十条义务改变为“活学活用马克思主义、列宁主义、毛泽东思想”等五项接班人的条件；在组织原则上，取消了党的八大党章中关于发扬党内民主，加强党的集体领导，发挥下级组织的积极性、创造性等条文，并取消了党的五大以来设立的党的监察委员会；党的九大党章规定，“证据确凿的叛徒、特务、死不改悔的走资本主义道路的当权派、蜕化变质分子、阶级异己分子应清除出党，并不准重新入党。”[①]这实际上为林彪、“四人帮”篡党夺权提供了组织制度上的依据。

党的九大党章是“文化大革命”这个特殊历史条件下的产物。当时“左”的浪潮席卷全国，个人崇拜达到狂热的程度。因而，党的九大的召开和党章的修改是在极不正常的情况下进行的，也对中国共产党的建设产生了较大的消极影响。

二、“左”倾错误继续发展的党的十大党章

从党的九届二中全会到九一三事件

错误理论贯彻得愈深入，它的谬误暴露得愈充分，也愈将走向自己的反面。“文化大革命”进入到20世纪70年代以来，在痛苦、彷徨的思考中，人们对“文化大革命”的狂热已经所剩无几，怀疑、不满的情绪开始迅速增长。

与此同时，林彪和江青两个集团之间的关系也发生了微妙的变化。这两个集团都是在人为制造阶级斗争的环境中，在党的民主集中制受到破坏的条件下，为争夺权力而发展起来的。在“文化大革命”的前期，他们需要相互勾结和支持。但是在党的九大以后，林彪和江青这两个集团相互勾结的需要已大大减少，他们之间围绕着权力争夺所产生的矛盾急剧上升。党的九大以前，由于与江青等人积怨渐深，陈伯达转而投靠林彪等人。随着党的九届二中全会的临近，两个集团之间的斗争愈来愈尖锐了。有两件事被毛泽东认为集中暴露了林彪的政治野心，一个是发布所谓“林副主席一号命令”，另一个就是关于设国家主席问题。

---

① 《中国共产党第九次全国代表大会文件汇编》，人民出版社1969年版，第83页。

1969 年 10 月 10 日，在苏州的林彪向在北京的军委办事组组长、总参谋长黄永胜，发出一个“关于加强备战、防止敌人突然袭击的紧急指示”，这个指示由军委办事组以“林副统帅指示(一号命令)”名义正式下达。当晚，这个命令用电话传达到各作战部队，全军立刻进入紧急临战状态。命令下达的第二天，林彪才用“电话记录”的方式报告毛泽东。这是一个十分危险的信号，不能不引起毛泽东的警觉。

如果说“一号命令”是林彪为夺取更大权力而作出的带有某种试探性的行动，那么，在设国家主席问题上，林彪则公然向毛泽东挑战，由此引发了一场政治风暴。1970 年 3 月 8 日，毛泽东提出召开四届人大和修改宪法的意见，同时提出不设国家主席。虽然毛泽东多次明确提出不设国家主席，他不担任国家主席，但林彪仍提出要设立国家主席，并在自己的亲信中散布设国家主席的主张。

1970 年 8 月 23 日至 9 月 6 日，党的九届二中全会在江西庐山举行。毛泽东察觉到林彪等人为争夺个人权力而进行的宗派活动，于 8 月 25 日主持召开政治局常委扩大会议。8 月 31 日，毛泽东写了《我的一点意见》，严厉批评陈伯达，并采取了一系列措施，削弱林彪集团的权力。出于稳妥起见，当时尚还有不少问题没有弄清楚，因此毛泽东把批评主要集中在陈伯达一个人身上，甚至还对林彪在一定程度上采取了保护的态度。

党的九届二中全会结束以后，全党开展了“批陈整风”(对外称“批修整风”)运动。如何帮助广大干部，特别是党政军高级干部提高认识，帮助犯错误的人认识并改正错误，真正达到“惩前毖后，治病救人”的目的，克服分裂党的危险，仍然是一个严重的问题。毛泽东后来对此进行了详细解释：“重大原则问题，我是不让步的。庐山会议以后，我采取了三项办法，一个是甩石头，一个是掺沙子，一个是挖墙角。批了陈伯达搞的那个骗了不少人的材料，批了三十八军的报告和济南军区反骄破满的报告，还有军委开了那么长的座谈会，根本不批陈，我在一个文件上加了批语。我的办法，就是拿到这些石头，加上批语，让大家讨论，这是甩石头。土太板结了就不透气，掺一点沙子就透气了。军委办事组掺的人还不够，还要增加一些人，这是掺沙子。改组北京军区，这叫挖墙角。”[1]

在这种情况下，林彪等人只有两种选择：要么坦白交代，争取宽大处理；要么破釜沉舟，采取极端手段，负隅顽抗。最终，林彪等人选择了后者。1970年秋，林彪之子、空军司令部办公室副主任兼作战部副部长林立果组织了所谓“联合舰队”，作为其发动反革命政变的骨干力量。1971年2月，林立果又在上海召集“联合舰队”的主要成员共同策划反革命武装政变，把这个计划取名为“‘571’工程纪要”。林彪等人的一些反常活动引起了毛泽东的警惕，因而采取了机智灵活的行动，使林彪集团煞费苦心的谋划成为泡影。1971年9月13日，林彪、叶群、林立果等人乘飞机仓皇出逃，在蒙古共和国的温都尔汗地区机毁人亡。

邓小平的第二次复出

林彪的叛逃不仅使毛泽东亲自选择并写入党章的接班人落了空，还使中央领导机构出现了较大的空缺。就在毛泽东为接班人感到忧虑的时候，又一个意想不到的情况出现了：一直主持国务院工作，支撑着党、政、军工作全局的周恩来，在1972年5月被确诊患有膀胱癌。这一情况的出现，给国家机器的正常运转敲了警钟。如何找到一位既懂经济、具有治国能力又能统筹全局的人来协助周恩来，并在必要时接替他的繁重工作，成为毛泽东不得不开始考虑的一个重要问题了。

就在这个时候，邓小平适时地出现在毛泽东的视野之中。1972年8月1日，在听到中央关于林彪反党集团阴谋叛乱的罪行报告之后，邓小平提笔给毛泽东写了一封信。他在信中对自己的“错误”进行了实事求是的检查和应有的承担，并明确提出了想继续工作的要求。没有想到的是，毛泽东在看到了这封信以后，很快作出了批示：“邓小平同志所犯错误是严重的。但应与刘少奇加以区别。(一)他在中央苏区是挨整的，即邓、毛、谢、古四个罪人之一，是所谓毛派的头子。整他的材料见《两条路线》、《六大以来》两书。出面整他的人是张闻天。(二)他没历史问题。即没有投降过敌人。(三)他协助刘伯承同志打仗是

① 《建国以来毛泽东文稿》第十三册，中央文献出版社1998年版，第246—247页。

得力的，有战功。除此之外，进城以后，也不是一件好事都没有作的，例如率领代表团到莫斯科谈判，他没有屈服于苏修。这些事我过去讲过多次，现在再说一遍。”①

从毛泽东对邓小平来信作出的批示中，可以看出，他已经在考虑重新起用邓小平了。1973 年春，周恩来抱病连续主持政治局会议，专门讨论邓小平的问题，并且顶住压力，在 3 月 9 日写给毛泽东的报告中说：“中央政治局认真讨论了毛主席的批示和邓小平同志的问题，决定：‘恢复邓小平同志的党的组织生活，恢复他的国务院副总理的职务，由国务院分配他担任适当工作。’”②

这个报告得到了毛泽东的批准，在周恩来的安排下，邓小平于 1973 年 2 月离开江西回到北京。3 月 10 日，中共中央发出了《关于恢复邓小平同志的党的组织生活和国务院副总理的职务的决定》。邓小平复出后的首次公开露面是在 4 月 12 日，周恩来在人民大会堂为欢迎柬埔寨国家元首西哈努克亲王举行的晚宴上。在 8 月召开的党的十大上，邓小平当选为中央委员，而时任中共上海市委书记的王洪文被委以中共中央副主席的重任，排名仅在毛泽东、周恩来之后。

在毛泽东的眼里，王洪文是从“文化大革命”中成长起来的，他务过农、当过兵、做过工，再加上来自贫农家庭，是真正的不折不扣的“工农兵”出身。尤其是在 1967 年首先由上海掀起的“全面夺权”运动中，王洪文扮演了急先锋的角色，此后一直表现十分活跃。在刘少奇冤死、林彪摔死之后，王洪文很自然就成为毛泽东考虑接班人选的主要培养对象。

然而，经过一段时间的观察，毛泽东发现王洪文是在“文革”中靠造反起家的打砸抢分子，担当不起接班人的重任。到 1973 年年底，毛泽东决心在更大程度上使用邓小平。为把军队置于党的绝对领导之下，毛泽东建议将八大军区的司令员进行对调，并提出让邓小平担任中央军委委员和中央政治局委员。他在 1973 年 12 月 14 日同政治局成员谈话时说：“现在，请了一个军师，

① 《建国以来毛泽东文稿》第十三册，中央文献出版社 1998 年版，第 308 页。
② 《建国以来毛泽东文稿》第十三册，中央文献出版社 1998 年版，第 347 页。

叫邓小平。发个通知，当政治局委员，军委委员。政治局是管全部的，党政军民学，东西南北中。我想政治局添一个秘书长吧，你不要这个名义，那就当个参谋长吧。”①

在毛泽东的提议下，中共中央于12月22日下发了关于邓小平担任中央政治局委员、中央军委委员，参加中央和军委领导工作的决定的通知。

党的十大的召开与党章的制定

按照党的九大通过的党章，党的十大应该在1974年举行。九一三事件发生后，林彪等人叛逃，黄永胜、吴法宪等6名中央政治局委员成为反革命集团的成员，致使党的九大形成的中央领导机构很不健全，党的九大通过的写有林彪是“毛泽东同志的亲密战友和接班人”的党章急需修改，政治局和中央委员会的成员也需要调整。在这种情况下，中共中央决定提前召开中国共产党第十次全国代表大会。

为了筹备党的十大的各项准备工作，中共中央于1973年5月召开了中央工作会议，主持会议的周恩来代表中共中央提出：“中共九大的政治路线和组织路线都是正确的，九大是胜利的大会，但受林彪的干扰，林是昙花一现的人物。今后，全党仍要继续高举九大团结、胜利的旗帜。”②

显然，这时的毛泽东在思想上存在一个难以克服的矛盾：一方面，他确实在着手解决“文化大革命”中出现的许多混乱现象，想把局势逐步引入正轨；另一方面，他又十分担心人们全面否定“文化大革命”。因此，他认为党的十大所要解决的主要问题，仍是对“文化大革命”的看法。

为准备召开党的第十次全国代表大会，有三份重要文件需要在会前拟定。

第一份文件是中央委员会的政治报告。政治局确定的报告起草小组成员有周恩来、张春桥、王洪文、姚文元、叶剑英、李先念6人，由张春桥执笔。毛泽东从一开始就对报告的起草工作给予指导，以体现他的意图。直到7月7日，在看了周恩来报送的几经修改并在中央政治局会议讨论通过的报告送审稿后，

---

① 《建国以来毛泽东文稿》第十三册，中央文献出版社1998年版，第348页。

② 《毛泽东传(1949—1976)》(下)，中央文献出版社2003年版，第1653页。

毛泽东才表示“原则同意”。

第二份文件是《中国共产党章程》修改草案。修改小组成员有康生、王洪文、江青、张春桥和姚文元等。修改稿于7月初基本完成，并经中央政治局讨论通过。修改稿中除删去总纲里关于林彪的一段话外，仍保留党的九大党章的主要内容，同时更突出了“文化大革命”的意义和作用。

第三份文件是《关于林彪反党集团反革命罪行的审查报告》。按照毛泽东的意见，审查报告简略记述了党的九大以来林彪集团进行抢班夺权、策动武装政变的经过，最后建议中央永远开除林彪集团主要成员的党籍，撤销他们党内外一切职务。

8月上中旬，中央政治局讨论了毛泽东7月底对党的十大准备工作的指示，商议成立以王洪文为主任，周恩来、康生、叶剑英等为副主任的党的十大选举准备委员会，并拟出党的十大主席团成员、十届中央委员和候补中央委员、政治局委员和政治局候补委员、政治局常委的预选名单。

按照中央工作会议的布置，各省、市、自治区党委、各大军区党委和中直机关的党组织，按照“民主协商”的原则选出党的十大代表1249名，报送中央批准。党的十大开会的方法和以前有些不同：先在各地区、各单位分别开预备会议，讨论为大会准备的三个文件，提出意见。这样做的主要目的是为了缩短大会的时间。

1973年8月24日至28日，在毛泽东亲自主持下，中国共产党第十次全国代表大会在北京举行。大会的正式议程有三项：一是周恩来代表中国共产党中央委员会作政治报告；二是王洪文代表中国共产党中央委员会作关于修改党章的报告，并向大会提交《中国共产党章程草案》；三是选举中国共产党第十届中央委员会。在会议的实际进程中还加入分组讨论中央专案组提交的《关于林彪反党集团反革命罪行的审查报告》的内容。

党的十大的政治报告肯定了无产阶级专政下继续革命的理论，规定会后要继续深入开展斗、批、改运动，并且要搞好批林整风。

8月30日，党的十届一中全会在北京召开。会议以无记名投票的方式，选举了中央领导机构。中共中央委员会主席毛泽东，副主席周恩来、王洪文、康生、叶剑英、李德生。党的十大选举的结果，一方面在有限程度内反映了近两年来批判极左思潮、落实干部政策的积极成果。一批久经考验的、在"文化大革命"开始后受到打击和排斥的老干部，如邓小平、王稼祥、谭震林、乌兰夫、李井泉、李葆华、廖承志等被选进中央委员会。另一方面，靠造反起家的王洪文被选为中央副主席，江青集团重要成员都进入中央政治局。吴德回忆说："毛主席对政治局的同志，尤其是对王洪文、张春桥、江青、姚文元当时是寄予了希望的。我记得十大后不久，毛主席在游泳池住处找我们谈话，曾经向政治局提出扶助他们。毛主席指着窗外菜地里的一些碧绿的蔬菜比喻说：就像培植它们的生长一样。"[①]

在极左思潮再次抬头的背景下，党的十大不论是在思想路线、政治路线还是在组织路线上，都继续了党的九大的"左"倾错误。

党的十大党章的特点

党的十大党章沿袭了党的九大党章的结构，共 6 章 12 条，只是在党章总纲中把有关林彪的内容全部删去，并没有对党的九大党章的内容做实质性的修改，反而增加了不少新的极左内容。它的主要特点如下：

（一）继续保持了党的九大党章的许多错误思想理论和观点，并且在一些方面还有所发展。

党的十大党章继续肯定并坚持了党的九大的政治路线和组织路线，强调无产阶级"文化大革命"是在社会主义条件下，无产阶级反对资产阶级和一切剥削阶级的政治革命，是一次深刻的整党运动。王洪文在修改党章的报告中，承认了党的十大党章与党的九大党章一脉相承的关系。他强调说，"九大通过的党章，坚持了我们党一贯的根本原则，反映了无产阶级文化大革命的新经验，在全党、全军、全国人民的政治生活中起了积极的作用。修改草案的总纲部分，保留了九大党章关于我们党的性质、指导思想、基本纲领、基本路线等规定，结构和内容作了一些调整。条文部分改的不多。总的字数略有减少。"[②]

（二）将所谓"反潮流"精神作为重要原则，写进了党章总纲。

所谓反潮流，就是反对搞修正主义、搞分裂、搞阴谋诡计的恶流。党的十

① 《吴德口述：十年风雨纪事》，当代中国出版社 2004 年版，第 224 页。
② 《中国共产党第十次全国代表大会文件汇编》，人民出版社 1973 年版，第 40—41 页。

大党章片面地提出了“全党同志要有敢于反潮流的革命精神”的要求，在当时的情况下，这是一个严重的错误。在当时的历史条件下，鼓吹反潮流，实际上是反对马克思主义的正确主张，反对党内多数人的合理意见，从而继续推行“文化大革命”的那一套“左”的错误。从党内立法的角度来看，把“反潮流”这样含义并不十分确定的词语写进党章，是不严肃的，不仅会造成理解上的歧义和执行中的混乱，还会被党内的野心家所利用。“四人帮”正是利用这样的规定，大搞反党反社会主义的恶流，疯狂地破坏党纪国法，发动武斗和“踢开党委闹革命”，给党和人民的事业造成了严重损失。

（三）要求党员必须做到“批判修正主义”。

在党员必须做到的五条及党的基层组织的主要任务中，党的十大党章把批判修正主义列为第一条，放在重要位置。依照王洪文在修改党章报告中的解释，“刘少奇、林彪这类野心家、阴谋家、两面派、死不改悔的走资派，尽管表现有所不同，本质是一样的，都是搞修正主义的头子”①。这样就把属于党内同志间的正常争论说成是路线斗争、阶级斗争，并从党内法规的层面上加以肯定，加剧了“文化大革命”以来党内关系的紧张和混乱，必然会把党引向更加危险的境地。

（四）提出“要在群众斗争中培养千百万无产阶级革命事业的接班人”；增加了恢复和加强党的领导，有利于党的建设的内容；还把党的理论联系实际、密切联系群众、批评和自我批评三大作风写入总纲，强调要在新的形势下，“学习、继承和发扬”党的优良传统和作风。新党章还明确规定了“加强党的一元化领导”，要求国家机关、人民解放军和各个革命群众组织，“都必须接受党的一元化领导”。这些规定，对恢复“文化大革命”以来被冲击和破坏的党的权威，恢复和加强党的各级组织建设，起到了一定的作用。但由于党的十大的基本指导思想仍然是“无产阶级专政下继续革命理论”，因此从整体看，党的十大党章是党的九大党章的继续，特别是在组织上继续了党的九大的错误，使一大批“四人帮”骨干分子进入了党的中央委员会，并且继续了个人接班的错误，使王洪文当上了党中央副主席，事实上成为毛泽东选定的“接班人”。

---

① 《中国共产党第十次全国代表大会文件汇编》，人民出版社1973年版，第44页。

同党的九大党章一样，党的十大党章的修改属于一种非正常的修改，是在非常时期进行的非常修改。它基本上延续了党的九大党章关于“文化大革命”的“左”倾错误规定，某些方面的错误还有所发展。这些错误具体表现在：进一步肯定“无产阶级专政下继续革命的理论”，继续坚持关于社会主义社会阶级和阶级斗争的错误理论，更加充分肯定了“文化大革命”的历史意义和作用。这给党内政治生活带来了严重后果。正如邓小平所批评的那样：“九大、十大搞的党章，实际上不大像党章，党员有些什么权利和义务，究竟怎么样才算个共产党员，不合条件怎么办，都没有规定好，需要修改。”①

三、徘徊中前进的党的十一大党章

邓小平以“三项指示为纲”进行整顿

1975年，面对批林批孔运动引起的剧烈社会动乱和国民经济严重受挫的危险局面，毛泽东决心结束“文革”，并重用邓小平。1975年1月5日，中共中央发出一号文件，任命邓小平为中央军委副主席兼中国人民解放军总参谋长。随后召开的党的十届二中全会追认邓小平为中央政治局委员，并选举他为中共中央副主席、中央政治局常委。根据中共中央的提议，1月13日至17日在北京举行的第四届全国人大第一次会议，邓小平被任命为国务院副总理。

复出后，在毛泽东的支持下，邓小平明确提出要整顿，这是扭转当时混乱局面的基本思路。为此，他举起了“三项指示为纲”的大旗。所谓“三项指示为纲”是指毛泽东从1974年8月至1975年1月，先后做出并重申了“安定团结”、“学习理论”、“把国民经济搞上去”三项指示。邓小平审时度势，融会贯通，把三项指示联系在一起。“前一个时期，毛泽东同志有三条重要指示，第一，要学习理论，反修防修；第二，要安定团结；第三，要把国民经济搞上去。这三条指示互相联系，是个整体，不能丢掉任何一条。就是我们这一时期工作的纲。”②

“三项指示为纲”，是邓小平的一个创造。只有贯彻执行毛泽东的三项指

① 《邓小平文选》第二卷，人民出版社1994年版，第269页。
② 《邓小平文选》第二卷，人民出版社1994年版，第12页。

示，才能把全党、全军、全国人民凝聚在一起，治理混乱局面；另一方面，整顿贯彻毛泽东的“三项指示为纲”，就是在同“四人帮”的斗争中占据了主动。

为了抵制“四人帮”插手军队的图谋，肃清林彪反革命集团和江青对军队工作的恶劣影响，邓小平首先提出整顿军队，这是他推动整顿、逐步扭转全国局势的开端。1975 年 1 月 19 日，他在各大军区负责人座谈会上提出：军委准备两个工作，第一是召开军委扩大会议，其中一个题目就是军队要整顿。1 月 25 日邓小平在总参谋部机关团以上干部会上发表讲话，提出军队整顿的两个问题，一个是要提高党性，消除派性；另一个是要加强纪律性。这是邓小平实际上主持国务院和军队工作后，首次发表的重要讲话。

提出整顿军队以及对此作出的部署，只是为全面整顿工作开了个头。真正扭转经济全局和打开全国局面的，还是从铁路整顿入手，打通铁路“大动脉”，这才是他进行全国整顿的突破口。3 月 5 日，经毛泽东批准，中共中央发出《关于加强铁路工作的决定》(即 1975 年中央 9 号文件)。邓小平认为要搞好经济，就要有安定团结的环境，就要反对“派性”，全面整顿的铁锤首先就敲在了支持“文化大革命”的造反派身上。铁路整顿抓住了经济命脉，为国民经济的好转创造了条件，不但解决了一个制约国民经济发展的大障碍，而且在全国人民心中树立了全面整顿的一个鲜明而又富有成效的形象。这一场铁路战线上的斗争，是邓小平主持国务院日常工作以后，为纠正“文化大革命”错误的首次尝试。

在铁路整顿取得成效和经验的基础上，邓小平乘胜前进，对工交、军队、科技、农业、教育、文艺、理论宣传以及党的组织展开了全方位的整顿。他下决心要把“文化大革命”以来的混乱局面彻底治理和扭转过来。

随着整顿的初步展开，在邓小平等人的推动下，中央在解除干部审查、重新分配工作方面采取了有力措施。许多长期被关押的高级干部被释放出来，其中一些人陆续分配了工作，这是在“文化大革命”中落实干部政策的一次重大行动。与此同时，科技、文化教育等方面也都大力进行了整顿，取得了明显的成绩。

通过全面整顿，1975 年成为“文化大革命”十年内乱中经济发展状况最好的一年。1975 年年底，就在整顿取得显著成效，即将更加全面和深入地展开之际，一场批判邓小平的“反击右倾翻案风”运动发动起来。虽然邓小平领导的整顿最终被人为地中断，但是整顿反映了人民的要求和愿望，唤起了全国人民的空前觉醒，有力地加速了“文化大革命”走向终结的进程，也为后来突破“贫穷社会主义”的观念，把工作重心转移到社会主义现代化建设上来奠定了思想基础。江泽民曾对邓小平领导的全面整顿作了这样的评价：“反映了广大干部和群众的愿望，代表了党的正确领导，在短时间内就取得显著成效。由于整顿的深入势必系统地纠正‘文化大革命’的错误，邓小平同志又被指责为搞‘右倾翻案风’，再度被错误地撤销一切职务，这是他政治生涯中的第三次严重挫折。但是，整顿的业绩和他在整顿中表现出来的风骨，赢得了党心、军心、民心，为粉碎‘四人帮’准备了广泛的群众基础。”[①]

华国锋在粉碎“四人帮”斗争中的决定性作用

1976年，对于中国人民而言是一个灾年。

1月8日，深受人民敬爱的周恩来总理逝世。周恩来逝世以后，由谁来接替他的总理职务，受到国内外舆论的密切关注。种种迹象表明，华国锋已经越来越受到信任。从50年代初期开始，华国锋就与毛泽东有过多次接触，他的“厚重少文”，“办事不蠢”，尤其是忠于领袖的纯朴感情，认真细致的工作作风和憨厚自谦的仪表，给人留下了良好的印象。通过在各方面的综合对比，毛泽东心中的天平显然越来越向华国锋倾斜，于是也就有了1976年2月2日的中共中央通知：“一、经毛主席提议，中央政治局一致通过，由华国锋任国务院代总理；二、经毛主席提议，中央政治局一致通过，在叶剑英同志生病期间，由陈锡联负责主持中央军委的工作。”[②]

刚到中央主持工作，华国锋就碰到了比较棘手的“批邓”问题。经毛泽东批准，从2月下旬起，中共中央分批在北京召开各省、市、自治区和各大军区负责人“打招呼”会议，传达“反击右倾翻案风”的指导性文件——《毛主席重要指示》[③]，部署各地各部门的工作。华国锋对“批邓”的态度是明确、积极

① 《江泽民文选》第一卷，人民出版社2006年版，第630—631页。

② 《毛泽东传(1949—1976)》(下)，中央文献出版社2003年版，第1768页。

③ 这个文件的内容，实际上是毛泽东在1975年10月至1976年1月间听取毛远新汇报时的几次谈话。

的，但他“批邓”的调子同“四人帮”企图把邓小平彻底打倒的意图有所不同，他认为：“整个运动要根据毛主席的指示，在党委一元化领导下进行。不搞串连，不搞战斗队。要抓革命、促生产、促工作、促战备。通过‘反击右倾翻案风’的斗争，进一步促进安定团结，发展巩固‘文化大革命’和批林批孔运动的伟大成果。”①

然而，在江青等人煽动和指使下，各地造反派不顾中央规定的政策界限和方式方法，在许多地区和单位层层揪“走资派”和“代理人”。他们对邓小平领导全面整顿的否定，使国民经济再度滑坡，一场群众自发形成的强大抗议浪潮正在全国范围内逐渐形成。4月5日，在“还我花圈，还我战友”的口号下，广大群众在天安门广场的抗议行动，被错误地宣布为“反革命事件”，遭到残酷镇压。

4月7日，中央政治局会议一致通过了根据毛泽东指示作出的两项决议：“一、任命华国锋为党中央第一副主席、国务院总理；二、撤销邓小平党内外一切职务，保留党籍，以观后效。”②从第一项决议可以看出，毛泽东向国内外明确表示，自己选择了华国锋作为接班人，并希望他能够顺利地接班。而第二项决议则表明，在对待邓小平的问题上，毛泽东始终还是留有余地的，至少保留着他的党籍。

7月6日，共和国在1976年又一次降下了半旗，伟大的无产阶级革命家、深受全国人民爱戴的党、国家和军队的卓越领导人朱德委员长在北京与世长辞。

蒙受着“文革”十年内乱的中国，在1976年7月28日凌晨又遭遇了新的灾难。河北省唐山、丰南一带发生了里氏7.8级强烈地震，共造成24.8万人死亡，16.4万人重伤，损失之惨重为史上罕见，但这并没有使正在深入开展的“批邓反击右倾翻案风”运动中断。

就在举国上下关注抗震救灾的时候，9月9日，中共中央、全国人大常委会、国务院、中央军委发布了《告全党全军全国各族人民书》，极其悲痛地宣布中国共产党中央委员会主席、中国共产党中央军事委员会主席、中国人民政治

① 《毛泽东传（1949—1976）》（下），中央文献出版社2003年版，第1774页。
② 《毛泽东传（1949—1976）》（下），中央文献出版社2003年版，第1777页。

协商会议全国委员会名誉主席毛泽东同志，在患病后经过多方精心治疗，终因病情恶化，医治无效，于1976年9月9日零时10分在北京逝世。

毛泽东逝世的消息犹如晴天霹雳，使全党、全军、全国各族人民感到无比悲痛。然而，毛泽东刚逝世，"四人帮"就妄图掌控中共中央对各省、市、自治区党委的领导权，企图架空华国锋，直接控制全国各地，进而夺取中央最高权力。

对于"四人帮"的阴谋活动，华国锋、叶剑英、李先念等领导同志洞若观火，在决定党和国家命运的关键时刻，他们起到了中流砥柱的作用。在解决"四人帮"的问题上，大家有两点认识是一致的：第一，"四人帮"问题已经不是中国共产党的内部问题，不能再用通常的党内斗争方法来解决，更不适用于"团结—批评—团结"的公式，必须用解决敌我矛盾的手段。第二，为了稳妥起见，在解决"四人帮"这个问题上，必须争取到中央政治局的大多数人的同意。

在这紧要的关头，华国锋起到了决定性的作用，他与叶剑英、李先念等老同志进行了深入的交流，在一些共同关心的问题上取得了一致的意见。时任叶剑英秘书的王文理回忆："叶帅根据毛主席要解决'四人帮'的决心和周总理要叶帅讲究斗争方法，大权不能落入'四人帮'之手的临终嘱托，在国锋同志接任总理职务不久，就主动去东四史家胡同与国锋同志谈心。国锋同志谈了人事安排，军队、民兵问题，给叶帅留下较好的印象，特别是在此后与'四人帮'的斗争中，国锋同志观点明确、敢于坚持原则，叶帅心中有了底，全力支持国锋同志。"①

10月6日下午，华国锋和叶剑英等同志代表中央政治局，决定执行党和人民的意志，采取断然措施，对王洪文、张春桥、江青、姚文元等人实行隔离审查，一举粉碎了"四人帮"，挽救了中国社会主义事业，为实现党的历史转折创造了前提。多年以后，吴德在回忆这段历史时指出，之所以采取隔离审查的办法，主要是因为，"在政治局开会投票解决'四人帮'的问题，我们有把握；但在中央委员会投票解决'四人帮'的问题，我们没有把握。'十大'选举中

① 王文理：《叶帅与粉碎"四人帮"》，《时代潮》2000年第12期。

央委员时，‘四人帮’利用他们手中的权力，把许多属于他们帮派的人和造反派的头头塞进了中央委员会，如果召开中央委员会，在会上投票解决‘四人帮’的问题是要冒风险的，采取隔离审查的办法才是上策。”①

党的十一大的召开

粉碎“四人帮”以后，根据形势发展的需要，提前召开党的第十一次全国代表大会，以便确定党的工作方针，选出新的中央委员会，已经势在必行。1977 年 3 月 23 日，即中共中央工作会议结束后的第二天，中央政治局向全党发布了提前召开党的第十一次全国代表大会的文件。文件发出后，各级党组织按照文件要求，为召开党的十一大积极做准备。

在全国局势逐步稳定的基础上，1977 年 7 月 16 日至 21 日，党的十届三中全会在北京召开。会议首先通过追认华国锋为中共中央主席、中共中央军委主席的决定；通过《关于王洪文、张春桥、江青、姚文元反党集团的决议》，决定开除王、张、江、姚的党籍，撤销他们的党内外一切职务。

这次会议最重要的成果，是邓小平再次复出，恢复了“反击右倾翻案风”时被撤销的职务。从粉碎“四人帮”到第三次复出，其间经历了 9 个月。邓小平对此深有感触，他在党的十届三中全会上坦率而深情地说，“出来工作，可以有两种态度，一个是做官，一个是做点工作。我想，谁叫你当共产党人呢，既然当了，就不能够做官，不能够有私心杂念，不能够有别的选择，应该老老实实地履行党员的责任，听从党的安排。”②

8 月 11 日，党的十一大预备会议在北京召开。会议全面检查了党的十一大的准备情况。华国锋主持会议并报告了党的十一大的准备情况，说明了大会主席团及秘书处的设立、代表的组成及大会议程等事宜。会上，代表们对政治局提出的主席团人员组成名单、主席团主席、副主席、大会秘书长进行了表决，通过了 223 人的主席团名单；选举华国锋为主席团主席，选举叶剑英、邓小平、李先念、汪东兴为副主席，选举汪东兴兼大会秘书长。

8 月 12 日至 18 日，党的十一大在北京召开。来自全国各行各业、各部门

---

① 《吴德口述：十年风雨纪事》，当代中国出版社 2004 年版，第 224 页。

② 《邓小平年谱（一九七五——一九九七）》（上），中央文献出版社 2004 年版，第 162 页。

的代表共计1510名出席了大会，他们代表着全党3500多万名共产党员。华国锋宣布大会开幕并主持了这次大会。会议分为四个阶段：12日、13日，华国锋作政治报告、叶剑英作修改党章的报告；14日至17日，分组讨论两个报告；18日，通过有关决议和选举中央委员会；19日，召开党的十一届一中全会，选举党的领导机构成员。

华国锋代表党中央作政治报告，对揭批“四人帮”斗争进行了初步的总结，部署了当年的工作任务，并郑重宣告：历时十一年的我国第一次无产阶级“文化大革命”，就以粉碎“四人帮”为标志，宣告胜利结束了。这个政治报告分两部分，第一部分以“我们党的十一次路线斗争”为标题，指出“我们党同王、张、江、姚‘四人帮’反党集团的斗争，是我党历史上第十一次重大的路线斗争”。这个提法显然是对1971年毛泽东南巡时提出的党内十次路线斗争的继续。报告在第二部分“形势和任务”中指出：“第一次无产阶级文化大革命的胜利结束，使我国社会主义革命和社会主义建设进入新的发展时期。在进入这个新时期的关键时刻，党中央作出了抓纲治国的战略决策，这就是在两个阶级、两条道路的激烈斗争中，实现安定团结，巩固无产阶级专政，巩固和发展无产阶级文化大革命的胜利成果，达到天下大治。”①

令人深思的是，华国锋的政治报告自始至终紧紧围绕着“无产阶级专政下继续革命”这一理论进行，高度赞扬了“文化大革命”对于巩固无产阶级专政，防止资产阶级复辟，建设社会主义的必要性。当时全党所面临的主要课题是拨乱反正，而党的十一大显然没能完成这个任务，或者说只完成了一半。

党的十一大在充分协商和酝酿的基础上，以无记名投票方式选举产生了新的中央委员会。在随后召开的党的十一届一中全会上，华国锋当选为中央委员会主席，叶剑英、邓小平、李先念、汪东兴当选为中央委员会副主席，并由他们组成中央政治局常务委员会。

在党的十一大闭幕词中，邓小平为拨乱反正作了又一次有力推动，他号召全党：“一定要恢复和发扬毛主席为我们党树立的群众路线、实事求是、批评和自我批评、谦虚谨慎、戒骄戒躁、艰苦奋斗和民主集中制的优良传统和作风，

① 《中国共产党第十一次全国代表大会文件汇编》，人民出版社1977年版，第31页。

在全党、全军、全国努力造成一个既有集中又有民主，既有纪律又有自由，既有统一意志，又有个人心情舒畅、生动活泼，那样一种政治局面。”[①]

邓小平的讲话，抓住了实现拨乱反正任务的关键，对拨乱反正作了一次有力推动。在他的倡导下，一个有利于解放思想、纠正“左”倾错误的氛围开始在党内外逐步形成。

党的十一大党章的特点

在党的十一大第二次全体会议上，叶剑英代表中央委员会作了《关于修改党的章程的报告》。尽管由于当时历史条件所限，但这个报告仍不失为中共党章史上有关党章的一个重要文献，具有一定的历史意义。叶剑英在报告中明确提出要坚持毛泽东建党学说：“根据毛主席的建党学说，党章修改草案对十大党章关于党的性质的一段，作了修改和补充。‘总纲’明确写上：‘中国共产党是无产阶级的政党，是无产阶级的阶级组织的最高形式，是由无产阶级先进分子所组成的、领导无产阶级和革命群众对于阶级敌人进行战斗的朝气蓬勃的先锋队组织。’”[②]

党的十一大通过的《中国共产党章程》，包括总纲和 5 章 19 条，在结构上恢复了党的七大党章将总纲和各章分开阐述的做法。条文部分的 5 章是：第一章：党员；第二章：党的组织制度；第三章：党的中央组织；第四章：党的地方和军队中的组织；第五章：党的基层组织。作为一个历史性文件，党的十一大党章最突出的特点是具有明显的两重性。

一方面，党的十一大党章能够在总结党的建设的历史经验和教训的基础上，做出一些正确的规定。例如党的十一大党章提出，“在本世纪内，党要领导全国各族人民把我国建设成为农业、工业、国防和科学技术现代化的社会主义强国。”[③]这实际是恢复了过去党的八大党章的类似内容，比较党的九大党章而言是一个明显的进步。在党的指导思想的表述上基本上恢复了党的八大党章的提法，在总纲中增写了坚持民主集中制组织原则的内容，强调要充分

① 《中国共产党第十一次全国代表大会文件汇编》，人民出版社 1977 年版，第 112—113 页。
② 《中国共产党第十一次全国代表大会文件汇编》，人民出版社 1977 年版，第 89 页。
③ 《中国共产党第十一次全国代表大会文件汇编》，人民出版社 1977 年版，第 83 页。

发扬党内民主，发挥全体党员和党的各级组织的积极性和创造性。在党内同志的关系上，要实行“知无不言，言无不尽”，“言者无罪，闻者足戒”的原则。党章规定了坚持“任人唯贤”、反对“任人唯亲”的干部路线。党章还以整段篇幅阐述了党的三大作风，防止党员、特别是党的领导干部利用职权谋取特权。此外，还重新恢复了党员预备期制度。在县以上各级党的委员会，重新增设党的各级纪律检查委员会。

所有这些正确的规定，显然是对党的九大、十大党章中的错误进行拨乱反正的初步成果，也是在老一辈革命家的努力下，完整地、准确地理解和阐明毛泽东思想的结果。正如胡耀邦后来指出的：“一九七七年八月‘十一大’前后，叶剑英同志、邓小平同志、陈云同志、聂荣臻同志、徐向前同志和一大批老同志，一齐出马，宣传党和毛泽东同志的实事求是的作风。从此，就开始了我们全党在思想上、理论上巨大规模的拨乱反正，开始了实际工作上的拨乱反正。”①

另一方面，党的十一大党章中的错误也相当多，主要是坚持“文化大革命”的理论、方针，尤其是保留和沿用党的九大、十大党章中关于“无产阶级专政下继续革命”的提法，肯定“无产阶级文化大革命今后还要进行多次”；继续使用有特定含义的“五十字建党大纲”来概括党的性质和建党目标；在党的指导思想上，用了大量篇幅突出强调毛泽东个人的作用；虽然增加了党员的具体要求，却仍没有规定党员的权利；虽然重新增设党的各级纪律检查委员会，但却规定各级纪律检查委员会由同级党的委员会选举产生，并在同级党委的领导下开展纪律检查工作。这些错误不但继续在党内思想上引起混乱，而且在党章的表述中也显得前后矛盾，说法不一。

总的看来，党的十一大通过的党章反映了当时党的工作在徘徊中前进的状况。它在揭批“四人帮”和动员全党建设社会主义现代化强国方面起了积极作用，但存在严重的缺陷，这是由当时党所处的历史条件决定的。从某种意义上来说，党的十一大党章是我们党从错误和混乱中开始向正确道路的过渡和徘徊时期的一部党章。

---

①《三中全会以来重要文献选编》（上），人民出版社1982年版，第744页。

第八章
改革开放初期恢复发展的党章

一、历史转折与党的建设的拨乱反正

关于真理标准的讨论

在党的指导思想未能摆脱“左”倾错误影响的情况下，邓小平开始越来越多地思考：到底应该用什么样的态度对待毛泽东思想和毛泽东的决策与指示？他回忆说，“三中全会以前党内对‘两个凡是’就有意见。一九七七年二月我住在西山，看到有关‘两个凡是’的提法，就感到不对，认为这不是马克思主义、不是毛泽东思想。”①

形势的进一步发展，需要有一个更有效的思想武器，来彻底推倒“两个凡是”的错误方针，使人们在思想和精神上得到彻底的解放。于是，一场涉及全国且又影响深远的真理标准大讨论不可避免地发生了。1978年5月11日，《光明日报》以“本报特约评论员”的署名，在头版发表了一篇题为《实践是检验真理的唯一标准》的文章。其基本内容不过是复述了马克思主义基本原理，但其鲜明的倾向性和强烈的针对性却有着无穷的力量，一场时代大讨论便由此拉开了大幕。

值得注意的是，在《光明日报》上发表的前一天，《实践是检验真理的唯一标准》先发表在了中央党校的《理论动态》上。为什么这样做呢？这要从胡耀

---

① 《邓小平年谱(一九七五——一九九七)》(下)，中央文献出版社2004年版，第943页。

邦到中央党校说起。1977 年 3 月，在担任中央党校常务副校长之后，他率先平反党校历年来的冤假错案，处理“文革”遗留问题，在很短的时期内就扭转了混乱局面。在胡耀邦的领导下，中央党校有了一个很好的学风，学员认识的提高，为他们以后的工作实践打下了良好的基础。

杨西光就是从中央党校结业之后，担任《光明日报》总编的。他回忆说：在党校学习结束时，“胡耀邦同志找我谈话，要我到《光明日报》工作。耀邦同志说，北京四大报刊，二比二，《人民日报》、《解放军报》积极揭批‘四人帮’，《光明日报》、《红旗》杂志是执行‘两个凡是’的，现在要你去《光明日报》工作，就是要你去改变《光明日报》的面貌，把二比二变成三比一。”①

事实证明，《光明日报》面貌的改变就是从这篇文章开始的。

《实践是检验真理的唯一标准》这篇文章的发表让杨西光颇费了一番踌躇，如何才能既避免送审时被“枪毙”，又能加重文章的影响力呢？在胡耀邦的建议下，文章先在中央党校的《理论动态》上发表，第二天再由《光明日报》以“本报特约评论员”名义发表，这就避开了《光明日报》越过宣传部门的领导而直接送胡耀邦审定的嫌疑，而“特约评论员”无疑又使文章更具冲击力。

时任《人民日报》总编辑的胡绩伟回忆说：“如果作为社论，按组织原则，必须事先送给分管宣传的中央副主席汪东兴同志审查，那就肯定通不过。先放在《光明日报》上发表，然后在《人民日报》上转载，作为‘特约评论员’的文章，这是耀邦精心策划，是同杨西光和我一起商量决定的。”②

在关键时刻，邓小平等老一辈革命家公开支持真理标准的讨论，中央各部门、地方和军队的负责人相继发表讲话或文章，表明支持的态度；理论界、学术界、新闻界站在讨论前沿，踊跃参与。真理标准问题的大讨论，是党的十一届三中全会实现建国以来我党历史上具有深远意义的伟大转折的思想先导，为我们党重新确立马克思主义的思想路线、政治路线和组织路线奠定了理论基础。

---

① 胡福明：《历史的回忆——记〈实践是检验真理的唯一标准〉的写作和修改过程》，《党的文献》1998 年第 4 期。

② 胡绩伟：《劫后承重任　因对主义诚——为耀邦逝世十周年而作》，《书屋》2000 年第 4 期。

党的十一届三中全会的伟大历史转折

从粉碎“四人帮”到党的十一届三中全会之前的两年时间里，各条战线的拨乱反正已经有了相当程度的进展。尽管存在着重重阻力，但党和国家的各项工作在徘徊中前进着。此时，关系中国未来发展走向的问题大都经过比较充分的争论和酝酿，各种不同意见在争论中越辩越明，不同思路的力量对比也在发生变化，一些初步的改革措施已开始实施。在这种背景下，决定中国命运的历史性转折不可避免地到来了。

1978 年 11 月 10 日，中央工作会议在北京京西宾馆举行。由于邓小平事先提出党的工作重点转移的重大倡议，使得原先只讨论经济工作的中央工作会议增加了这项议题，并引发一系列大是大非问题的讨论。陈云率先提出系统地解决历史遗留问题的意见，引起大多数与会者的强烈反响。在与会者的强烈要求下，11 月 25 日，中央政治局作出为“天安门事件”、“薄一波等六十一人叛徒集团案”等错案平反的决定，解决了一批重大的历史遗留问题。

12 月 13 日，邓小平在闭幕会上作了题为《解放思想，实事求是，团结一致向前看》的讲话。他指出：首先是解放思想，只有思想解放了，我们才能正确地以马列主义、毛泽东思想为指导，解决过去遗留的问题，解决新出现的一系列问题。“一个党，一个国家，一个民族，如果一切从本本出发，思想僵化，迷信盛行，那它就不能前进，它的生机就停止了，就要亡党亡国。”①

在中国面临向何处去的重大历史关头，这篇讲话是开辟新时期新道路的宣言书，不仅为党的十一届三中全会确定了解放思想，实事求是，团结一致向前看的指导方针，而且充分体现了这个时期邓小平对什么是社会主义、怎样建设社会主义的深刻思考。这篇讲话实际上成为全会的主题报告。

12 月 18 日至 22 日，党的十一届三中全会在北京召开。全会认为，应当结束揭批林彪、“四人帮”的群众运动，及时地、果断地把党和国家的工作着重点转移到社会主义现代化建设上来。全会增选陈云为中央政治局委员、常委，中央委员会副主席；增选邓颖超、胡耀邦、王震为中央政治局委员；增补黄克诚等 9 人为中央委员；选举出以陈云为第一书记的中央纪律检查委员会。虽然华

---

① 《邓小平文选》第二卷，人民出版社 1994 年版，第 143 页。

国锋仍担任党中央主席，但就体现党的正确指导思想和决定现代化建设的重大方针政策来说，邓小平实际上已成为中央领导集体的核心。

党的十一届三中全会解决了一个最突出的问题，那就是关于重新确立马克思主义思想路线的问题，也就是邓小平提出来的解放思想、实事求是。这对于解决后来的一系列问题起了重大作用。因为坚持了解放思想、实事求是，才有可能实现全局性的拨乱反正，才有可能把工作重点从原来的阶级斗争的轨道转移到以经济建设为中心的轨道上来，才可能提出改革开放的重大方针。

党的十一届三中全会虽然只开了五天，但它作出的一系列重大决策，奏响了新时代的序曲。这次全会开始全面认真纠正“文化大革命”及其以前的“左”倾错误，彻底否定“两个凡是”的方针；充分肯定了必须完整、准确地掌握毛泽东思想的科学体系，高度评价了关于真理标准问题的讨论；重新确立解放思想、实事求是的指导思想，实现了思想路线的拨乱反正；停止使用“以阶级斗争为纲”的口号，作出工作重点转移的决策，实现了政治路线的拨乱反正；形成以邓小平为核心的党中央领导集体，取得了组织路线拨乱反正的最重要成果；恢复党的民主集中制的优良传统，提出使民主制度化、法律化的重要任务；审查和解决历史上遗留的一批重大问题和一些重要领导人的功过是非问题，开始了系统清理重大历史是非的拨乱反正；结束了粉碎“四人帮”两年来党的工作在徘徊中前进的局面，实现了新中国成立以来党的历史的伟大转折。

时任胡乔木秘书的朱佳木回忆说：“转折发生在1978年11月，发生在三中全会，带有一定的偶然性，因为原来工作会议的议题和三中全会要解决的问题确实不是后来全会公报所说的那些内容。但是，只要稍加分析就不难看出，这个转折或迟或早总要发生。至于是在1978年11月还是在此之前或在此之后一些时候发生，那是偶然的，但一定会在此前后发生则是必然的，不以人的意志为转移的。”①

当然，在历史转折的酝酿过程中，也存在着较量和斗争。通过斗争，中国共产党人的智慧和顽强得到了淋漓尽致的展现。正因为作出改革开放的正确选择，我国社会才能在此后的30多年间发生了翻天覆地的历史性巨变。也

① 朱佳木：《我所知道的十一届三中全会》，中央文献出版社1998年版，第4页。

正如胡锦涛在纪念党的十一届三中全会召开30周年大会上指出的："改革开放是决定当代中国命运的关键抉择，是发展中国特色社会主义、实现中华民族伟大复兴的必由之路；只有社会主义才能救中国，只有改革开放才能发展中国、发展社会主义、发展马克思主义。"[①]

党在指导思想上的拨乱反正

在深入揭批"四人帮"的过程中，党中央对全党提出了指导思想上的拨乱反正的历史任务。拨乱反正，用邓小平的话概括就是，"拨林彪、'四人帮'破坏之乱，批评毛泽东同志晚年的错误，回到毛泽东思想的正确轨道上来。"[②]

党的十一届三中全会后，由于受"左"的思想束缚，社会上甚至党内个别同志的思想理论比较混乱，对党的十一届三中全会制定的思想路线表示怀疑，有抵触情绪。极少数人利用解放思想、拨乱反正的机会，借解决"文化大革命"中知青回城问题、冤假错案平反问题和一些经济问题之机，煽动闹事。其中一些人鼓吹资产阶级自由化的言论，严重地破坏了正常的社会秩序，并引起国内外广泛关注。

国内党内出现的这些新情况，引起了邓小平的高度警惕，并敏锐地察觉到问题的严重性。1979年3月30日，邓小平代表中共中央在北京召开的理论工作务虚会上作了题为《坚持四项基本原则》的讲话。在讲话中，他将我们党一贯所强调的思想政治方面的原则，科学地概括为"四项基本原则"，这就是："第一，必须坚持社会主义道路；第二，必须坚持人民民主专政；第三，必须坚持共产党的领导；第四，必须坚持马列主义、毛泽东思想。"最后，他坚定地指出，"这是实现四个现代化的根本前提。"[③]

从此，四项基本原则同以经济建设为中心和改革开放一起，构成党的十一届三中全会路线的基本内容，也使得中国共产党所实行的改革开放，一开始就具有明确的社会主义方向。

---

① 胡锦涛：《在纪念党的十一届三中全会召开30周年大会上的讲话》，人民出版社2008年版，第37页。

② 《邓小平文选》第二卷，人民出版社1994年版，第300页。

③ 《邓小平文选》第二卷，人民出版社1994年版，第164—165页。

在邓小平的指导下，通过对错误思潮的纠正和拨乱反正工作的全面展开，《关于建国以来党的若干历史问题的决议》的起草过程也是党在指导思想上进一步拨乱反正的过程。从1980年3月决议开始起草，到1981年6月决议正式通过，全党围绕着党的指导思想问题充分发扬民主，展开广泛讨论。特别是对毛泽东和毛泽东思想的评价等关系全党团结和发展前途的重大问题，展开了深入的讨论。

1980年3月19日，邓小平在与胡耀邦、胡乔木等人的谈话中，提出了起草历史决议的三条原则：第一，确立毛泽东同志的历史地位，坚持和发展毛泽东思想。第二，对建国30年来历史上的大事，哪些是正确的，哪些是错误的，要进行实事求是地分析，包括一些负责同志的功过是非，要作出公正的评价。第三，通过这个决议对过去的事情做个基本的总结，这个总结宜粗不宜细。总结过去是为了引导大家团结一致向前看。他的这些意见，实际上成了起草整个历史决议的总的指导思想。最终，党的十一届六中全会通过的《关于建国以来党的若干历史问题的决议》对"文化大革命"及其以前的"左"倾错误，作了彻底否定的结论："历史已经判明，'文化大革命'是一场由领导者错误发动，被反革命集团利用，给党、国家和各族人民带来严重灾难的内乱。"①

历史决议的讨论和修改，并不是一件孤立的事情，它同当时的政治形势与现实问题是有紧密联系的，其中一个重大问题就是中共中央最高层的人事变动。

在起草历史决议的同时，从1980年11月10日起，中共中央政治局召开会议，讨论的一个重大问题是中共中央最高层的人事变动。这次会连续开了9次，12月5日，在中央政治局会议的最后一天，中央政治局接受了华国锋的辞职请求，并最终通过了三项决议："(一)向六中全会建议，同意华国锋同志辞去中央主席、军委主席的职务。(二)向六中全会建议，选举胡耀邦同志为中央委员会主席，邓小平同志为军委主席。(三)在六中全会前，暂由胡耀邦同志主持中央政治局和中央常委的工作，由邓小平同志主持中央军委工作，都不用正式名义。"②

虽然邓小平从未担任党的最高领导职务，但他在党内领导集体的核心地

① 《三中全会以来重要文献选编》(下)，人民出版社1982年版，第811页。
② 《三中全会以来重要文献选编》(上)，人民出版社1982年版，第599页。

位是确定无疑的，这既是由现实的需要决定的，也是有历史的由来的，更是由邓小平自身具有曲折传奇的经历、顽强不屈的性格、理论创新的勇气等特殊品格所决定的。正如邓小平后来所说的："任何一个领导集体都要有一个核心，没有核心的领导是靠不住的。第一代领导集体的核心是毛主席。第二代实际上我是核心。"①

作为党章重要补充的《关于党内政治生活的若干准则》

为了使全党和全国人民深刻记取民主集中制原则和国家的民主法制受到破坏的沉痛教训，使类似的事件永远不致重演。根据邓小平、陈云等中央常委的意见，胡耀邦、胡乔木、宋任穷等主持起草了《关于党内政治生活的若干准则》(以下简称《准则》)，向全党重申了党内政治生活的下列准则：一、坚持党的政治路线和思想路线；二、坚持集体领导，反对个人专断；三、维护党的集中统一，严格遵守党的纪律；四、坚持党性、根绝派性；五、要讲真话，言行一致；六、发扬党内民主，正确对待不同意见；七、保障党员的权利不受侵犯；八、选举要充分体现选举人的意志；九、同错误的倾向和坏人坏事作斗争；十、正确对待犯错误的同志；十一、接受党和群众的监督，不准搞特权；十二、努力学习，做到又红又专。

参加了《准则》起草工作的郭仪回忆说：

"三中全会后修改党章来不及了，所以中央提出来先搞一个政治生活的准则，指导当时的工作。有人说，12 条准则当时实际上代替了党纲的作用，是纲领性的文件。

"制定《关于党内政治生活的若干准则》这个工作主要由中央纪委研究室完成。当时研究室的徐光同志牵头组织了一个写作班子，写了几个月。

"后来基本上定稿了，写作班子都解散了，这时候陈云同志来了一个新的指示：12 条准则必须要增加一条，关于干部又红又专的条款。我跟徐光两个人，主要是徐光同志，又重新写了一条关于干部又红又专的条款。就是现在 12 条中最后一条，叫'努力学习，做又红又专的干部'。这一条就是强调我

---

① 《邓小平文选》第三卷，人民出版社 1993 年版，第 310 页。

们搞四化建设，不能造就一支宏大的又红又专的干部队伍，四化是搞不成的。当时陈云同志说，不能长期当外行，对一个共产党员来说，你不懂专业知识，你所谓的政治觉悟就是空的。在当时全党拨乱反正、纠正冤假错案的情况下，陈云同志提出抓干部队伍建设，真是高瞻远瞩。”①

作为党的重要法规以及党章的重要补充，无论是在保证党的正确的政治路线的贯彻执行上，还是在保障党内政治生活健康有序的运行上，《准则》都具有不可或缺的作用。

首先，这是适应依法治国的需要。依法治国的范围不仅包括国家生活的各个方面，也包括党的建设。《准则》是党内生活的重要法规，是对党章必不可少的具体补充。譬如，党章“禁止任何形式的个人崇拜”，《准则》则具体规定为：“对领导人的宣传要实事求是，禁止无原则的歌功颂德。不许用剥削阶级的阿谀之词称颂无产阶级的领导人，不许歪曲历史和捏造事实来宣扬领导人的功绩。禁止给领导人祝寿、送礼、发致敬函电。对活着的人不许设纪念馆，对已故的领袖们不应多设纪念馆。禁止用党的领导人的名字作街名、地名、企业和学校的名字。”②

其次，这是推动党内政治生活规范化的需要。面对新的历史条件，社会上利益主体以及社会思潮多样化的格局不可避免地对党内政治生活产生复杂的影响。为了切实保障党内政治生活健康有序地运行，就必然要求党内政治活动切实走向制度化和规范化。《准则》进一步明确党内政治生活中的基本理念、价值取向、行为规则，并切实增强可操作性，这对于在纷繁复杂的社会生活及党内生活中切实保障党的团结统一和健康发展，是十分必要的。

再次，这是健全党的民主生活的需要。党内生活的实践证明，《准则》不仅对维护党的团结统一、加强党的组织纪律、保障党的政治路线的贯彻执行，起着重要作用，而且对大力发展党内民主、切实保障党员权利，也起着至关重要的作用。《准则》以党规党法的形式规定了发展党内民主的基本途径和重点内容，指出了容易损害党内民主生活的倾向性问题及其处理原则，突出强调了保障党员权利的基本思想和主要做法。这在党的历史上是前所未有的，这也

---

① 《生死存亡的关键——重大历史事件亲历者讲述陈云》，新世界出版社 2005 年版，第 78 页。
② 《关于党内政治生活的若干准则》，人民出版社 1980 年版，第 7 页。

是对多年来党的建设经验教训深刻总结的结果。

二、改革开放新形势下的党的十二大党章

党的十二大的筹备与召开

党的十一届三中全会以来，国内外形势都有了重大的变化和发展。国家政治生活和党的生活中的一系列重要问题，思想上、理论上的一些重要问题，需要作相应的解决，以利于安定团结、生动活泼的政治局面的发展和巩固，以利于现代化建设的顺利进行。因此，召开党的十二大便提到了党的议事日程上来。

早在1980年2月，党的十一届五中全会就正式决定提前召开党的十二大，对大会的主要议程、代表名额、分配原则及产生办法等问题作了规定。1980年4月，中共中央政治局又通过了《关于十二大代表选举工作的几点意见》，对有关代表选举的若干问题，提出了具体意见。这次会议还作出《中共中央关于丧失工作能力的老同志不当“十二大”代表和中央委员候选人的决定》，“凡属年事已高、丧失工作能力和生活自理能力的老同志，不当党的‘十二大’代表和中央委员候选人。”①这是废除实际上存在的干部职务终身制和逐步更新领导班子的一个重要步骤。

在上述各项准备工作的基础上，1982年8月6日，党的十一届七中全会在北京召开。这是一次为召开党的第十二次全国代表大会做准备的会议，全会决定，“今年九月一日召开中国共产党第十二次全国代表大会。”②全会审议并通过了中央委员会向党的第十二次全国代表大会作的报告和《中国共产党章程(修改草案)》。

8月30日，党的十二大预备会议在北京举行，会议确定了大会四项议程，选出了由252人组成的中国共产党第十二次全国代表大会主席团。胡耀邦在会议上提出党的十二大的任务是：对粉碎“四人帮”六年来，特别是党的十一届三中全会以来实现的伟大历史性转折作出胜利的总结，同时将确定党在新时期的宏伟目标和任务，使我们党能够以新的面貌和坚强的战斗力，率领全

① 《三中全会以来重要文献选编》(上)，人民出版社1982年版，第582页。
② 《三中全会以来重要文献选编》(下)，人民出版社1982年版，第1304页。

国各族人民为开创社会主义现代化建设新局面而奋斗。预备会选出由胡耀邦、叶剑英、邓小平、赵紫阳、李先念、陈云、华国锋、徐向前、聂荣臻、彭真、邓颖超等31人组成的主席团常务委员会，通过了宋任穷代表党的十二大代表资格审查委员会所作的审查报告，通过了大会日程。至此，党的十二大各项筹备工作圆满完成。

在完成了指导思想上的拨乱反正和实现了历史性伟大转折之后，1982年9月1日至11日，中国共产党第十二次全国代表大会正式召开。出席大会的正式代表1545人，候补代表145人，代表全国3900多万名党员。

邓小平在开幕词中阐明了党在新时期的国内外基本方针，并讲话中首次提出了“建设有中国特色的社会主义”的重要思想：“我们的现代化建设，必须从中国的实际出发，无论是革命还是建设，都要注意学习和借鉴外国经验。但是，照抄照搬别国经验，别国模式，从来不能得到成功。这方面我们有过不少教训。把马克思主义的普遍真理同我国具体实际结合起来，走自己的道路，建设有中国特色的社会主义，这就是我们总结长期历史经验得出的基本结论。”①

“建设有中国特色的社会主义”，这面把全国各族人民凝聚在一起，进行改革开放和现代化建设的大旗，就这样高高地举起来了。

党的十二大通过了胡耀邦作的《全面开创社会主义现代化建设的新局面》的报告，总结了党的十一届三中全会以来我国各条战线取得的重大成就，提出了党在新的历史时期的总任务：团结全国各族人民，自力更生，艰苦奋斗，逐步实现工业、农业、国防和科学技术现代化，把我国建设成为高度文明、高度民主的社会主义国家。报告围绕这个总任务，根据中央关于建设有中国特色社会主义的指导思想，明确了要促进我国社会主义经济的全面高涨等五个方面的任务，并制定了全面开创社会主义现代化新局面的宏伟纲领。大会还制定了“翻两番”的奋斗目标和“两步走”的经济发展战略。

大会通过了新的《中国共产党章程》，清除了党的十一大党章中“左”的错误。大会选举产生了由210名中央委员、138名中央候补委员组成的新一届中央委员会。“有二百一十一人，即百分之六十多，是第一次选进中央委员会。

① 《邓小平文选》第三卷，人民出版社1993年版，第2—3页。

在这二百一十一人中，有一百四十多人，即三分之二以上，年龄在六十岁以下，最小的为三十八岁。”①他们当中包括39岁的甘肃省建委副主任胡锦涛。

大会选举胡耀邦、叶剑英、邓小平、赵紫阳、李先念、陈云为中央政治局常委，胡耀邦为中央委员会总书记；决定邓小平为中央军事委员会主席。此外，大会还选举产生中央纪律检查委员会委员132名，通过了《关于中央纪律检查委员会工作报告的决议》。中央纪律检查委员会全体会议选举陈云为第一书记。

党的十二大是中国共产党进入改革开放新时期所召开的第一次重要大会。它是在实现了历史性伟大转折并总结了拨乱反正的经验之后召开的，具有重大意义。对于党的十二大的历史贡献和意义，邓小平在开幕词中作出了这样的预见："这次代表大会制定的正确的纲领，一定能够全面开创社会主义现代化建设的新局面，使我们党兴旺发达，使我们的社会主义事业兴旺发达，使我们的国家和各民族兴旺发达。"②

党的十二大党章的制定

中共中央坚持党的领导，就必须改善党的领导，首先就是要修改党章，通过党章来对全党进行教育，改善党的组织状况和领导制度。1980年1月21日，邓小平在中央政治局会议上，就党章的修改问题发表谈话指出："党章修改草案提交五中全会讨论后，也要发下去，用半年左右的时间，对全体党员进行教育。将来整党势必重新登记党员，这很麻烦，工作量很大。党章对党员的义务和权利要有明确规定。要用党章规定的条件来衡量党员合格不合格，能履行党员义务的叫合格。党员要按党章办事，不能谋取私利，不能有超越党员以外的权利。现在党章有些条文规定得不明确，不足以反映当前存在的问题，因此规定必须明确。以后要求入党和党员登记都要根据党章办事。"③

根据邓小平对新时期执政党建设的要求，党中央从1980年年初就考虑并着手修改党的十一大党章和制定新党章的工作。在中央的领导下，专门成立了由邓小平、胡耀邦主持，胡乔木具体负责的党章修改小组，形成了修改草案

① 《新的中央委员会体现了新老干部的合作和交替》，《人民日报》1982年9月12日。
② 《邓小平文选》第三卷，人民出版社1993年版，第2页。
③ 《邓小平年谱（一九七五——一九九七）》（上），中央文献出版社2004年版，第595页。

第一稿，提交党的十一届五中全会讨论，又根据全会的讨论意见，作了第一次修改。4月由中央书记处发给全党讨论，同时也发给部分党外人士征求意见。1982年5月，修改小组作了第二次修改。同年6月，又发给各省、市、自治区和各大军区党委，中央党政军各部门的党组织和全体党的十二大代表征求意见。7月又作了第三次修改。

党章修改草案提交党的十一届五中全会讨论后，也要发下去，用半年左右的时间，对全体党员进行教育。

邓小平非常重视党章在党的建设中占有的重要地位和作用。对于党的十一大党章的修改，他明确指出："修改党章是要进一步明确党在四个现代化建设中的地位和作用。执政党应该是一个什么样的党，执政党的党员应该怎样才合格，党怎样才叫善于领导？"①

这些思想的提出，为党的十二大党章的制定指明了方向。

党的十二大党章的特点

围绕怎样把我们党建设成为社会主义现代化建设事业的坚强领导核心这个基本问题，党的十二大党章对党的十一大党章做了多方面的、带有根本意义的修改、充实和完善。修改党章的指导思想是："适应社会主义现代化建设新时期的特点和需要，针对党的现状，提出对党员和党的干部的更严格的要求，提高党组织的战斗力，坚持和改善党的领导，把党建设成为领导社会主义建设的坚强核心。"②

除总纲外，党的十二大党章共有10章50条，增加了党的干部、党的纪律、党的纪律检查机关、党组、党和共产主义青年团的关系等5章，其中党的干部一章，是历届党章所没有的。党的十二大党章具有以下几个显著特点：

（一）清除了党的十一大党章中"左"的错误，继承和发展了党的七大和八大党章的优点。

党的十二大党章摒弃了党的十一大党章在"以阶级斗争为纲"错误思想指

① 《邓小平文选》第二卷，人民出版社1994年版，第276页。

② 《胡乔木同志就党章修改问题答新华社记者问》，《中国共产党第十二次全国代表大会文件汇编》，人民出版社1982年版，第240页。

导下突出阶级斗争的一系列表述，对党的性质、党的指导思想和党为实现共产主义而奋斗的最终目标，对现阶段我国社会的主要矛盾和党的总任务以及国内国际方面的基本政策，党的领导作用的基本原则和党在国家生活中如何正确地发挥领导作用，都作了正确的规定。

为了实现党在现阶段的总任务，党的十二大党章规定了全党必须坚决实现的三项基本要求：即思想上政治上的高度一致；全心全意为人民服务；坚持民主集中制。这是总结我们党的建设的经验，适应新的历史时期的特点和需要，针对党的现状提出来的。首次把“坚持社会主义道路，坚持人民民主专政，坚持党的领导，坚持马克思列宁主义、毛泽东思想”四项基本原则载入总纲，并指明这是“全党团结统一的政治基础”。

关于党在国家生活中如何正确地发挥领导作用的问题上，党的十一大党章没有涉及，而党的十二大党章的总纲中却作了明确的规定，第一次作出了“党必须在宪法和法律的范围内活动。党必须保证国家的立法、司法、行政机关，经济、文化组织和人民团体积极主动地、独立负责地、协调一致地工作”的规定，这是我们党对“文化大革命”破坏社会主义法制的恶果进行冷静而深刻思考的结果，是我们党实行“依法治国”方略的开端。

（二）对党员和党的干部在思想上、政治上和组织上的要求比过去历次党章的规定都更加严格。

党的十二大党章特别强调“中国共产党党员永远是劳动人民的普通一员。除了制度和政策规定范围内的个人利益和工作职权以外，所有共产党员都不得谋求任何私利和特权”。在党员的义务方面，党的十二大党章规定了党员必须履行的八项义务：规定党员“绝对不得假公济私，损公利私”，要“自觉遵守党的纪律和国家的法律”，“坚决反对派性，反对一切派别组织和小集团活动，反对阳奉阴违的两面派行为和一切阴谋诡计”，“勇于揭露和纠正工作中的缺点、错误，支持好人好事，反对坏人坏事”等更加严格的、大多是过去党章中没有的内容。

与过去历次党章相比，党的十二大党章还专门新增了“党的干部”一章，对党的各级领导干部的政治、思想、知识和专业素质提出了比党员更高的要求。这些要求和规定，表明我们党已开始注意提高党的领导水平和执政能力，坚决反对脱离群众，利用职权谋取私利的腐败行为，并力求从源头上、从制度上遏制腐败的产生，以保持同人民群众的血肉联系。

（三）在民主集中制和党的纪律两个方面，都作了比较充分、具体的规定。

民主集中制是我们党的根本组织制度。根据历史的经验和教训，党的十二大党章比党的十一大党章更加全面、更加具体、更加深刻地规定了民主集中制的六条基本原则，其中包括“党的各级委员会实行集体领导和个人分工负责相结合的制度。凡属重大问题都要由党的委员会民主讨论，作出决定”，“党禁止任何形式的个人崇拜，要保证党的领导人的活动处于党和人民的监督之下，同时维护一切代表党和人民利益的领导人的威信”等新内容。对此，邓小平特别强调：“我多次讲，一个国家的命运寄托在一两个人的威望上是很不正常的。”①

党的十二大党章把加强党的纪律放在重要位置，对党员规定了严格的纪律，以更准确的语言重申了党员个人服从党的组织，少数服从多数，下级组织服从上级组织，全党各个组织和全体党员服从党的全国代表大会和中央委员会的原则。

（四）规定党中央不设主席，只设总书记。

新党章在中央组织制度里面有一个重要的改变，那就是党中央只设总书记，不再设主席、副主席。总书记是中央政治局常务委员会的成员之一，负责召集政治局会议，召集政治局常务委员会会议，主持中央书记处的工作。很明显，召集和主持的作用是不一样的。这样，个人过分集权和个人专断的现象就很难再发生。胡乔木在答记者问时解释说：“主席制度和总书记制度如果同时存在，在国内外实践的结果表明，往往或者是总书记有名无实，或者是主席有名无实。因此，同时实行这两种制度是没有必要的；当主席和总书记由一个人兼任时，这样做就更没有理由了。按照新党章（十一届五中全会以来的实际情况也是如此），我们党全部经常工作的领导核心是中央政治局常务委员会。除了总书记是政治局常委外，中央顾问委员会主任、中央纪律检查委员会第一书记和中央军事委员会主席，也都是政治局常委。所有这些规定，都有

① 《邓小平文选》第三卷，人民出版社1993年版，第316—317页。

利于保证党的集体领导和团结统一。”①

此外，在改善中央和地方组织的体制方面，党的十二大党章也作了许多新的规定。如：规定在中央和省、自治区、直辖市一级设立顾问委员会，作为党的委员会政治上的助手和参谋，同时规定了顾问委员的条件、产生办法和任期等，以充分发挥许多富有政治经验的老同志对党的事业的参谋作用。

党的十二大党章是建党60年来特别是建国30多年来，党的建设历史经验教训的总结，也是对马克思主义建党学说的丰富和发展。它第一次比较正确而全面地回答了我们党作为执政党，在社会主义现代化建设的新时期，进行党的建设的目标、途径和方法等基本问题，是把我们党建设成社会主义现代化建设坚强领导核心的重要保证，是我们党继党的七大党章之后党章建设史上的又一个里程碑。

中共中央顾问委员会的设立

粉碎“四人帮”之后，伴随着拨乱反正和大规模平反冤假错案工作的展开，一批曾经遭受打击迫害的老干部又重新走上各级领导岗位。然而，原来的年轻人早已进入中年，中年人也变成了老人，干部队伍严重老化和新老干部如何顺利交替便成了邓小平不能不予以关注和解决的一个大问题。

改革开放之初，以邓小平《论党和国家领导制度的改革》讲话为标志，政治体制改革曾达到一个小高潮。其中一个重要内容就是实行老干部离退休制，废除领导职务终身制。1980年8月18日，邓小平在中央政治局扩大会议上提出：“中央已经设立了纪律检查委员会，正在考虑设立一个顾问委员会（名称还可以再考虑），连同中央委员会，都由党的全国代表大会选举产生，并明确规定各自的任务和权限。”②

设置顾问是邓小平1975年全面整顿时，针对军队领导机关人员臃肿的现象提出的一个办法。虽然由于邓小平的再次被打倒而未实行，但其切合实际的思路非常有现实针对性。当新时期新老干部交替的矛盾越来越突出时，邓

① 《胡乔木同志就党章修改问题答新华社记者问》，《中国共产党第十二次全国代表大会文件汇编》，人民出版社1982年版，第248页。

② 《邓小平文选》第二卷，人民出版社1994年版，第339页。

小平再次考虑用顾问委员会的办法来解决。

原中共中央顾问委员会秘书长荣高棠回忆说：“这些老同志不容易下来呀，他们早年参加革命，为革命干了一辈子，你叫他退下来，他想不通。另外一方面，这些老同志确实有经验。小平同志后来想到设立一个顾问委员会，过渡到退休制度，这样的话就不断有新生力量。这个事情不容易，小平同志看到这个问题是必须要做，但是又不能一下子太急，要有个步骤，因此开始说顾问，后来提出来顾问委员会老同志不能干预第一线的工作，这样两方面都照顾到。”①

党的第十二次全国代表大会选举产生的中央顾问委员会，是根据邓小平的建议、经过两年多的酝酿才决定成立的。1982 年 7 月 30 日，邓小平又在中央政治局扩大会议上提出：“设立顾问委员会，是一种过渡性质的。鉴于我们党的状况，我们干部老化，但老干部是骨干，处理不能太急，太急了也行不通。”所以，需要顾问委员会来过渡。“顾问委员会，应该说是我们领导职务从终身制走向退休制的一种过渡。我们有意识地采取这个办法，使过渡比较顺利。也许经过二届代表大会以后，顾问委员会就可以取消了。如果两届的话，就要 10 年。”②

根据新党章，党的十二大选举出由 172 人组成的中央顾问委员会作为中央领导层新老交替的过渡性机构，以发挥许多从第一线退下来的富有经验的老同志对党的事业的参谋作用。1982 年 9 月 13 日，中共中央顾问委员会第一次全体会议举行，选举邓小平为中共中央顾问委员会主任。

党的十二大通过的党章规定，中央顾问委员会是中央委员会政治上的助手和参谋，其任务是：“对党的方针、政策的制定和执行提出建议，接受咨询；协助中央委员会调查处理某些重要问题；在党内外宣传党的重大方针、政策；承担中央委员会委托的其他任务。”中央顾问委员会委员的条件是：“必须具有四十年以上的党龄，对党有过较大贡献，有较丰富的领导工作经验，在党内外有较高声望。”党章还规定：“中央顾问委员会委员可以列席中央委员会全体

① 《百年小平》，新世界出版社 2004 年版，第 199 页。
② 《邓小平文选》第二卷，人民出版社 1994 年版，第 413—414 页。

会议；它的副主任可以列席中央政治局全体会议；在中央政治局认为必要的时候，中央顾问委员会的常务委员也可以列席中央政治局全体会议。”①

由于邓小平当时担任中央政治局常委、中央军委主席，很难顾及中共中央顾问委员会的日常工作，因此，他推荐由薄一波主持中共中央顾问委员会的日常工作。作为中顾委的常务副主任，薄一波一直列席着中央政治局的常委会议。

1983 年 7 月初，中央顾问委员会曾发生这样一件事情：廖承志因病于 6 月 10 日逝世，由于有关部门的疏忽，没有通知某些中共中央顾问委员会常委参加廖承志的追悼会，从而引起强烈反应。他们打电话给中共中央顾问委员会办公室责问此事，还提出中共中央顾问委员会常委在政治上究竟是什么待遇。为此，胡耀邦专门作出指示：“廖公追悼会对中顾委常委安排不当，责任全在我们。我没有注意把关，也是一次失职。中顾委常委的政治、物质待遇完全按政治局委员同等，这是中央定的，谁也无权独自变更。特别是党和国家的红白喜事，更要安排这些老同志像政治局委员一样地出面，以后谁违反，就追究谁的责任。”②

中央顾问委员会和省、自治区、直辖市顾问委员会的成立，标志着党和国家在废除领导职务终身制问题上，迈出了非常关键的一步。

中共中央关于整党的决定

党的十一届三中全会重新确立了马克思主义的思想路线、政治路线、组织路线，使我国经济社会发展进入改革开放新时期。然而，在工作重心转换过程中，我党在思想、作风、组织各方面还存在着许多问题，需要进行全面、系统的整顿。

1983 年 10 月 11 日，党的十二届二中全会通过了《中共中央关于整党的决定》，《决定》分析了整党的必要性和紧迫性，提出了整党的总目的和要求，就是要在马克思列宁主义、毛泽东思想的指导下，依靠全党同志的革命自觉性，正确运用批评和自我批评的锐利武器，执行党的纪律，揭露和解决党内

① 《十二大以来重要文献选编》(上)，人民出版社 1986 年版，第 78 页。
② 黎虹：《薄一波在中顾委的十年》，《党史文汇》2008 年第 2 期。

存在的思想、作风和组织严重不纯的问题，实现党风的根本好转，提高全党的思想水平和工作水平，更加密切党和人民群众的联系，努力把党建设成领导社会主义现代化事业的坚强核心。整党的步骤是：从中央到基层党组织，自上而下、分期分批地整顿。整党的基本方法是：在认真学习文件，提高思想认识的基础上，开展批评和自我批评，分清是非，纠正错误，纯洁组织。

全会成立了中央整党工作指导委员会，薄一波任常务副主任，主持委员会日常工作，这次整党的任务是“统一思想，整顿作风，加强纪律，纯洁组织”。

根据整党决定和中共中央整党指导委员会的部署，全面整党实际上分三期进行。第一期，在中央、国家机关各部委和各省、市、自治区一级单位以及解放军各大单位进行。第二期，在地、县以及相当这两级的企业、事业、大专院校、科研机构等单位的党组织中进行。第三期，在广大农村基层党组织中进行。1987 年春季，历时三年半的全国整党工作已基本结束。经过这次整党，初步改变了“文化大革命”遗留下来的党内思想、作风、组织不纯的状况，同时也积累了正确处理党内矛盾的经验，推动了新时期党的建设。

三、党建新形势与党的十三大党章《修正案》

党的十三大的主题

从党的十一届三中全会到党的第十三次全国代表大会召开的 9 年，是新中国成立以来国家经济实力增长最快的时期。改革的初步成效激发了广大人民群众对改革的热情，坚定了全党对于改革的信心。越来越多的人认识到，要加快现代化建设步伐，促进生产力发展，就必须摆脱旧的计划体制以及忽视商品经济等传统观念的束缚，全面推进改革开放。在这种形势下，党的十二届三中全会召开，决定适时地把改革的重点从农村转向城市，进行经济体制的全面改革，在经济、政治、思想、文化、国防、外交等各个领域都取得了显著的成就。其中以经济建设尤为突出。同 1978 年相比，1986 年国民生产总值、工农业总产值、国家财政收入和城乡居民平均收入水平都大体翻了一番。改革开放的新形势对党的建设提出了新要求。如何对这 9 年的实践进行总结，以使改革开放继续下去，并且搞得更快、更深入一些，成为党的十三大所要解决的中心议题。正如邓小平指出的："从理论上阐述改革和开放的重要性、必要性，这是十三大的主题。"①

1986年9月28日，党的十二届六中全会在北京召开。五天的预备会和一天的全会审议并通过了《中共中央关于社会主义精神文明建设指导方针的决议》、《中国共产党第十二届中央委员会第六次全体会议关于召开党的十三次全国代表大会的决议》。以此为起点，党的十三大筹备工作的大幕徐徐拉开。

中国共产党历次代表大会都有一个重要特点，那就是有重大的理论建树和创新。党的十三大的基调是改革、开放，这已经成为中国共产党内占主导性的意见。在筹备中国共产党第十三次全国代表大会的过程中，出现了对中央领导机构主要负责人进行调整的重大事件。由于胡耀邦辞去中央委员会总书记的职务，党的十三大的筹备工作就在邓小平等中央政治局常委的主导下，改由代理总书记赵紫阳具体负责。

1987年2月6日，邓小平对赵紫阳、杨尚昆、万里、薄一波等同志说："十三大报告要在理论上阐述什么是社会主义，讲清楚我们的改革是不是社会主义。要申明四个坚持的必要，反对资产阶级自由化的必要，改革开放的必要，在理论上讲得更加明白。十三大报告应该是一篇好的著作。"②

1987年9月30日，中央政治局召开会议，原则批准了经过认真修改后的第五稿。经中央政治局讨论后提出的意见作了再次修改，提交党的十二届七中全会讨论的是第六稿。经中央全会认真讨论，又修改了150多处，形成了全会一致通过并由赵紫阳向代表大会正式报告的第七稿。经代表大会认真讨论，又作了数十处修改，公开发表的是第八稿。

这个过程充分说明，党的十三大报告是充分发扬民主，充分听取各方面意见的产物，是领导和群众、党和人民集体智慧的结晶。邓小平曾不止一次反复强调："要继续贯彻执行十一届三中全会以来的路线、方针、政策，连语言都

① 《邓小平年谱（一九七五——一九九七）》（下），中央文献出版社2004年版，第1206页。
② 《邓小平文选》第三卷，人民出版社1993年版，第203页。

不变。十三大政治报告是经过党的代表大会通过的，一个字都不能动。”①

解决党政领导职务终身制的努力

为了解决实际存在的党政领导职务终身制问题，以邓小平为代表的老一辈革命家带头推进废除领导干部职务终身制。1986 年 10 月 30 日上午 10 时，邓小平、李先念来到陈云住地，三位老人进行了一次长谈。他们从党的事业兴旺发达和国家的长治久安考虑，共同商定，在党的十三大时一起退下来，不再担任任何职务。

曾任过中共中央组织部部长、时任中央顾问委员会副主任的宋任穷回忆说：“十三大召开前的 1986 年 10 月，邓小平、陈云、李先念同志就共同约定‘一齐退下来’，而且是一退到底，即退出中央委员会，不再担任任何职务。彭真、邓颖超、徐向前、聂荣臻同志也要求‘全退’。那时，对邓小平、陈云、李先念同志‘全退’的要求，尤其是对邓小平‘全退’的要求，许多人表示不能接受。后来，经过反复酝酿，才议定邓小平、陈云、李先念同志‘半退’，即退出党的中央委员会，仍担任一个职务，小平同志任中央军委主席，陈云同志任中顾委主任，李先念同志任全国政协主席，彭真、邓颖超、徐向前、聂荣臻同志‘全退’，即退出党的中央委员会，不再担任任何职务。”②

后来的结果是：彭真、徐向前、聂荣臻、邓颖超“四老”从领导岗位上完全退下来；邓小平、李先念、陈云“三老”实行半退（退出中央委员会）。

在“四老”全退、“三老”半退的带动下，又有一批老同志退出第一线的领导岗位，增选为中央顾问委员会委员，继续加快实行年轻化的步伐。邓小平在会见外国友人时说：“这一时期，我提出全退，但都不赞成，所以半退，保留军委主席。根据国家的需要，根据党的需要，我还是可以起现在的作用。这样的安排有一个最大的好处，就是一旦马克思召见，不会引起什么波动。在有生之年做好后事安排，非常有利。”③

此后，邓小平就党的十三大的人事问题多次发表重要意见，继续推进中

---

① 《邓小平文选》第三卷，人民出版社 1993 年版，第 296 页。
② 《宋任穷回忆录续集》，解放军出版社 1996 年版，第 224—225 页。
③ 《邓小平年谱（一九七五——一九九七）》（下），中央文献出版社 2004 年版，第 1211—1212 页。

央领导层的年轻化，并形成梯队结构。1987 年 2 月 6 日上午，他在同赵紫阳、杨尚昆等同志谈党的十三大的筹备和中央委员会报告的起草等问题时语重心长地指出："要组织一个好的政治局，多数是五十岁至六十岁之间的，四十岁的更好。中央委员会非常重要，因为再过几年就是他们上来了。"[①]

从以上过程我们可以看到，以邓小平为代表的老一辈革命家的战略思考，以及他们推进党和国家领导干部年轻化的决心。年轻化，可以说是筹备党的十三大人事工作的一个基调。

党的十三大的两个特点

经过认真筹备，1987 年 10 月 25 日至 11 月 1 日，中国共产党召开第十三次全国代表大会。大会正式代表 1936 名，代表全国 4600 多万名党员。党的十三大最重要的理论成果就是比较系统全面地阐述了社会主义初级阶段的理论，完整地概括了党在社会主义初级阶段的基本路线，是中国共产党人对科学社会主义理论的重大贡献。

大会指出：正确认识我国社会现在所处的历史阶段，是建设有中国特色的社会主义的首要问题，是我们制定和执行正确的路线和政策的基本依据。我国处在社会主义初级阶段包括两层含义：第一，我国社会已经是社会主义社会，我们必须坚持而不能离开社会主义；第二，我国的社会主义社会还处在初级阶段，我们必须从这个实际出发，而不能超越这个阶段。这是我国在生产力落后、商品经济不发达条件下建设社会主义必然要经历的特定阶段，从生产资料私有制的社会主义改造基本完成，到社会主义现代化的基本实现，至少需要上百年时间，都属于这个阶段。

在社会主义初级阶段中，主要矛盾是人民日益增长的物质文化需要同落后的社会生产之间的矛盾。阶级斗争在一定范围内还会存在，但不是主要矛盾。党和国家的主要任务是发展生产力，推进社会主义现代化建设。党在社会主义初级阶段的基本路线是："领导和团结全国各族人民，以经济建设为中心，坚持四项基本原则，坚持改革开放，自力更生，艰苦创业，为把我国建

① 《邓小平年谱（一九七五——一九九七）》（下），中央文献出版社 2004 年版，第 1168 页。

设成为富强、民主、文明的社会主义现代化国家而奋斗。”①

这条基本路线的主要内容，后来被简要地概括为“一个中心、两个基本点”。

根据社会主义初级阶段的国情，确定中国共产党在社会主义初级阶段的基本路线，是党的十三大的又一重要成果。在提出了党在中国社会主义初级阶段的基本路线的同时，党的十三大还提出了分“三步走”的经济发展战略，实质上确定了中国特色社会主义建设的总纲。

党的十三大的这两个特点，用邓小平的话说就是，“一个是阐述了中国社会主义初级阶段的理论，在这个理论指导下，坚定地贯彻党的十一届三中全会以来的路线、方针和政策；另一个是更新了中央领导班子，保证我们的改革开放政策能够连续贯彻下去，并且加快步伐。”②

政治体制改革提上日程

党的十三大的另一个重要决策是加快政治体制改革。党的十三大召开前，邓小平曾在会见外国友人时指出：“十三大总的路线方针政策没有什么变动，如果说有新的内容，就是把政治体制改革提到了议事日程。政治体制改革要符合中国的实际，不能照搬外国的东西。”③

十年“文革”的发生，与党和国家政治体制方面的缺陷有很大的关系，邓小平对此有着深刻的认识与体会。粉碎“四人帮”以后，党在提出和实行全党工作重点转移的过程中，政治体制上的弊端，如官僚主义问题、权力过分集中问题、家长制问题、干部领导职务终身制问题、干部素质差及知识结构不合理问题、法制不完备问题等等，就充分暴露了出来，严重地阻碍着现代化事业的发展。改革每前进一步，都遇到了来自政治体制上和思想观念上的强大阻力。

在邓小平看来，解放生产力，发展生产力，实现社会主义现代化，就必须对原有的束缚生产力发展的生产关系进行一次新的革命，就必然要求对原有的经济体制、政治体制以及管理等其他体制进行改革。正如他后来一再强调

① 《中国共产党第十三次全国代表大会文件汇编》，人民出版社 1987 年版，第 15 页。
② 《邓小平文选》第三卷，人民出版社 1993 年版，第 258 页。
③ 《邓小平年谱(一九七五——一九九七)》(下)，中央文献出版社 2004 年版，第 1193 页。

的，“我们提出改革时，就包括政治体制改革。”①

在邓小平等人的大力倡导下，在经济体制改革和对外开放大潮的有力推动下，从1980年开始，全国自上而下开始了政治体制改革的实践。

1980年8月，中共中央政治局召开扩大会议，集中讨论党和国家领导制度改革问题。邓小平在会上发表了《党和国家领导制度的改革》的讲话，第一次对我国的政治体制改革进行了全面地、深刻地论述，提出了一系列重要的思想原则和方针，成为指导我国政治体制改革的纲领性文件。

提出进行党和国家领导制度改革这一战略任务后，所要解决的直接的具体的任务有两个：一是精简机构；二是废除领导职务终身制，建立退休制度。

在作出了“把政治体制改革提上全党工作日程的时机已经成熟”的判断之后，中共中央于1986年9月成立了由五人组成的政治体制改革研讨小组。1987年9月，形成了《政治体制改革总体设想》。1987年10月，党的十三大召开，政治体制改革问题成为大会的主要议题之一。大会报告指出，政治体制改革的长远目标是建立高度民主、法制完备、富有效率、充满活力的社会主义政治体制。政治体制改革的近期目标是建立有利于提高效率，增强活力和调动各方面积极性的领导体制。报告还就实行党政分开、进一步下放权力、改革政府工作机构、改革干部人事制度、建立社会协商对话制度、完善社会主义民主政治若干制度、加强社会主义法制建设等一系列重大问题进行了阐述。这说明，政治体制改革思想已经系统化，为全党所接受并开始全面实施。

历史的经验证明，适时地进行政治体制改革并非必然导致社会的不稳定，相反，它是保持社会稳定的根本途径。不进行政治体制改革，不从体制上清除不稳定因素，社会的安定只能是暂时的、表面的，迟早会因为诸多社会矛盾的积累而出现不稳定和社会动荡。只有及时进行政治体制改革，建立起灵活有效的社会控制体系，使社会矛盾及时解决，才能实现国家的长治久安。

① 《邓小平文选》第三卷，人民出版社1993年版，第176页。

党的十三大党章《修正案》的内容与特点

党的十三大通过的《中国共产党章程部分条文修正案》，未对党的十二大党章进行全面修改，只是对部分条文作了修正。《修正案》有13处增删改动，主要内容是：改革选举制度，明确规定了差额选举办法；为加强集体领导，提出党组织讨论决定重要问题要进行表决；增加了党的全国代表会议的职权；规定中央书记处是中央政治局和它的常务委员会的办事机构；规定中央军事委员会主席、中央顾问委员会主任、中央纪律检查委员会第一书记不由中央政治局常务委员会委员中产生，而由中央委员会决定或批准；转变基层党组织的职能，规定企业和事业单位中党的基层组织不再领导本单位的工作，而对党和国家的方针政策在本单位的贯彻执行实行保证监督；取消在中央和地方国家机关、经济组织和文化组织中的党组。

《修正案》的条文具有以下几个特点：

(一) 确定了党在社会主义初级阶段的基本路线。

党的建设问题，从来都是同党的政治路线，同党肩负的历史重任联系在一起的。《修正案》最大的特点和贡献，是把改革开放以来党对社会主义初级阶段的认识写进了党章，确定了党在社会主义初级阶段的基本路线。在改革开放的新时期，党的政治路线就是党的十三大提出的党在社会主义初级阶段的基本路线。因而，党在新时期的一切工作都必须保证党的基本路线的贯彻执行，党的自身建设也必须适应党在社会主义初级阶段基本路线的要求。《修正案》正是从这一目的出发，为完成党的十三大确定的伟大而艰巨的任务，使党能更好地担负起领导建设有中国特色社会主义的伟大历史重任，研究新的历史条件下党的建设的理论和实践，进一步转变不适应新形势需要的观念和做法，加强党的制度建设和发展党内民主，在党的建设上走出一条不搞政治运动，而靠发展党内民主，靠改革和制度，靠改革党的领导方式和执政方式的新路子的体现。

(二) 实行差额选举的制度。

为了加强党内民主制度建设，党的十三大报告明确指出，要改革和完善党内选举制度，使党内选举充分体现选举人的意志。《修正案》明确规定："可以直接采用候选人数多于应选人数的差额选举办法进行正式选举。也可以先采用差额选举办法进行预选，产生候选人名单，然后进行正式选举。”[1]这是首次在党章上明确规定选举必须实行差额选举，可以更充分地保证选举人有选择的余地，更好地尊重选举人的意志。相对于过去长期实行的等额选举来说，这是对党内选举制度的进一步改革和完善的具体体现。

(三)更加重视发展党内民主。

《修正案》完善了党内讨论和决定重要问题的办法和程序，突出了党组织讨论决定问题必须执行少数服从多数的原则，增加了党内决定重要问题要进行表决的内容。这是发展党内民主，改变党内存在的独断专行的不良作风，正确贯彻执行民主集中制原则的体现。《修正案》还进一步扩大了作为党的最高领导机关的党的全国代表大会的职权，有利于改变过去长期存在的那种把党的权力集中于少数人手中，而忽视党的全国代表大会的作用的现象。这也是改善党的领导方式，发展党内民主的重要措施之一。

(四)更加重视发挥党的基层组织的作用。

《修正案》对企业和不同领导体制的事业单位中党的基层组织的职能问题作出了明确规定："企业和实行行政首长负责制的事业单位中党的基层组织，对党和国家的方针政策在本单位的贯彻执行实行保证监督。这些基层党组织应以主要精力加强党的建设，做好思想政治工作和群众工作；支持行政负责人按规定充分行使职权，并对重大问题提出意见和建议。”[2]这是党对企事业单位的领导体制和领导方式的一项改革，有利于正确处理党企关系和更好地发挥党在不同领导体制的事业单位中的领导作用。

《中国共产党章程部分条文修正案》通过以后，党的制度建设有了很大进展，为党在新的历史时期更好地担负起领导建设有中国特色社会主义的伟大历史重任奠定了基础。此后，中央纪律检查委员会、中央组织部先后制定和发布了一系列制度和规定，地方党组织根据自己的具体情况，也制定了一些规章制度，对于端正党风、严肃党纪、保持党的先进性起到了保证和促进作用。

① 《中国共产党第十三次全国代表大会文件汇编》，人民出版社1987年版，第81页。
② 《中国共产党第十三次全国代表大会文件汇编》，人民出版社1987年版，第84页。

第九章
改革开放新阶段的党章

一、政治风波后全面加强党建的新举措

“大气候”与“小气候”

1989年春夏，极少数反共反社会主义分子利用党在工作中的失误和人民群众对物价上涨，特别是对一些干部中腐败现象的不满情绪，进行煽动反对共产党的领导、反对社会主义制度的活动。1989年4月起，一些坚持资产阶级自由化的人利用胡耀邦的不幸逝世，掀起了一场震惊国内外的政治风波。他们大肆散布谣言，掀起一场有计划、有组织、有预谋的政治动乱，并在北京地区煽动一些不明真相的人占据天安门广场，冲击党政首脑要害部门。在关系党和国家生死存亡的关键时刻，党的总书记赵紫阳犯了支持动乱和分裂党的严重错误。在邓小平和其他老一辈革命家坚决有力的支持下，中央政治局依靠人民，旗帜鲜明地反对动乱，并在6月4日采取果断措施，捍卫了社会主义国家政权，维护了人民的根本利益。6月9日，邓小平在接见首都戒严部队军以上干部时指出：“这场风波迟早要来。这是国际的大气候和中国自己的小气候所决定了的，是一定要来的，是不以人们的意志为转移的，只不过是迟早的问题，大小的问题。”①

所谓的国际大气候，是西方资本主义国家对社会主义国家实施“和平演

① 《邓小平文选》第三卷，人民出版社1993年版，第302页。

变”战略。针对中国，以经济和贸易为筹码，施加政治压力；利用新闻等大众传播媒体为工具，对我国进行意识形态领域的渗透；以争夺青年一代为重点，培植新西方势力；以维护“人权”为幌子，粗暴干涉我国内政。在西方国家的干涉下，社会主义国家出现了不稳的局面，这对我国也产生了不利影响。

所谓的国内小气候，是国内资产阶级自由化的思潮愈演愈烈。在改革开放过程中，由于党内对这个问题认识不完全统一，反对资产阶级自由化的斗争缺乏一贯性和坚定性，因此，坚持资产阶级自由化的人以各种形式宣传资产阶级自由化思潮，进而演化为反对党的领导的行动。

邓小平对政治风波的起因和性质作了科学的分析，并向全党提出要“冷静地考虑一下过去，也考虑一下未来”，他说，“我们原来制定的基本路线、方针、政策，照样干下去，坚定不移地干下去。除了个别语言有的需要变动一下，基本路线和基本方针、政策都不变。这个问题已经提出来了，请大家认真考虑一下。”①

邓小平的重要讲话是对平息政治风波经验的初步总结，与此同时，他把选拔接班人放在了党的建设的高度上来考虑。1989 年 6 月 16 日，他同几位中央负责同志进行谈话时指出，我们党现在要建立起第三代的领导集体，“任何一个领导集体都要有一个核心，没有核心的领导是靠不住的。第一代领导集体的核心是毛主席。因为有毛主席作领导核心，‘文化大革命’就没有把共产党打倒。第二代实际上我是核心。”他还指出，“进入第三代的领导集体也必须有一个核心，这一点所有在座的同志都要以高度的自觉性来理解和处理。要有意识地维护一个核心，也就是大家同意的江泽民同志。”②

领袖的交替与接班人问题，是国际共产主义运动史上一道不得不解的难题。列宁、斯大林、毛泽东都没有很好地解决。要使社会主义国家的领袖交替规范化、法制化，还有一段较长的路要走。对此，邓小平从理论与实践上进行了艰辛的探索与实践。值得注意的是，他所提出“核心”的概念，在某种程度上反映了民主与集中的复杂关系。

① 《邓小平文选》第三卷，人民出版社 1993 年版，第 307 页。
② 《邓小平文选》第三卷，人民出版社 1993 年版，第 310 页。

邓小平的政治交代

1989年6月23日至24日，党的十三届四中全会召开。鉴于赵紫阳在制止动乱的关键时刻所犯的严重错误，以及他主持中央工作以来，由于消极对待坚持四项基本原则给党的事业造成的严重损失，全会决定撤销他所担任的党内一切领导职务，并对中央领导机构部分成员进行调整。全会选举江泽民为中央委员会总书记；增选江泽民、宋平、李瑞环为中央政治局常委，政治局常委会由江泽民、李鹏、乔石、姚依林、宋平、李瑞环组成。

在邓小平的大力支持下，新一代领导集体顶住压力，高举改革开放的旗帜，继续贯彻执行党的十一届三中全会以来的路线和基本政策。江泽民在党的十三届四中全会上的讲话中明确表态，“这次中央领导机构作了一些人事调整，但是，党的十一届三中全会以来的路线和基本政策没有变，必须继续贯彻执行。在这个最基本的问题上，我要十分明确地讲两句话：一句是坚定不移，毫不动摇；一句是全面执行，一以贯之。”①

由于第三代领导集体开始正常的工作，邓小平再一次提出了退休的问题。还在平息风波后不久，他就对李鹏、姚依林说：“新的领导班子一经建立了威信，我坚决退出，不干扰你们的事。希望大家能够很好地以江泽民同志为核心，很好地团结。只要这个领导集体是团结的，坚持改革开放的，即使是平平稳稳地发展几十年，中国也会发生根本的变化。关键在领导核心。我请你们把我的话带给将要在新的领导机构里面工作的每一个同志。这就算是我的政治交代。”②

1989年9月4日，邓小平向中央政治局正式提出辞去中共中央军事委员会主席职务的请求：“经过慎重考虑，我想趁自己身体还健康的时候辞去现任职务，实现夙愿。这对党、国家和军队的事业是有益的。恳切希望中央批准我的请求。我也将向全国人民代表大会提出辞去国家军委主席的请求。”③

两个月后，党的十三届五中全会批准邓小平的这一请求，同时决定，江泽民为中共中央军事委员会主席。从党的十三届四中全会到五中全会，以邓

---

① 《江泽民文选》第一卷，人民出版社2006年版，第57页。
② 《邓小平文选》第三卷，人民出版社1993年版，第301页。
③ 《邓小平文选》第三卷，人民出版社1993年版，第322—323页。

小平为核心的第二代中央领导集体和以江泽民为核心的第三代中央领导集体实现了顺利交替，保证了党的政策的稳定性、连续性和国家的稳定，使社会主义改革开放和现代化建设能够继续前进。这是党在政治上高度成熟、组织上坚强有力的明证。

1993 年 3 月，在第八届全国人民代表大会第一次会议上，江泽民当选为中华人民共和国主席、中华人民共和国中央军事委员会主席。国家主席、中央军委主席、中共中央总书记“三位一体”局面的出现，使得国家主席已经不再是原来意义的“虚位”元首，而是可以利用其国家主席、党中央总书记及中央军委主席的三重身份对其拥有的职权进行整合运用。对于我国领导体制的上述变化，江泽民后来作出了这样的总结：“党的总书记、国家主席、军委主席三位一体这样的领导体制和领导形式，对我们这样一个大党、大国来说，不仅是必要的，而且是最妥当的办法。党中央和小平同志当年决定我当党的总书记、国家主席、军委主席，也是从大局考虑的。”①

同样需要从大局考虑的，还有国家副主席一职的人选。在当时东欧剧变后的复杂形势下，由党外人士荣毅仁担任国家副主席，相当于给工商业吃了一颗“定心丸”，表明中国政府将继续坚定不移地推行改革开放和允许私人资本主义在一定范围内存在，因此这样的人事安排极具政治意义。

“这个党该抓了，不抓不行了”

以江泽民为核心的中共中央第三代领导集体受命于危难之中。中国的风波尚未完全平息，东欧和苏联就发生了急剧的演变和动荡。一场政治风波过后，每个中国人都在问：中国向何处去？邓小平在对组建党的第三代领导集体作出巨大贡献的同时，提出了第三代领导集体当务之急的问题。他说：“常委会的同志要聚精会神地抓党的建设，这个党该抓了，不抓不行了。”②

1989 年 8 月，中共中央召开全国组织部长会议，研究加强党的建设问题。江泽民在会上提出，要正确估计党组织和党员队伍的状况；要抓住有利时机，

① 《江泽民文选》第三卷，人民出版社 2006 年版，第 601 页。
② 《邓小平文选》第三卷，人民出版社 1993 年版，第 314 页。

认真抓好清查、清理工作，保证党的队伍的纯洁性；要同腐败现象、腐败分子进行斗争；政治体制改革，要有利于加强和改善党的领导，政治体制改革的目的，是为了加强和改善党的领导，决不是削弱和淡化党的领导；要充分发挥各级党组织的政治核心作用；要按照干部队伍“四化”方针和德才兼备的原则建设好各级领导班子；要把思想建设放在党的建设的重要的突出的位置上。

为了加强党的建设，1989 年 8 月 28 日，中共中央发出了《关于加强党的建设的通知》，要求全党“认真地吸取这场风波的经验教训，充分认识加强党的建设的重要性和紧迫性。从现在起，各级党委必须按照党的基本路线的要求，聚精会神地抓党的建设，下决心解决好当前党的建设中的迫切问题”[①]。

根据中央的部署，1989 年秋冬和 1990 年，各级党组织对 1989 年政治风波中的重点人物和重大事情进行了一次全面清查和清理。在清查和清理工作结束后，又按照从严治党的方针，在全党进行了一次做合格党员的教育，并在部分单位进行了党员重新登记。

为了加大反腐败的力度，1989 年 9 月 16 日，邓小平在同几位中央负责人谈话时指出：“要整好我们的党，实现我们的战略目标，不惩治腐败，特别是党内的高层的腐败现象，确实有失败的危险。新的领导要首先抓这个问题，这也是整党的一个重要内容。你这里艰苦创业，他那里贪污腐败，怎么行？”[②]

新一代党中央领导集体把加大反腐败的力度作为最近要办的事之一，特别通过查处一些大案来教育全党。1990 年 11 月 4 日，中共中央批转了中纪委《关于加强党风和廉政建设的意见》，要求充分认识党风廉政建设的重要性和紧迫性，切实加强领导，采取有力措施，把这项工作持之以恒地抓下去。

在抓住党的自身建设的同时，党中央第三代领导集体还把发挥群众团体和民主党派的作用，密切党和人民群众的联系摆在十分突出的位置。1990 年 3 月，党的十三届六中全会通过了《中共中央关于加强党同人民群众联系的决定》。这个决定总结了我们党历史上正反两个方面的经验，既有非常丰富的历

---

① 《十三大以来重要文献选编》中，人民出版社 1991 年版，第 588 页。
② 《邓小平文选》第三卷，人民出版社 1993 年版，第 313—314 页。

史内涵，又有极鲜明的现实针对性，是党的群众路线的新概括和新发展。

通过全党的共同努力，党的建设以及与人民群众的联系得到了改善和加强，从而为迎接我国改革开放新阶段的到来创造了有利条件。

南方谈话

20 世纪 80 年代末 90 年代初，党和国家的发展处于又一个紧要关头。1991 年 12 月 24 日，随着苏联的解体，东欧政治剧变尘埃落定，近半个世纪以来的全球冷战格局结束，国际共产主义运动由此进入低潮。在国内，受 1989 年政治风波和苏联、东欧剧变的影响，一些人不能正确分析国内形势，受一些旧的传统框框的束缚和限制，担心改革开放使资本主义的东西太多了，他们为一些改革措施是姓“社”还是姓“资”进行着各种争论。时任广东省委副秘书长的陈开枝回忆说：“本来十一届三中全会实行工作重点转移以来，我国十多年来一直以经济建设为中心，这也是几次党的代表大会一贯坚持的，但有的报刊却发表长文，说全党和全国人民现在有‘双重任务——阶级斗争和全面建设’，这不是将一个中心变成两个中心吗？‘一个中心、两个基本点’的基本路线已经讲了十几年，但在这时提出两个中心，主张反和平演变也是中心，真是令人眼花缭乱、莫衷一是。可以这样说，在小平同志巡视南方前的一段时间里，无论在政治方面，还是在经济方面，确实笼罩着一种沉闷、困惑、无所适从的气氛。”①

这种气氛对于解放思想、探索改革开放的新路来说，无疑是一个极大的障碍。1992 年 1 月 18 日至 2 月 21 日，已经从领导岗位上退下来的邓小平视察了南方的武昌、深圳、珠海和上海等地，在沿途发表了一系列重要谈话，阐述了关于我国改革开放的许多重大理论问题，加快了我国改革开放和社会主义现代化建设的历史进程。邓小平南方谈话的主要内容是：

（一）坚持党的“一个中心、两个基本点”的基本路线，一百年不动摇。

1 月 19 日，邓小平坐火车来到深圳特区，一下火车就乘车视察深圳。原广东省委书记谢非回忆说，原计划小平同志是要休息一下，“但在车上，我简

① 《邓小平南巡与南方谈话——访当年亲历南巡的陈开枝同志》，《百年潮》2002 年第 3 期。

单地向他汇报了一下，我说广东变化很大，有几个数字说了一下。结果到住地后他就说要出去看一看，不休息了。”①

邓小平充分肯定了深圳在改革开放和建设中取得的成绩，并指出：“要坚持党的十一届三中全会以来的路线、方针、政策，关键是坚持‘一个中心、两个基本点’。不坚持社会主义，不改革开放，不发展经济，不改善人民生活，只能是死路一条。基本路线要管一百年，动摇不得。”②他解释说，社会主义基本制度确立以后，还要从根本上改变束缚生产力发展的经济体制，建立起充满生机和活力的社会主义经济体制，促进生产力的发展，这是改革，所以改革也是解放生产力。

（二）加快改革开放的步伐，大胆地试，大胆地闯。

邓小平说，改革开放胆子要大一些，敢于试验。姓“资”还是姓“社”的问题，判断的标准，应该主要看是否有利于发展社会主义社会的生产力，是否有利于增强社会主义国家的综合国力，是否有利于提高人民的生活水平。在计划与市场的关系问题上，他指出，“计划多一点还是市场多一点，不是社会主义与资本主义的本质区别。计划经济不等于社会主义，资本主义也有计划；市场经济不等于资本主义，社会主义也有市场。计划和市场都是经济手段。社会主义的本质，是解放生产力，发展生产力，消灭剥削，消除两极分化，最终达到共同富裕。”③

在邓小平看来，社会主义要赢得与资本主义相比较的优势，就必须大胆吸收和借鉴人类社会创造的一切文明成果，吸收和借鉴当今世界各国包括资本主义发达国家的一切反映现代社会化生产规律的先进经营方式、管理方法。

（三）抓住有利时机，集中精力把经济建设搞上去。

邓小平说，发展才是硬道理，“抓住时机，发展自己，关键是发展经济。现在，周边一些国家和地区经济发展比我们快，如果我们不发展或发展得太慢，老百姓一比较就有问题了。”④他强调，我国的经济发展，总要力争隔几

---

① 《百年小平》，新世界出版社2004年版，第202页。
② 《邓小平文选》第三卷，人民出版社1993年版，第370—371页。
③ 《邓小平文选》第三卷，人民出版社1993年版，第373页。
④ 《邓小平文选》第三卷，人民出版社1993年版，第375页。

年上一个台阶。现在，我们国内条件具备，国际环境有利，再加上发挥社会主义制度能够集中力量办大事的优势，在今后的现代化建设长过程中，出现若干个发展速度比较快、效益比较好的阶段，是必要的，也是能够办到的。

(四)坚持两手抓，两手都要硬。

邓小平说，“要坚持两手抓，一手抓改革开放，一手抓打击各种犯罪活动。这两只手都要硬。”[①]他强调，在整个改革开放过程中都要反对腐败。对干部和共产党员来说，廉政建设要作为大事来抓。还是要靠法制，搞法律靠得住些。邓小平还强调，在整个改革开放过程中，必须始终注意坚持四项基本原则，反对资产阶级自由化。

(五)正确的政治路线要靠正确的组织路线来保证。

邓小平指出，“中国要出问题，还是出在共产党内部。对这个问题要清醒，要注意培养人，要按照‘革命化、年轻化、知识化、专业化’的标准，选拔德才兼备的人进班子。”[②]他强调，要找年轻人进班子。要注意下一代接班人的培养。在谈到形式主义的问题时指出，形式主义也是官僚主义，要腾出时间来多办实事，多做少说，不要提倡本本。

(六)坚定社会主义信念。

针对一些国家出现严重曲折，社会主义好像被削弱了的说法，邓小平指出，“世界上赞成马克思主义的人会多起来的，因为马克思主义是科学。它运用历史唯物主义揭示了人类社会发展的规律。封建社会代替奴隶社会，资本主义代替封建主义，社会主义经历一个长过程发展后必然代替资本主义。这是社会历史发展不可逆转的总趋势，但道路是曲折的。”[③]

在视察了深圳和珠海之后，邓小平乘火车前往上海，深有感触地说：“回过头看，我的一个大失误就是搞四个经济特区时没有加上上海。要不然，现在长江三角洲，整个长江流域，乃至全国改革开放的局面，都会不一样。”[④]

邓小平的这些谈话科学地总结了党的十一届三中全会以来的基本实践和基

① 《邓小平文选》第三卷，人民出版社1993年版，第378页。
② 《邓小平文选》第三卷，人民出版社1993年版，第380页。
③ 《邓小平文选》第三卷，人民出版社1993年版，第383页。
④ 《邓小平文选》第三卷，人民出版社1993年版，第376页。

本经验，从理论上深刻地回答了长期困扰和束缚人们思想的许多重大认识问题，是把改革开放和现代化建设推向新阶段的又一个解放思想、实事求是的宣言书。

二、总结改革开放新经验的党的十四大党章

“特邀代表”邓小平

邓小平是否出席党的十四大，是人们特别关注的一个热点问题。

在1992年10月11日下午党的十四大的第一次新闻发布会上，就有记者提问，邓小平是否出席党的十四大，邓小平对这次大会有什么影响？

大会新闻发言人刘忠德明确地答复：邓小平同志德高望重，他是这次大会的特邀代表。他今年年初的南方谈话，为这次大会的召开作了重要的思想准备和理论准备。邓小平同志对开好这次大会起着重要的作用。

有记者问，邓小平是否接受了作为大会特邀代表的邀请？刘忠德作了肯定的答复。

于是，很多人猜测邓小平有可能出席这次大会。然而，开幕式和会议期间均未见邓小平露面。10月18日，大会举行闭幕式，邓小平仍未参加。

作为党的十四大的46位特邀代表之一，邓小平没有出席大会。就一贯的思想来说，邓小平历来不主张夸大一个人的作用，认为把一个国家、一个党的稳定建立在一两个人的威望上，是靠不住的，也是难以为继的。因此，他经过党的十三大后的“半退”，又经过党的十三届四中全会到五中全会的短暂过渡，从党、国家、军队的领导岗位上完全退了下来。他总是对前来访华并希望同他会面的外国友人反复说，我们国家的领导人换了代，现在的事归新一代领导人管了。

虽然没有出席大会的开闭幕式，但邓小平始终关注着党的十四大的进程。江泽民作了《加快改革开放和现代化建设步伐　夺取有中国特色社会主义事业的更大胜利》的报告之后，台下掌声雷动。会场外面，邓小平在电视机前独自拍掌。

19日上午，当看到党的十四大胜利闭幕，选出中央新的领导班子的时候，邓小平无限欣慰。当天下午3时，他特意赶到人民大会堂宴会厅，与新当选

的中央领导班子成员一起绕场一圈，与出席党的十四大的近2000名代表见面。在经久不息的掌声中，邓小平停下来和几个人握手，然后又走到中间，看看大家，对江泽民说了一句话："这次大会开得很好，希望大家继续努力。"然后转过身去，摆一下手，飘然离去。在场的大多数人都没有意识到，这是他们最后一次听到他的声音。

公开的报道说，他是来"与出席十四大的全体代表见面"的，其实，我们也可以认为，他是在以自己的方式，对党的第三代领导集体表示支持，也向中央委员会里的这些新人说再见。也正是在邓小平的大力推动下，党的十四大决定不再设立中共中央顾问委员会和省、市、自治区顾问委员会，并从党章中删除了有关顾问委员会的条文。因为顾问委员会是干部领导职务由终身制走向退休制的一种过渡，在完成自己的历史使命后就必然结束。

党的十四大的主题

借着邓小平南方谈话的春风，人们寄希望于党的十四大在市场与计划关系的表述上能够有所定论。是突破还是守规，关系到改革的方向、目标，这个问题不解决，其他改革只能是舍本逐末。

中共中央非常重视邓小平的南方谈话，将南方谈话要点作为中共中央1992年第二号文件下发，要求尽快逐级传达到全体党员。

时任国家经济体制改革委员会主任的陈锦华回忆说，4月1日晚上11点钟，江泽民打电话给我说："现在改革开放正处在一个非常重要的时刻，下一步该怎么办，大家都在等待，也有点着急，体改委好好研究一下，向中央提出建议。"[1]

4月30日，中共中央召开政治局常委会议，提出党的十四大在计划与市场的关系上要前进一步，这是关系改革开放和现代化建设全局的一个重大问题。5月28日的政治局常委会议正式决定，在党的十四大上要对计划与市场的关系作出新的论述，并决定在中央党校召开干部会议。

6月9日，江泽民在中央党校省部级干部进修班上的讲话中指出，"加快

---

① 陈锦华：《国事忆述》，中共党史出版社2005年版，第207页。

经济体制改革的根本任务，就是要尽快建立社会主义的新经济体制。”他在讲话中对党的十一届三中全会以来对计划和市场问题及其相互关系的认识过程，作了一个回顾。党的十二大时，讲的是计划经济为主、市场调节为辅；党的十二届三中全会通过的《中共中央关于经济体制改革的决定》提出了社会主义经济是在公有制基础上的有计划的商品经济的新概念；党的十三大时，提出了社会主义有计划商品经济的体制应该是计划与市场内在统一的体制；党的十三届四中全会以来，提出了建立适应有计划商品经济发展的计划经济与市场调节相结合的经济体制和运行机制。

根据十几年的实践和认识的发展，江泽民明确提出了“社会主义市场经济”的新概念。他指出：“我想在党的十四大报告中，总得最后确定一种大多数同志都赞同的有关经济体制的比较科学的提法，以利于进一步统一全党同志的认识和行动，以利于加快我国社会主义的新经济体制的建立。我个人的看法，比较倾向于使用‘社会主义市场经济体制’这个提法。有计划的商品经济，也就是有计划的市场经济。社会主义经济从一开始就是有计划的，这在人们的脑子里和认识上一直是清楚的，不会因为提法中不出现‘有计划’三个字，就发生是不是取消了计划性的疑问。而且，前面已讲到资本主义经济也并不是无计划。所以，我觉得使用‘社会主义市场经济体制’是可以为大多数干部群众所接受的。虽然这是我个人的看法，但也与中央一些同志交换过意见，大家基本上是赞成的。”①

此时距离党的十四大召开已经不足百天。三天之后，邓小平在住地与江泽民谈话，赞成“社会主义市场经济”这个提法。他说，实际上我们是在这样做，深圳就是社会主义市场经济。不搞市场经济，没有竞争，没有比较，连科学技术都发展不起来。“在党校的讲话可以先发内部文件，反映好的话，就可以讲。这样十四大也就有了一个主题了。”②

党的十四大对建设有中国特色社会主义理论作出的新概括

邓小平视察南方发表重要谈话后不久，中共中央政治局于3月9日至10

① 《江泽民文选》第一卷，人民出版社2006年版，第202页。
② 《邓小平年谱(一九七五——一九九七)》(下)，中央文献出版社2004年版，第1347页。

日召开了全体会议，讨论了如何具体贯彻邓小平南方谈话的精神，以及如何加快我国改革开放和发展的若干重大问题。全党以邓小平南方谈话精神为指导，进一步统一思想，为开好党的十四大作了充分准备。

为了总结党的十一届三中全会以来的实践经验，确定今后一个时期的战略部署，加快改革开放步伐，把经济建设搞上去，1992 年 10 月 12 日至 18 日，中国共产党第十四次全国代表大会在北京召开。江泽民代表党的第十三届中央委员会向大会作题为《加快改革开放和现代化建设步伐　夺取有中国特色社会主义事业的更大胜利》的报告。

报告回顾改革开放 14 年来中国共产党领导人民进行的伟大实践，对于党在实践过程中形成的基本理论、基本路线和一系列战略决策作出了郑重的结论。报告把这 14 年的实践称为“开始了一场新的革命”，指出：这场新的革命的实质和目标，“是要从根本上改变束缚我国生产力发展的经济体制，建立充满生机和活力的社会主义新经济体制，同时相应地改革政治体制和其他方面的体制，以实现中国的社会主义现代化。”①

报告重申了党的“一个中心、两个基本点”的基本路线，把取得改革开放 14 年胜利的根本原因，归结为坚持把马克思主义基本原理同中国具体实际相结合，逐步形成和发展了建设有中国特色社会主义的理论。这个理论，第一次比较系统地初步回答了中国这样的经济文化比较落后的国家如何建设社会主义、如何巩固和发展社会主义的一系列基本问题，用新的思想、观点，继承和发展了马克思主义。

报告把建设有中国特色社会主义理论的主要内容归纳为九个方面：在社会主义的发展道路问题上，强调走自己的路。在社会主义的发展阶段问题上，做出我国还处在社会主义初级阶段的科学结论。在社会主义的根本任务问题上，指出社会主义的本质是解放生产力，发展生产力，消灭剥削，消除两极分化，最终达到共同富裕。在社会主义的发展动力问题上，强调改革也是一场革命，也是解放生产力。在社会主义建设的外部条件问题上，指出和平与发展是当代世界两大主题，必须坚持独立自主的和平外交政策，为我国现代

① 《江泽民文选》第一卷，人民出版社 2006 年版，第 211 页。

化建设争取有利的国际环境。在社会主义建设的政治保证问题上，强调坚持社会主义道路、坚持人民民主专政、坚持中国共产党的领导、坚持马克思列宁主义毛泽东思想。在社会主义建设的战略步骤问题上，提出基本实现现代化分三步走。在现代化建设的长过程中要抓住时机，争取出现若干个发展速度比较快、效益又比较好的阶段，每隔几年上一个台阶。必须允许和鼓励一部分地区一部分人先富起来，以带动越来越多的地区和人们逐步达到共同富裕。在社会主义的领导力量和依靠力量问题上，强调作为工人阶级先锋队的共产党是社会主义事业的领导核心，党必须依靠广大工人、农民、知识分子，必须依靠各民族人民的团结，必须依靠全体社会主义劳动者、拥护社会主义的爱国者和拥护祖国统一的爱国者的最广泛的统一战线。党领导的人民军队是社会主义祖国的保卫者和建设社会主义的重要力量。在祖国统一问题上，提出"一国两制"的创造性构想。

报告为建设有中国特色社会主义理论下了一个科学的定义："它是马克思列宁主义基本原理与当代中国实际和时代特征相结合的产物，是毛泽东思想的继承和发展，是全党全国人民集体智慧的结晶，是中国共产党和中国人民最可珍贵的精神财富。"①

后来党的文献通常这样说：以邓小平南方谈话和党的十四大为标志，开始了我国改革开放和现代化建设的新阶段。从某种意义上说，党的十四大给历史留下印记最深的，就是在充分讨论、统一认识的基础上，作出了具有深远意义的三大决策：一是抓住机遇，加快发展；二是明确我国经济体制改革的目标是建立社会主义市场经济新体制；三是确立邓小平建设有中国特色社会主义理论在全党的指导地位。

党的十四大修改党章的指导思想和原则

根据国内外形势和党的任务发生的重大变化，党中央提出党的十四大修改党章的指导思想是："总结十二大以来社会主义现代化建设和党的建设的新经验，把邓小平同志建设有中国特色社会主义的理论和党的基本路线及一

① 《十四大以来重要文献选编》(上)，人民出版社1996年版，第13页。

系列方针、政策写入党章，对党的工作和党的建设提出切合实际的新的要求，把党建设成为领导全国人民沿着有中国特色社会主义道路不断前进的坚强核心。”①

此外，党中央还提出党的十四大修改党章必须坚持以下的原则：

第一，突出建设有中国特色社会主义理论和党的基本路线。

第二，按照基本路线的要求，使党章内容和规定更加符合党的工作实际，使之更具有严密性、可行性和可操作性。

第三，维护党章的权威性、严肃性，保持内容的连续性。

第四，广泛研究和采纳各级党组织和广大党员的意见和建议。

党的十四大修改党章的工作是从1992年3月开始的。曾参与起草工作的叶笃初回忆说："1992年，对于我们党和人民来说是非同寻常的一年。这一年的春天，邓小平同志前往武昌、深圳、珠海、上海等地视察。随后中共中央以(1992年第2号)文件形式，下发邓小平同志在沿途谈话的要点，要求尽快逐级传达到全体党员干部。接着中共中央政治局召开会议，一致认为，邓小平南方谈话对我国改革和建设，对开好党的十四大，具有十分重要的指导作用，而且对整个社会主义现代化建设具有重大而深远的意义。事实上，这个谈话就成为后来党的十四大各项文件包括党章最重要的思想基础和主要根据。正是在这样的特定的历史背景下，十四大修改党章所承担的使命，就是以党内根本法形式，把建设有中国特色社会主义的理论、路线和大政方针固化在党章文本中，并作出相应条款规定。"②

7月至9月，中央政治局常委会议几次讨论了党章(修正案)初稿。要求修改要突出建设有中国特色社会主义的理论与实践，把我们党特别是邓小平同志关于建设有中国特色社会主义的基本主张、基本观点和党的基本路线及一系列重大方针、政策系统地体现在党章中；对原党章中一切现在仍然适用的内容和规定，要予以保留。根据中央政治局常委的意见，修改小组多次对党章(修正案)初稿进行修改，形成了党章(修正案)修改稿。9月中旬，中央政治

---

① 《十四大以来重要文献选编》(上)，人民出版社1996年版，第49—50页。

② 《中国特色社会主义旗帜与党章——党章研究专家叶笃初教授访谈录》,《北京日报》2007年8月20日。

局会议讨论了党章(修正案)修改稿，同意提交党的十三届九中全会讨论。10月5日至9日召开的党的十三届九中全会对党章(修正案)进行了认真的讨论，提出了许多重要的意见。修改小组按照这些意见作了修改。10月9日，全会通过了党章(修正案)，决定提请党的十四大审议。

党的十四大对中央全会提请审议的党章(修正案)进行了认真的讨论。党章修改小组就修改党章的基本考虑、修改的主要内容和需要说明的问题，向大会作了书面说明。代表们畅所欲言，热烈讨论，提了许多宝贵的意见。在大会主席团的领导下，党章修改小组按照这些意见，又一次作了修改。在10月18日下午举行的党的十四大全体会议上，代表们一致通过了党章(修正案)。

党的十四大党章的内容与特点

党的十四大党章不是对党的十二大党章的根本的和全面的修改，而是部分修改。在总体上，保持党的十二大党章中一切在现在仍然适用的内容，保持党的十二大党章总的框架和结构。在具体做法上，主要对部分段落、条文进行充实、调整、修改和删节，重点是总纲部分。即使对部分规定进行修改，也尽可能保持其在执行中的连续性。这样做，有利于维护和保持党章的权威性，有利于使党的工作和党的建设健康地发展。修改后的党的十四大党章具有以下几个鲜明的特点：

(一)确立了邓小平建设有中国特色社会主义理论在全党的指导地位。

根据国内外形势发生深刻变化和邓小平南方谈话精神，根据社会主义现代化建设的实践经验和新形势、新任务对党的建设和工作提出的新要求，把建设有中国特色社会主义的理论和党的基本路线写入了党章，确立了邓小平建设有中国特色社会主义理论在全党的指导地位，反映了我们党对社会主义建设规律的最新认识。“建设有中国特色社会主义的理论，阐明了在中国建设社会主义、巩固和发展社会主义的基本问题，是马克思主义的基本原理与当代中国社会主义建设的实际和时代特征相结合的产物，继承和发展了马克思主义，是引导我国社会主义事业不断前进的指针。”

把邓小平建设有中国特色社会主义理论正式载入党章，更具有权威性、稳定性和长期性，这是全党和全国人民的心愿，也是在新的历史条件下我国社会主义建设事业兴旺发达的根本保证。

（二）指出我国处于社会主义初级阶段，必须坚持党在社会主义初级阶段的基本路线。

党的十四大党章指出，“我国正处于社会主义初级阶段。这是在经济文化落后的中国建设社会主义现代化不可逾越的历史阶段，需要上百年的时间。”

在阐明我国处于社会主义初级阶段的基础上，第一次把党在社会主义初级阶段的基本路线正式载入总纲，指出“中国共产党在社会主义初级阶段的基本路线是：领导和团结全国各族人民，以经济建设为中心，坚持四项基本原则，坚持改革开放，自力更生，艰苦创业，为把我国建设成为富强、民主、文明的社会主义现代化国家而奋斗”。党章强调党在领导社会主义事业中，必须坚持以经济建设为中心，其他各项工作都必须服从和服务于这个中心。

（三）对改革开放条件下党的建设和党的领导提出了新的要求。

关于党的建设问题。党的十四大党章明确提出了党的建设的指导思想，即“必须紧密围绕党的基本路线加强党的建设，坚持从严治党，发扬党的优良传统和作风，提高党的战斗力，把党建设成为领导全国人民沿着有中国特色的社会主义道路不断前进的坚强核心”。党章从政治、思想、作风、组织四个方面对党的自身建设作出了明确规范：第一，“坚持党的基本路线”。第二，“坚持解放思想、实事求是”。第三，“坚持全心全意为人民服务”。第四，“坚持民主集中制”。

对于加强和改善党的领导问题，党的十四大党章指出，“党要适应改革开放和社会主义现代化建设的要求，加强和改善党的领导”，并提出了加强和改善党的领导的三点要求：一是要求党必须集中精力领导经济建设，组织协调各方面的力量，同心协力，围绕经济建设开展工作；二是必须实行民主的科学决策；三是适应形势的发展和情况的变化，不断改进领导方式和方法，提高领导水平。

（四）鲜明地提出与党内消极腐败现象作斗争的任务。

党的十四大党章明确提出，“党风问题、党同人民群众的关系问题是关系党生死存亡的问题，党坚持不懈地反对腐败，加强党风建设和廉政建设。”

以这样鲜明的语言提出反对腐败的任务，这是我们党章史上的第一次。这表明了党对克服严重损害党同人民群众血肉联系、玷污党的形象、腐蚀党的肌体、危害党的执政地位的腐败现象的信心和决心。

党的十四大党章对党的各项工作的具体要求都更加全面、更加正确，且形成了新的语言、新的提法、新的表述，反映了党的优良传统和作风在新形势下的继承和发展，使党章具有了更强的现实感和时代感，具有较强的可操作性。它反映了我们党对社会主义建设规律的最新认识，提出了我们党新时期的奋斗纲领，对党的建设和党的工作作出了切合实际的新的规定，是全党今后一个时期的行动指南和工作准则。

三、吹响新世纪号角的党的十五大党章

新形势对党建工作的新要求

为了把党建设成为现代化建设的坚强领导核心，党的十四大以来，党中央先后作出了一系列重大决策，提出了新形势下党的建设的基本思路和工作总要求。那就是：以坚持和健全民主集中制、加强基层组织建设、培养和选拔德才兼备的领导干部为重点，抓好党的组织建设这个突出环节；注重党的制度建设，以健全的制度保证全党积极性、创造性的发挥，同时有效地防止、克服党内的不良现象。

从《关于加强党风和廉政建设的意见》到《关于抓紧培养选拔优秀青年干部的通知》，从颁布《党政领导干部选拔任用工作暂行条例》到制定《中国共产党地方委员会工作条例(试行)》，从党的十四届四中全会作出《中共中央关于加强党的建设几个重大问题的决定》到《关于进一步加强和改进国有企业党的建设工作的通知》，一系列涉及党的建设的文件，提高了决策民主化程度和党组织工作的透明度。

为了切实加强和改进党的基层组织建设，党的十四大以来，党的组织部门按照《关于加强农村基层组织建设的通知》和《进一步加强和改进国有企业党的建设的通知》的精神和要求，先后对农村28.2万个后进村党支部、18.5万个国有企业党组织和6.6万多个城市居民委员会的党组织进行集中整顿、考核和调整，推进了基层组织的建设。在加强现有党组织建设的同时，针对基层党组织建设的新情况、新问题，在一些非公有制经济组织和新社会组织中建立党的组织。

随着改革开放各项工作的推进，各种新的经济形式和新社会组织层出不穷。面对变化了的实际，党中央对党的阶级基础和群众基础问题进行积极探索，使得党员人数和基层组织的数量保持平稳增长。1997年，全国党员总数为5800多万名，党的基层组织348.7万个。

为了增强贯彻执行党的基本路线的自觉性和坚定性，进一步改善党的领导，努力提高党的执政水平和领导水平，从1996年开始，党中央致力于党员干部的培养，不断进行大规模的干部培训。中央每五年制定一个全国干部教育培训规划，对加强干部的思想理论教育等方面培训作了全面部署。据不完全统计，从1993年至1996年年底，全国参加各种形式脱产学习的干部约有2100万人，其中包括县处级以上干部约39万人，省部级干部约1200人。各级领导干部通读了《邓小平文选》第三卷，选读了第一、二卷的重点章节，取得了比较明显的成效。

“基本路线要管一百年，动摇不得。”邓小平的这句话斩钉截铁，言简意赅，提出了关系国家和民族前途命运的大问题，也为党建工作指明了方向。紧紧围绕党的基本路线抓党的建设，把加强党建工作的着力点始终放在为经济建设这个中心和促进社会全面进步的服务上，这是以江泽民为核心的党中央工作布局的一个显著特点。

党的建设的加强，保证了改革开放和现代化事业的顺利进行；改革开放和现代化事业的发展，又为党的建设注入了新的生机与活力。

党的十五大代表的产生及构成

为了搞好代表的选举工作，1996年11月，中共中央发出了《关于党的十五大代表选举工作的通知》，就选举单位的划分、代表应具备的条件、代表的构成、代表的产生程序、代表名额的分配等问题作了明确的规定。

根据《通知》规定，党的十五大代表选举单位划分为36个，即31个省、自治区、直辖市，中央直属机关，中央国家机关，全国台联，人民解放军和武警部队。代表产生的程序要经过五个步骤：经过自下而上的提名后确定代表候选人初步人选考察名单，对人选进行考察，由党委根据中央的要求及考察情况提出代表候选人初步人选名单，召开党的委员会全体会议确定代表候选人预备人选并报中央组织部审查，召开党代表会议或党代表大会采用差额方式进行选举。

《通知》发出后，中央组织部专门召开了组织部长会议，部署党的十五大代表的选举工作。为了保证推荐的党的十五大代表候选人具备坚实的群众基础，在酝酿、提名阶段，绝大多数地方完全由基层党组织和广大党员自主提名。各选举单位根据多数党组织和多数党员的意见，确定了代表候选人初步人选考察名单，然后由组织部门进行考察，并征求了纪检监察机关和有关方面的意见。考察工作结束后，各选举单位根据中央分配的代表名额和代表的产生条件、结构要求以及考察情况，由常委会集体研究提出代表候选人初步名单，并召开党委全委会采取无记名投票方式确定代表候选人预备人选。最后各选举单位通过召开党代表会议或党代表大会进行差额选举，产生正式代表。

1997 年 6 月以前，36 个选举单位共提出 2277 名代表候选人，经过差额选举，到 6 月底共选举产生了 2049 名党的十五大的代表。此后，发现其中有一人严重违反党的纪律，很快被原选举单位建议撤销其代表资格。

最后选出的代表共 2048 名。其中，各级党员领导干部 1554 名，占代表总数的 75.9%；在工交、农业、财贸、科技、教育、文化、卫生、体育、政法、国防等第一线工作的劳动模范、先进工作者、有突出贡献的专家、英模等 494 名，占代表总数的 24.1%，比党的十四大时提高了 2.1%。

在党的十五大代表中，妇女代表 344 名，占代表总数的 16.8%，比党的十四大时提高了 1.1%，高于全国党员总数中女党员所占 15.6% 的比例；少数民族代表 219 名，占代表总数的 10.7%，比党的十四大时提高了 0.8%，高于全国党员总数中少数民族党员所占 5.9% 的比例。

在党的十五大代表中，具有大专以上文化程度的代表有 1709 名，占代表总数的 83.5%，比党的十四大时提高了 12.7%。另外，中学文化程度的有 318 名，占 15.5%；小学文化程度的有 21 名，占 1%。代表有老有中有青，55 岁以下的代表有 1301 名，占代表总数的 63.5%，比党的十四大时提高了 4.6%。代表中，既有八九十岁的老党员，也有二十多岁的年轻党员。

在党的十五大代表中，各个历史时期入党的党员都占有一定的比例。其中第一次国内革命战争时期入党的代表有 2 名，第二次国内革命战争时期入党的有 18 名，抗日战争时期入党的有 38 名，解放战争时期入党的有 57 名。

新中国成立后入党的代表共有1933名，占代表总数的94.4%，比党的十四大时增加了11.5%。这显示了我们党承前启后、后继有人的勃勃生机。

参照党的十四大的做法，中央邀请了60名特邀代表出席党的十五大。他们是1927年以前入党的曾担任过重要领导职务、德高望重的老党员和党的十一届三中全会以来从党和国家领导岗位上退下来的老同志。特邀代表享有正式代表同样的权利。

世纪之交的盛会

世纪之交，世界经济和政治形势更加错综复杂，充满矛盾和挑战。中国领导人不仅密切注视着当前迫切需要解决的各种问题，也开始考虑到应该怎样迎接新世纪的到来。江泽民在与美国总统克林顿会谈时提出了一个值得深思的问题："把一个什么样的世界带到二十一世纪，这是我们一代领导人必须认真探索和解决的重大问题。到本世纪结束还有好几年时间，我们还来得及做些事情，还可以有所作为。"①

正当全国人民为实现跨世纪的目标而奋力前进的时候，1997年2月19日，中国改革开放和现代化建设的总设计师邓小平逝世，全国各族人民陷入极大的悲痛中。江泽民回忆说，"当时，国内国外、党内国外都很关注我们党和国家的发展方向。我们在悼念邓小平同志时明确提出，邓小平建设有中国特色社会主义理论是当代中国的马克思主义，在跨跃世纪的新征途上，更高地举起邓小平建设有中国特色社会主义理论的伟大旗帜，在任何情况下都坚持党的基本路线不动摇，是我们党中央领导集体坚定不移的决心和信念。"②

1997年9月12日至18日，中国共产党召开了第十五次全国代表大会，这次大会为中国的跨世纪发展作出了全面部署。大会应到正式代表2048人，特邀代表60人，代表着全国5800多万名党员。大会通过了江泽民作的《高举邓小平理论伟大旗帜，把建设有中国特色社会主义事业全面推向二十一世纪》的报告，通过了关于《中国共产党章程（修正案）》的决议、关于中央纪律检查委员会工作报告的决议，选举了新一届中央委员会、中央纪律检查委员会。

---

① 《人民日报》1993年11月23日。
② 《江泽民文选》第二卷，人民出版社2006年版，第525页。

江泽民在报告中，首次使用了“邓小平理论”的科学概念，并把这一理论作为指引党继续前进的旗帜。报告指出，“我们这次大会的灵魂，就是高举邓小平理论的伟大旗帜。十五大无疑将以这一点为标志载入史册。”①

报告强调，马克思列宁主义同中国实际相结合有两次历史性飞跃，产生了两大理论成果。第一次飞跃的理论成果是毛泽东思想，第二次飞跃的理论成果是邓小平理论，这两大理论成果都是党和人民实践经验和集体智慧的结晶。围绕什么是社会主义、怎样建设社会主义这个根本问题，邓小平理论第一次比较系统地初步回答了中国社会主义建设的一系列基本问题，因而是当代中国的马克思主义，是马克思主义在中国发展的新阶段。

党的十五大进一步阐述了社会主义初级阶段理论，明确提出了党在这个阶段的基本纲领。指出：建设有中国特色社会主义的经济、政治和文化的基本目标、基本政策，有机统一，不可分割，构成党在社会主义初级阶段的基本纲领。这个纲领，是邓小平理论的重要内容，是党的基本路线在经济、政治、文化等方面的展开，是这些年来最主要经验的总结。

根据建设中国特色社会主义经济、政治、文化的基本目标的要求，党的十五大报告对社会主义初级阶段的所有制结构和公有制实现形式、推进政治体制改革、依法治国、建设社会主义法治国家等问题提出了一系列新的论断。这些论断，是党在社会主义理论问题上的又一次思想解放和认识深化。

在世纪之交的关键时刻，党的十五大承前启后、继往开来，明确回答了中国的改革开放和现代化建设继续向前发展的一系列重大理论问题和政策问题，从思想上、政治上、组织上为我国跨世纪发展提供了根本保证。

党的十五届一中全会选举江泽民、李鹏、朱镕基、李瑞环、胡锦涛、尉健行、李岚清为中央政治局常委，江泽民为中央委员会总书记；决定江泽民为中央军事委员会主席；批准尉健行为中央纪律检查委员会书记。

邓小平理论被写入党的十五大党章

党的十五大修改的新党章，共有10章50条。新党章最显著的一个特点

① 《十五大以来重要文献选编》(上)，中央文献出版社2000年版，第50—51页。

就是肯定了邓小平理论在我们党和国家发展史上的重要历史地位和指导意义，并在党章中明确规定，“中国共产党以马克思列宁主义、毛泽东思想、邓小平理论作为自己的行动指南”。

党章总纲还在原来关于马克思列宁主义的论述和关于毛泽东思想的论述之后，以专门的一段约260余字增补了关于邓小平理论的论述，即“邓小平理论是马克思列宁主义的基本原理同当代中国实践和时代特征相结合的产物，是毛泽东思想在新的历史条件下的继承和发展，是马克思主义在中国发展的新阶段，是当代中国的马克思主义，是中国共产党集体智慧的结晶，引导着我国社会主义现代化事业不断前进”①。

经过党的全国代表大会通过，以党的根本大法形式正式确认邓小平理论的历史地位和指导意义，这对我国建设有中国特色社会主义事业的兴旺发达必将产生极为重大和深远的影响。

为什么要把邓小平理论确立为党的指导思想呢？

首先，邓小平理论是马克思列宁主义与中国实际相结合产生的两大理论成果之一。马克思列宁主义同中国实际相结合有两次历史性飞跃，产生了两大理论成果。第一次飞跃的理论成果是被实践证明了的关于中国革命和建设的正确的理论原则和经验总结，我们党把它称为毛泽东思想。第二次飞跃的理论成果是建设有中国特色社会主义理论，我们党把它称为邓小平理论。党的十五大把邓小平理论与马克思列宁主义、毛泽东思想一道作为党的指导思想，并写入了党的十五大党章。这表明以江泽民为核心的中央领导集体和全党把邓小平开创的建设有中国特色社会主义全面推向新世纪的决心和信心，也反映了全国人民的共识和心愿。

其次，邓小平理论是当代中国的马克思主义，是马克思主义在中国发展的新阶段。邓小平理论坚持解放思想、实事求是，在新的实践基础上继承前人又突破陈规，开拓了马克思主义的新境界；坚持科学社会主义理论和实践的基本成果，抓住“什么是社会主义，怎样建设社会主义”这个根本问题，深刻揭示了社会主义的本质，把对社会主义的认识提高到新的科学水平；坚持用马克思主义的宽广眼界观察世界，对当今时代特征和总体国际形势，对世界上其

---

① 《十五大以来重要文献选编》(上)，中央文献出版社2000年版，第53页。

他社会主义国家的成败，发展中国家谋求发展的得失，发达国家发展态势的矛盾，进行正确分析并作出了新的科学判断。

总体来说，邓小平理论形成了新的建设有中国特色社会主义理论的科学体系，是在和平与发展成为时代主题的历史条件下，在我国改革开放和现代化建设的实践中，在总结我国社会主义胜利和挫折的历史经验并借鉴其他社会主义国家兴衰成败历史经验的基础上，逐步形成和发展起来的。

此外，按照修改后的党章总纲中关于“中国共产党以马克思列宁主义、毛泽东思想、邓小平理论作为自己的行动指南”的规定，对党章第三条第一款、第三十一条第一款的文字也作了相应的调整，将“建设有中国特色社会主义理论”，统一概括为“邓小平理论”，规定党员和党的干部要认真学习马克思列宁主义、毛泽东思想、邓小平理论。

党的十五大党章吹响了全党和全国人民向新世纪奋发前进的号角，它的显著特点和优点就是以邓小平理论为基础，并贯穿于党章的始终，为即将进入21世纪的中国共产党的整个活动提供了有力的组织保障和法规保障。

“三讲”教育活动的开展

20世纪的最后10年，以江泽民为核心的中央领导集体在全面坚持党的基本路线，继续抓住经济建设这个中心的同时，更加重视党的自身建设，注重加强思想政治工作，先后采取了一系列有力措施使党的自身建设、党的思想政治和宣传教育工作，以及社会主义精神文明建设，都得到明显加强，保证了改革和建设事业的健康发展。

1994年9月，党的十四届四中全会在北京举行。全会集中讨论了党的建设问题，并作出了《中共中央关于加强党的建设几个重大问题的决定》。这次全会把党的建设提到新的伟大的工程的高度，提出了明确的目标和任务，那就是：“要把我们党建设成为用建设有中国特色社会主义理论武装起来、全心全意为人民服务、思想上政治上组织上完成巩固、能够经受住各种风险、始终走在时代前列的马克思主义政党。”①

1995年11月8日，江泽民在北京视察工作时指出：“根据当前干部队伍

① 《十四大以来重要文献选编》(中)，人民出版社1997年版，第975页。

的状况和存在的问题，在对干部进行教育当中，要强调讲学习，讲政治，讲正气。全国都应这样做，北京市更要起带头作用。”[①]1996年10月召开的党的十四届六中全会作出决定，对县处级以上领导干部进行一次以讲学习、讲政治、讲正气为主要内容的党性党风教育。

按照党的十五大和《中共中央关于在全党深入学习邓小平理论的通知》的部署，1998年11月21日，中共中央发出《关于在县级以上党政领导班子、领导干部中深入开展以“讲学习、讲政治、讲正气”为主要内容的党性党风教育的意见》，从1998年11月开始，全党在县级以上党政领导班子、领导干部中集中时间，分期分批开展以讲学习、讲政治、讲正气为主要内容的党性党风教育。

全党共有70万名党政领导干部参加了“三讲”教育，其中省部级领导班子成员达2100多人。在“三讲”教育中，广大干部广泛听取群众意见，查找领导工作及自身存在的问题，开展积极健康的思想斗争，普遍受到一次深刻的马克思主义教育，经受了一次党内政治生活的严格锻炼。“三讲”教育中思想上、作风上的收获，不断转化成广大干部求真务实、锐意进取、廉洁自律、不怕困难、勇挑重担的实际行动。许多党外人士反映，共产党花这么大力量，在领导干部中进行这样认真的自我教育，显示了共产党人敢于揭露并解决自身问题的勇气和气魄。

实践证明，进行“三讲”教育，是促进提高党的领导水平和执政水平，增强拒腐防变和抵御风险能力，有效推进党的建设新的伟大工程的正确决策，是新形势下加强党的建设特别是领导班子、领导干部思想政治建设的一次创造性探索和成功实践，是延安整风精神和党的“三大作风”在历史新时期的丰富和发扬。

① 《江泽民文选》第一卷，人民出版社2006年版，第483页。

第十章
新世纪之初不断创新发展的党章

一、党的十六大党章

“三个代表”重要思想的提出

党的十三届四中全会以来，以江泽民为核心的党的第三代领导集体科学分析国际国内形势发展的重大变化，深刻总结我国改革开放和现代化建设的丰富经验，提出并阐明了一系列新思想、新观点、新论断。

坚持党要管党和从严治党，是江泽民在党的十四大报告中，为加强和改善党的建设，提高党的执政水平而提出的两项重要任务。1994 年 9 月，党的十四届四中全会集中讨论了党的建设问题，通过了《中共中央关于加强党的建设几个重大问题的决定》。《决定》分析了党的建设面临的形势，指出：“党必须善于在改革开放的新形势下认识自己、加强自己、提高自己，认真研究和解决在自身建设中出现的新矛盾新问题。”①

此后，以江泽民为核心的党中央对党的领导作用和先进性问题，以及加强党的思想、政治、组织、作风、制度建设问题，作过多次论述。

2000 年 2 月，江泽民在广东省考察工作时就切实加强党的建设问题发表了重要讲话。他指出：“总结我们党七十多年的历史，可以得出一个重要结论，这就是：我们党所以赢得人民的拥护，是因为我们党在革命、建设、改革的

---

① 《中共中央关于加强党的建设几个重大问题的决定》，《人民日报》1994 年 9 月 28 日。

各个时期，总是代表着中国先进生产力的发展要求，代表着中国先进文化的前进方向，代表着中国最广大人民的根本利益，并通过制定正确的路线方针政策，为实现国家和人民的根本利益而不懈奋斗。”①

5月14日，江泽民在江苏、浙江、上海党建工作座谈会上讲话时就“三个代表”的重要意义作了精辟的阐述：“始终做到‘三个代表’，是我们党的立党之本、执政之基、力量之源。按照‘三个代表’要求抓党的建设，同新时期党的建设新的伟大工程的总目标、总要求是一致的。推进党的思想建设、政治建设、组织建设、作风建设，都应该贯穿‘三个代表’要求。”②

此后，《人民日报》发表了一系列评论员文章，全面阐释了江泽民在广东考察时提出的建党思想，“三个代表”重要思想开始浮出水面。

“三个代表”重要思想，进一步回答了在改革开放和发展社会主义市场经济条件下，把我们党建设成为一个什么样的党和怎样建设党的问题。它是深入思考世界社会主义运动历史经验，深刻总结我们党近80年历史经验，特别是推进党的建设新的伟大工程的成功经验作出的科学结论，也是我们在新世纪全面推进党的建设，不断夺取建设有中国特色社会主义事业新胜利的重要保证。

每当谈到“三个代表”重要思想的提出，人们往往与高州联系在一起，认为“三个代表”的发源地在高州。其实，江泽民完整地表述“三个代表”是在广州，即2000年2月25日在广州召开的党建工作座谈会上提出来的。时任广东省高州市市长的卢方圆回忆说：“人们把‘三个代表’与高州联系起来，可能有两个原因：一是江总书记在广东考察提出‘三个代表’重要思想，他这次到广东考察的第一站是高州；二是江总书记在高州市县级领导干部‘三讲’教育会议上作了讲话。他在这个讲话里面，讲了‘三个代表’之中的两个代表。他当时是从论述‘三讲’教育的意义上讲的。”③

---

① 《江泽民文选》第三卷，人民出版社2006年版，第2页。
② 《江泽民文选》第三卷，人民出版社2006年版，第15页。
③ 卢方圆：《“三个代表”与高州》，《中共党史研究》2002年第6期。

党的十六大的筹备

2001 年 9 月 24 日至 26 日，在北京召开了中国共产党第十五届中央委员会第六次全体会议，全会审议并通过了《关于召开党的第十六次全国代表大会的决议》，确定党的十六大于 2002 年下半年在北京召开。按照这个决议的要求，党的十六大的具体筹备工作开始有条不紊地进行。

2001 年 10 月 27 日，中共中央下发了《关于中国共产党第十六次全国代表大会代表选举工作》的通知，就选举单位的划分、代表应具备的条件和代表的构成、代表的产生程序、代表名额的分配等提出具体意见。自下而上，上下结合，反复酝酿，逐级遴选，是党的十六大代表推荐提名工作的一个显著特点。全国共分为 38 个选举单位，各选举单位充分发扬党内民主，严格按照中央规定的程序开展推荐、提名工作。各选举单位的推荐提名工作，一般都经过了"三上三下"，即党支部根据多数党员的意见提出代表候选人初步人选上报基层党委，基层党委根据多数党支部的意见对人选进行遴选，再拿下去征求党支部和党员意见，然后上报县（市）委；县（市）委根据多数基层党委的意见对人选进行遴选，再征求基层党委意见之后，上报市（地）委；市（地）委根据多数县（市）委的意见进一步遴选，并征求县（市）委意见后，上报选举单位党委。

由于高度发扬党内民主，这次党的十六大代表推荐、选举工作得到了广泛认同和支持，激发了广大党员参与的积极性。据统计，各选举单位基层党组织参与率为 98%，党员参与率为 93%。

在筹备党的十六大的前期工作中，江泽民指出："开好十六大，关键是要抓住两条，一条是从中央到地方都要形成朝气蓬勃、奋发有为的领导层，一条是对党和国家的工作作出全面部署，对一些重大理论和实际问题进一步作出回答，以更好地指导实践。"①党的十六大报告的起草就是要完成第二项任务。2001 年 10 月下旬，中央政治局常委会决定成立党的十六大报告起草组，由中共中央政治局常委胡锦涛任组长。

坚持举什么旗、走什么路、实现什么目标，对党的事业的发展至关紧要。党的全国代表大会报告，首先要鲜明地回答这个问题，这就需要确定报告的

① 《十五大以来重要文献选编》（下），人民出版社 2003 年版，第 2212 页。

主题。2002 年 1 月 14 日，经过深思熟虑，江泽民召集起草组全体会议，就党的十六大的主题、重要意义和主要任务，党的十六大报告需要阐述的重大问题及对起草工作的要求，作了重要讲话。在这次讲话中，江泽民明确提出了党的十六大报告的主题，这就是：高举邓小平理论伟大旗帜，全面贯彻“三个代表”重要思想，继往开来，与时俱进，全面建设小康社会，加快推进社会主义现代化，为开创中国特色社会主义事业新局面而奋斗。

2002 年 8 月 26 日，根据中央政治局会议的决定，报告稿被下发到全国 178 个单位，在党内一定范围征求意见。参加讨论的有党的十五届中央委员会和中央纪律检查委员会的委员，党的十六大代表，中央党政军各部门、各人民团体的负责同志，各省、区、市和各大军区的党委负责人，党内部分老同志，共 3100 多人。根据这些意见，起草组又对报告进行了重要修改和充实，共修改 600 多处。

11 月 3 日至 5 日，党的十五届七中全会在北京召开。186 名中央委员、139 名候补中央委员，对党的十六大报告进行了深入讨论并提出了修改意见。根据这些意见和建议，全会再次对报告作了 70 多处修改。全会通过了修改后的报告，决定提请党的十六大审议。在党的十六大会议期间，根据代表的意见和建议，大会又对报告进行了多处修改，这些建设性意见，在大会闭幕前的 11 月 13 日，被吸收进报告最后的定稿之中。

党的十六大的召开

随着新世纪的到来，我国进入全面建设小康社会、加快推进社会主义现代化的新的发展阶段。在新的国内外条件下，在充满挑战的 21 世纪，如何使我们的党能够始终站在时代发展的前列，不断增强创造力、凝聚力和战斗力，顺利实现社会主义现代化建设第三步战略目标，把中国特色社会主义事业推向前进，成为摆在中国共产党人面前的新课题。

2002 年 11 月 8 日至 14 日，中国共产党第十六次全国代表大会在北京隆重召开。大会有正式代表 2114 人，特邀代表 40 人，代表全党 6500 万名党员。

大会通过了江泽民代表第十五届中央委员会所作的《全面建设小康社会，开创中国特色社会主义事业新局面》的报告，通过了《中国共产党章程》修正案和中央纪律检查委员会的工作报告，选举了新一届中央委员会和中央纪律检查委员会。大会主题是：高举邓小平理论伟大旗帜，全面贯彻“三个代表”重要思想，继往开来，与时俱进，全面建设小康社会，加快推进社会主义现代化，为开创中国特色社会主义事业新局面而奋斗。

报告全面回顾了党的十五大以来五年的工作，并联系改革开放以来的实践，系统总结了党的十三届四中全会以来13年的基本经验。这些经验概括起来就是：(一)坚持以邓小平理论为指导，不断推进理论创新。(二)坚持以经济建设为中心，用发展的办法解决前进中的问题。(三)坚持改革开放，不断完善社会主义市场经济体制。(四)坚持四项基本原则，发展社会主义民主政治。(五)坚持物质文明和精神文明两手抓，实行依法治国和以德治国相结合。(六)坚持稳定压倒一切的方针，正确处理改革、发展、稳定的关系。(七)坚持党对军队的绝对领导，走中国特色的精兵之路。(八)坚持团结一切可以团结的力量，不断增强中华民族的凝聚力。(九)坚持独立自主的和平外交政策，维护世界和平与促进共同发展。(十)坚持加强和改善党的领导，全面推进党的建设新的伟大工程。这10条，是党领导人民建设中国特色社会主义必须坚持的基本经验。这些经验充分体现了与时俱进、开拓进取的精神，是坚持和发展社会主义的必然要求，也是我们党艰辛探索和伟大实践的必然结论。

引人注目的是，在党的十六大报告的结尾部分，有一个词汇连续出现了5次，那就是：中华民族伟大复兴。这是一个民族燃烧了整整一个世纪的渴望，思想解放和理论创新的伟大力量终于喷薄而出。大会通过的党章修正案把“三个代表”重要思想作为党的行动指南，写入党章，使“三个代表”重要思想同马克思列宁主义、毛泽东思想、邓小平理论一道，成为党必须长期坚持的指导思想。在对《中国共产党章程》的修改中，明确规定中国共产党是中国工人阶级的先锋队，同时是中国人民和中华民族的先锋队，是中国特色社会主义事业的领导核心。这是在新的历史条件下，党的建设理论和实践的重大改革和发展。

经过认真酝酿，大会选出新一届中央委员会委员198名，候补中央委员158名，中央纪律检查委员会委员121名。

11月15日，党的十六届一中全会选举产生了新一届中央政治局。胡锦涛当选为中央委员会总书记，胡锦涛、吴邦国、温家宝、贾庆林、曾庆红、黄菊、吴官正、李长春、罗干当选为中央政治局常委；决定江泽民为中央军事委员会主席，胡锦涛、郭伯雄、曹刚川为副主席；批准吴官正为中央纪律检查委员会书记。

在9名中央政治局常委中，胡锦涛是上届中央政治局常委，其他同志均为上届中央政治局委员和候补委员。他们长期担任党和国家以及省、区、市的领导工作，积累了治党、治国、治军和驾驭全局、克服风险的经验，受到全党和全国人民的拥护和好评。李鹏回忆说："江泽民和我，还有朱镕基、李瑞环、李岚清和尉健行都退出中央，选出胡锦涛等一批新的常委，显示党中央领导集体注入了新的血液。"

"我写了一首诗，以纪念党的十六次代表大会。"

风云变幻二十年，惊涛骇浪立浪尖。
莫道彼岸航行远，驾舟有人代代传。[1]

党的十六大的召开也引起了世界的广泛关注。时任中联部部长的戴秉国回忆说："我们党和党的领导人在十六大前后共收到外国发来的贺电（函）700多件，发来贺电（函）的有50多位国家元首和政府首脑、140多个国家的300多个政党和组织以及友好人士，其数量之多、层次之高、范围之广、内容之丰富，都是前所未有的，其中还包括一些与我们没有外交关系或党际关系的国家的领导人和政党。无论左中右翼政党和组织，无论发展中国家还是发达国家的领导人，都对我们党的十六大和十六大提出的全面建设小康社会的目标给予高度评价，对我们党和国家的未来充满信心，都希望加强与中国和我们党的交流与合作。一个执政党的党代会，有如此众多的政党、政要如此热情友好地致电（函）祝贺，恐怕在世界上是罕见的。"[2]

党的十六大党章修改的原则和特点

党的十五大以后，随着党在社会主义初级阶段的基本路线顺利贯彻执行、

① 《市场与调控——李鹏经济日记》（下），新华出版社、中国电力出版社2007年版，第1695页。
② 《人民日报》2002年12月17日。

社会主义现代化事业取得节节胜利，如何进一步促成基本路线的实现，以实际成果来证明并提高党的执政能力，也就成了党的十六大党章修改制定过程中要解决的一个突出问题。由于党的政治路线决定党的建设方向、任务和内容，因此，党的建设必须紧密联系党的政治路线来进行。用毛泽东的话来说，“党的建设过程，党的布尔什维克化的过程，是这样同党的政治路线密切地联系着”[①]。组织路线要服从政治路线，保证政治路线的实现，不仅是毛泽东在民主革命时期阐明的党的建设的基本原则，也是执政党建设的基本原则。

党的十六大修改党章遵循的总的原则是：坚持以马克思列宁主义、毛泽东思想、邓小平理论和党的基本路线为指导，认真贯彻“三个代表”重要思想，把党的十六大报告中确立的重大理论观点和重大方针政策写入党章，以适应新形势新任务对党的工作和党的建设提出的新要求。

党的十六大修改党章把握的一个基本方针，就是考虑到现行党章是在全面总结我们党的历史经验的基础上，根据社会主义现代化建设的实际情况科学制定和几经修改的，总体上能适应指导党的建设的需要。因此，这一次对党章宜作小改，不作大改；对各方面提出的修改意见和建议，坚持实践证明是成熟的就改，不成熟的不改。

党的十六大党章主要有以下几个特点：

（一）把“三个代表”重要思想写入了党章，与马克思列宁主义、毛泽东思想、邓小平理论一道确立为党的指导思想。

“三个代表”重要思想是党的十三届四中全会以来我们党坚持和发展社会主义的必然要求，是艰辛探索和伟大实践的必然结论，也是我们党理论创新的最新成果。因此，把“三个代表”重要思想同马克思列宁主义、毛泽东思想、邓小平理论一道作为党的指导思想写入党章，是全党同志的共同心愿。这次修改党章，在总纲部分关于党的性质的表述中增写了“三个代表”的内容，同时集中阐述了“三个代表”重要思想的历史地位和重要作用，强调“三个代表”重要思想是对马克思列宁主义、毛泽东思想、邓小平理论的继承和发展，反映了当代世界和中国的发展变化对党和国家工作的新要求，是加强和改进党的

① 《毛泽东选集》第二卷，人民出版社 1991 年版，第 605 页。

建设、推进我国社会主义自我完善和发展的强大理论武器，是中国共产党集体智慧的结晶，是党必须长期坚持的指导思想。

始终做到“三个代表”，是我们党的立党之本、执政之基、力量之源。因此，党的十六大党章明确规定，中国共产党以马克思列宁主义、毛泽东思想、邓小平理论和“三个代表”重要思想作为自己的行动指南；明确把认真学习马克思列宁主义、毛泽东思想、邓小平理论和“三个代表”重要思想，模范遵守国家的法律法规，纳入了党员必须履行的义务。

（二）从“一个先锋队”到“两个先锋队”。

党的十六大党章明确规定：“中国共产党是中国工人阶级的先锋队，同时是中国人民和中华民族的先锋队，是中国特色社会主义事业的领导核心，代表中国先进生产力的发展要求，代表中国先进文化的前进方向，代表中国最广大人民的根本利益。党的最高理想和最终目的是实现共产主义。”①

改革开放以后，随着我国社会政治、经济、文化的不断发展和社会的全面进步，工人阶级中涌现出了一大批先进分子，其他社会阶层也在不断涌现先进分子。因此，从“一个先锋队”到“两个先锋队”的表述就突出了增强党的阶级基础和扩大党的群众基础的观点，成为党的十二大之后对党的性质表述的又一里程碑。

与此同时，在入党标准上，新党章与党的十五大党章相比也有了新的变化，将过去历部党章在入党标准上“其他革命分子”的表述改为“其他社会阶层的先进分子”，核心在于由“革命”向“先进”的转变。这一修改是对增强党的阶级基础和扩大党的群众基础作出的积极反应，为全面建设小康社会提供了组织上的保障。

（三）对党的建设和党的领导提出了更高的要求。

党的十六大党章要求“不断提高党的领导水平和执政水平，提高拒腐防变和抵御风险的能力，不断增强党的阶级基础和扩大党的群众基础，不断提高党的创造力、凝聚力、战斗力，使我们党始终走在时代前列，成为领导全国人民沿着中国特色社会主义道路不断前进的坚强核心”；强调“我们党的最大政

① 《中国共产党章程》，人民出版社2002年版，第1—2页。

治优势是密切联系群众，党执政后的最大危险是脱离群众”，要“加强对党的领导机关和党员领导干部的监督，不断完善党内监督制度”，“党必须按照总揽全局、协调各方的原则，在同级各种组织中发挥领导核心作用”①。

（四）进一步强调依法治国，建设社会主义法治国家，并把依法治国和以德治国相结合写进了党章。继党的十五大提出了依法治国的基本方略和建设社会主义法治国家的重要任务之后，党的十六大党章进一步提出了发展社会主义民主政治，建设社会主义政治文明；明确指出党的领导、人民当家作主和依法治国的统一性，强调要坚持这三者的有机结合和辩证统一，不断把社会主义民主政治推向前进。这有利于全党进一步增强法制观念，树立依法执政意识，自觉地在宪法和法律范围内活动。

（五）根据实践的新发展，把党在新世纪、新阶段新的奋斗目标写入党章。党的十六大党章指出了我国社会主义初级阶段基本经济制度和全面建设小康社会的奋斗目标，规定“必须坚持和完善公有制为主体、多种所有制经济共同发展的基本经济制度，坚持和完善按劳分配为主体、多种分配方式并存的分配制度”，同时指出，“发展是我们党执政兴国的第一要务”②。在新世纪新阶段，我国经济和社会发展的战略目标是：巩固和发展已经初步达到的小康水平，到建党100年时，建成惠及十几亿人口的更高水平的小康社会。经过这个阶段的建设，再继续奋斗几十年，到建国100年时，人均国内生产总值达到中等发达国家水平，基本实现现代化。

党的十六大党章吸收了党的十五大以来我们党进行实践创新和理论创新的最新成果，适应了新形势、新任务对党的自身建设提出的新要求，对当前和今后一个时期党的工作和党的建设具有重要的指导作用。

重温“两个务必”

2002年12月5日，刚刚担任总书记不久，胡锦涛便率中央书记处同志到西柏坡学习考察。在党的七届二中全会会址，他重温毛泽东同志提出的“两

① 《中国共产党章程》，人民出版社2002年版，第21—26页。
② 《中国共产党章程》，人民出版社2002年版，第9—10页。

个务必”的重要讲话。

在中国革命即将夺取全国胜利的前夕，毛泽东在党的七届二中全会上及时告诫全党：夺取全国胜利，这只是万里长征走完了第一步，革命以后的路程更长，工作更伟大，更艰苦。因此，务必使同志们继续地保持谦虚、谨慎、不骄、不躁的作风，务必使同志们继续地保持艰苦奋斗的作风。60多年过去了，“两个务必”的历史回声旷谷传响，历久弥隆。

在西柏坡纪念馆，胡锦涛瞻仰了中共中央和解放军总部旧址。从展室的图片到陈列的实物，从毛泽东推过的磨盘到周恩来“雨夜救亲人”的马灯，从中央军委作战室斑驳的桌椅到党的七届二中全会庄严的会场，两个半小时的参观，胡锦涛始终认真地听讲解，仔细地观看展品。

在历史发展的高度，胡锦涛对艰苦奋斗精神的内涵进行了全新概括：“历史和现实都表明，一个没有艰苦奋斗精神作支撑的民族，是难以自立自强的；一个没有艰苦奋斗精神作支撑的国家，是难以发展进步的；一个没有艰苦奋斗精神作支撑的政党，是难以兴旺发达的。”他向全党特别是领导干部提出了四点希望：第一，牢记我国的基本国情和我们党的庄严使命，树立为党和人民长期艰苦奋斗的思想；第二，牢记全心全意为人民服务的宗旨，始终不渝地为最广大人民谋利益；第三，牢记党的基本理论、基本路线、基本纲领和基本经验，以艰苦奋斗的精神做好各项工作；第四，牢记党和人民的重托和肩负的历史责任，自觉在艰苦奋斗的实践中加强党性锻炼。

最后，胡锦涛满怀深情地指出，“1949年3月23日上午，从西柏坡动身前往北京的时候，毛泽东同志说：‘今天是进京赶考的日子。’这是一句意味深长的话。毛泽东同志充分估计到，在这个重大历史关头，党所肩负的任务是繁重的，党所面临的挑战是严峻的，需要全党同志继续进行艰苦的努力。50多年的实践证明，在党的三代中央领导集体的领导下，我们党在这场考试中取得了优异的成绩。今天，在新世纪新阶段，我们党要带领人民实现全面建设小康社会的奋斗目标，不断开创中国特色社会主义事业新局面，是这场考试的继续。我们新一届中央领导集体的同志，所有领导干部和全体党员，一定要高举邓小平理论伟大旗帜，全面贯彻‘三个代表’重要思想，紧紧依靠全国各族人民，在这场考试中经受考验，努力交出优异的答卷。”①

目标已经确定，蓝图已经绘就。要实现宏伟目标，把蓝图变成美好的现实，需要全党同志和全国各族人民团结一致，艰苦奋斗。在这样的时刻，重温毛泽东在党的七届二中全会上的重要讲话，重温邓小平、江泽民关于全党和全国人民要长期艰苦奋斗的一系列论述，结合新的实际坚持做到“两个务必”，具有十分重要的意义。西柏坡是中国共产党走向胜利之地，更是修身自省之所。2002 年的冬天，人们再次从西柏坡这个对新中国具有特殊意义的起点上，读到了一个清晰的信号：赶考还在继续。以胡锦涛为总书记的党中央新一届领导集体来这里重温历史，既是对全党的警示，也是对人民的承诺。

二、科学发展观等重大战略思想的提出

科学发展观的提出

进入新世纪新阶段，我国已进入发展的关键时期、改革的攻坚时期和社会矛盾频发时期。随着经济体制深刻变革、社会结构深刻变动、利益格局深刻调整、思想观念深刻变化，我国的发展既蕴含着巨大的发展潜力和发展空间，也承受着来自人口、资源、环境等方面约束的巨大压力；我国的发展既面临着前所未有的宝贵机遇，也面临着各种严峻挑战。要适应我国发展的阶段性特征，奋力开拓中国特色社会主义更为广阔的发展前景，就必须继续解放思想，坚持改革开放，推动科学发展，促进社会和谐，更加自觉地走科学发展道路。

国际国内环境的新变化，经济社会发展面临的新情况，都迫切要求中国共产党进一步回答“什么是发展、为什么发展、怎样发展”这一重大理论和实践问题。

2003 年春夏之交，我国遭遇了一场突如其来的“非典”疫情灾害。由于我国人口多、流动性大，一部分地方和部门在应对突发公共卫生事件上准备不足，疫情很快蔓延到我国大部分省、区、市，引起了举国上下的担忧，也受到了国际社会的关注。在抗击“非典”的关键时刻，胡锦涛向全党和全国人民发

① 《胡锦涛在西柏坡学习考察时的讲话》,《人民日报》2003 年 1 月 3 日。

出号召：我们要大力弘扬万众一心、众志成城，团结互助、和衷共济，迎难而上、敢于胜利的精神。短短的24个字，既是对人民群众抗击“非典”伟大精神的精辟概括，也是对民族精神的新的丰富，是鼓舞全党和全国人民夺取抗击“非典”斗争胜利的强大动力。

这场突如其来的“非典”疫情，进一步暴露了我国的经济发展和社会发展、城市发展和农村发展还不够协调的矛盾。7月28日，在全国防治“非典”工作会议上的讲话中，胡锦涛提出：“我们讲发展是执政兴国的第一要务，这里的发展绝不只是指经济增长，而是要坚持以经济建设为中心，在经济发展的基础上实现社会全面发展。我们要更好地坚持全面发展、协调发展、可持续发展的发展观，更加自觉地坚持推动社会主义物质文明、政治文明和精神文明协调发展，坚持在经济社会发展的基础上促进人的全面发展，坚持促进人与自然的和谐。”①

根据客观形势的要求，党的十六届三中全会明确提出，要“坚持以人为本，树立全面、协调、可持续的发展观，促进经济社会和人的全面发展”②。这是党中央第一次对科学发展观作出完整表述，并将其明确为深化经济体制改革、统领经济和社会发展的指导思想和原则。

科学发展观正式提出以后，为了使党的高级干部更好地领会和贯彻这一思想，2004年2月，中共中央在中央党校举办省部级主要领导干部“树立和落实科学发展观”专题研究班。温家宝、曾庆红等中央领导同志在研究班上就科学发展观的有关问题作了阐述。由此开始，“以人为本，全面、协调、可持续的发展观”，被冠以“科学发展观”的概念正式公开使用。

3月10日，在中央人口资源环境工作座谈会上，胡锦涛对科学发展观的深刻内涵和基本要求作了进一步阐述。他指出，坚持以人为本，就是要以实现人的全面发展为目标，从人民群众的根本利益出发谋发展、促发展，不断满足人民群众日益增长的物质文化需要，切实保障人民群众的经济、政治和文化权益，让发展的成果惠及全体人民。全面发展，就是要以经济建设为中心，

① 《十六大以来重要文献选编》(上)，中央文献出版社2005年版，第396页。
② 《十六大以来重要文献选编》(上)，中央文献出版社2005年版，第465页。

全面推进经济、政治、文化建设，实现经济发展和社会全面进步。协调发展，就是要统筹城乡发展、统筹区域发展、统筹经济社会发展、统筹人与自然和谐发展、统筹国内发展和对外开放，推进生产力和生产关系、经济基础和上层建筑相协调，推进经济、政治、文化建设的各个环节、各个方面相协调。可持续发展，就是要促进人与自然的和谐，实现经济发展和人口、资源、环境相协调，坚持走生产发展、生活富裕、生态良好的文明发展道路，保证一代接一代地永续发展。

为切实贯彻落实科学发展观，推动科学发展，党中央和国务院采取了一系列重大举措：一是进一步加强和完善宏观调控；二是完善社会主义市场经济体制；三是提出区域协调发展的总体战略；四是制定“十一五”规划；五是加强社会主义新农村建设；六是建设创新型国家；七是有序推进社会主义民主政治建设，努力建设社会主义政治文明；八是深化文化体制改革，繁荣社会主义先进文化。

在推动科学发展的过程中，党中央对于我国经济社会发展中长期积累的体制机制性矛盾以及面临的新情况新问题，有了更清醒的认识，对于经济社会发展的客观规律认识进一步深化。在此基础上，2006 年 12 月，中央经济工作会议明确提出：“必须深刻认识又好又快发展是全面落实科学发展观的本质要求。”从此前的“又快又好”到“又好又快”，虽然只是两个字顺序的变化，但却更加体现了科学发展观的内在要求，反映了党在发展问题上指导思想的升华，使全党对于新阶段发展规律的把握更加全面，指导发展的方针更加符合实际，破解发展难题的途径更加明确。

构建社会主义和谐社会

在经济持续高速增长的同时，中国社会内部各种利益关系的多元化、人际关系的复杂化，以及人与自然关系的紧张化日趋明显，影响着小康社会的建设。在经济建设、政治建设、文化建设等各方面不断取得新进展的同时，中共中央及时提出构建社会主义和谐社会的长远目标。

党的十六大在阐述全面建设小康社会的奋斗目标时，就提出了“社会更加和谐”的要求。2004 年 9 月，党的十六届四中全会首次提出了构建社会主义和谐社会的历史任务，明确提出，形成全体人民各尽其能、各得其所而又和谐相处的社会，是巩固党执政的社会基础、实现党执政的历史任务的必然要求，要适应我国社会的深刻变化，把和谐社会建设摆在重要位置。

2005年2月19日，胡锦涛在中央党校省部级主要领导干部“提高构建社会主义和谐社会能力”专题研讨班上，进一步阐明了社会主义和谐社会的基本内涵。他指出：“我们所要建设的社会主义和谐社会，应该是民主法治、公平正义、诚信友爱、充满活力、安定有序、人与自然和谐相处的社会。”①

在充分吸收各方面意见和建议的基础上，党的十六届六中全会着重从五个方面对构建社会主义和谐社会作了部署：一是要坚持协调发展，加强社会事业建设；二是要加强制度建设，保障社会公平正义；三是要建设和谐文化，巩固社会和谐的思想道德基础，树立社会主义荣辱观，坚持正确的导向；四是要完善社会管理，保持社会安定有序；五是要激发社会活力，增进社会团结和睦。

2006年10月，党的十六届六中全会专门作出《中共中央关于构建社会主义和谐社会若干重大问题的决定》，对建设社会主义和谐社会的重要性、紧迫性及一系列相关问题作了明确的界定和阐释。按照党的十六大确立的全面建设小康社会的目标，根据构建社会主义和谐社会的总要求，《决定》提出了到2020年构建社会主义和谐社会的目标和主要任务。这就是：社会主义民主法制更加完善，依法治国基本方略得到全面落实，人民的权益得到切实尊重和保障；城乡、区域发展差距扩大的趋势逐步扭转，合理有序的收入分配格局基本形成，家庭财产普遍增加，人民过上更加富足的生活，社会就业比较充分，覆盖城乡居民的社会保障体系基本建立；基本公共服务体系更加完备，政府管理和服务水平有较大提高；全民族的思想道德素质、科学文化素质和健康素质明显提高，良好道德风尚、和谐人际关系进一步形成；全社会创造活力显著增强，创新型国家基本建成；社会管理体系更加完善，社会秩序良好；资源利用效率显著提高，生态环境明显好转；实现全面建设惠及十几亿人口的更高水平的小康社会的目标，努力形成全体人民各尽其能、各得其所而又和谐相处的局面。

《决定》勾画出了一条促进社会和谐的科学发展之路，将中国特色社会主义事业的总体布局发展为社会主义经济建设、政治建设、文化建设、社会建设四

① 《十六大以来重要文献选编》(中)，中央文献出版社2006年版，第706页。

位一体，从而使中国特色社会主义的发展模式更加清晰。

党的十六大以来，以胡锦涛为总书记的党中央，提出了科学发展观与构建社会主义和谐社会等重大理论，在探索什么是社会主义和怎样建设社会主义的问题上，把全党和全国人民对中国特色社会主义的认识，提高到一个新的境界，从而在实践中进一步发展了中国特色社会主义。在发展中国特色社会主义的进程中，只有坚持科学发展，实现社会和谐，并促进两者的有机统一，才能从容应对各种困难、挑战和考验，才能将中国特色社会主义发展到一个新境界。正如胡锦涛指出的，"科学发展，社会和谐，是发展中国特色社会主义的基本要求，是实现经济社会又好又快发展的内在需要，必须坚定不移地加以落实。"①

三、党的十七大党章

党的十七大的筹备

党的十六大以来的五年是不平凡的五年。面对复杂多变的国际环境和艰巨繁重的改革发展任务，党带领全国各族人民，高举邓小平理论和"三个代表"重要思想伟大旗帜，战胜各种困难和风险，开创了中国特色社会主义事业新局面，开拓了马克思主义中国化新境界。与此同时，党中央也清醒地认识到，中国的改革和发展还面临着一些突出困难和问题，党中央高度重视这些问题，并从深入贯彻落实科学发展观，努力构建和谐社会，进一步完善社会主义市场经济体制等方面入手，着力解决这些问题。

2006 年 10 月，党的十六届六中全会作出了关于召开党的第十七次全国代表大会的决议。之后，在党中央的领导下，开始了党的十七大的准备工作，主要是以下四个方面：

一是党的十七大报告起草工作。党中央历来高度重视党的代表大会报告，党的十七大报告起草组组长由胡锦涛担任，报告的起草工作提前 10 个月开始

① 《坚定不移走中国特色社会主义伟大道路　为夺取全面建设小康社会新胜利而奋斗》，《人民日报》2007 年 6 月 26 日。

启动。2006年12月，党的十七大报告起草组在正式动手起草报告前，分成7个小组分赴13个省、市、区就党的十七大报告进行实地调研，广泛听取干部群众和专家学者意见。

胡锦涛先后在中南海主持召开党外人士座谈会，在北京、重庆、杭州等地主持召开7次座谈会，面对面地听取各省、区、市、军队和各大单位主要负责同志的意见和建议。各地区、各部门、各方面对报告征求意见稿共提出修改意见和建议2700多条，扣除重复意见1957条。报告起草组对收到的所有意见都进行了认真梳理和研究，共吸收890条意见和建议，作了950处修改，其中包括各民主党派中央、全国工商联和无党派人士的意见78条。

在近10个月的时间内，起草组共召开各类会议100多次，在5560人的范围内征求意见，对报告反复讨论、精心修改。2007年10月12日，党的十六届七中全会讨论通过了党的十七大报告稿，决定正式提交党的十七大审议。

二是党章的修改工作。党的十七大还有一项重要任务，就是对党章进行修改。

在2006年12月，中央征求各地区、各部门对党的十七大报告议题意见的过程中，不少地方和部门建议党的十七大，根据党的理论创新和实践发展，以及推进党的工作，加强党的建设需要，对党章进行适当的修改。中央政治局经过认真的研究，认为在党章中体现党的理论创新和实践发展的新成果，有利于全党更好地学习和遵守党章，更好地贯彻、落实党的理论和路线、方针、政策。

中央政治局确定了这次党章修改的指导思想和原则，强调要坚持以马克思列宁主义、毛泽东思想、邓小平理论和“三个代表”重要思想为指导，体现党的十六大以来党中央提出的科学发展观等重大战略思想。把党的十七大报告确立的重大的理论观点、重大的战略思想、重大的工作部署写入党章，努力使党章充分体现马克思中国化的最新成果，适应新形势、新任务，对推进党的工作，加强党的建设提出的新要求。遵循上述的指导思想和原则，认真开展党章修改工作，在集中全党智慧的基础上，形成了提交党的十七大审议的党章修正案。

三是党的十七大代表选举工作。2006年10月，党中央下发了《关于党的十七大代表选举工作的通知》，就选举单位的划分、代表应具备的条件和代表的构成、代表的产生程序、代表名额的分配等，作出了明确的规定，全国38个选举单位在代表候选人初步人选的推荐、提名和代表选举过程中，认真贯彻民主集中制原则，充分发扬党内民主，代表候选人初步人选推荐、提名工作坚持自下而上、上下结合、反复酝酿、逐级遴选。

这次代表的选举，在扩大党内民主方面采取了一些新的措施，扩大了代表候选人初步人选推荐环节的民主，候选人初步人选在本选举单位范围内以适当的方式进行了公示，提高了差额选举的比例。据统计，党的十七大代表选举工作中，各选举单位、基层党组织参与率在 99% 以上，党员的参与率在 98% 以上。

在这次党的十七大代表选举中，各选举单位共选举产生出席会议的代表 2217 名，经代表资格审查委员会审查，因严重违纪被撤销代表资格 1 人，2216 名代表资格有效。当选代表中，因病去世 3 人，应出席会议代表 2213 名，他们代表着全党 7000 多万名党员，具有较强的先进性和广泛的代表性。

四是为选举新一届中央委员会和中央纪律检查委员会做了必要的准备工作。按照党章规定，这次代表大会将选举新一届中央委员会和中央纪律检查委员会。

为了做好党的十七大的选举工作，党中央成立了专门的工作班子，在中央政治局领导下，负责对新一届的中央委员会委员和中央纪律检查委员会委员人选的民主推荐、组织考察和酝酿提名工作。

在这个基础上，经中央政治局会议讨论，提出新一届中央委员会和中央纪律检查委员会委员候选人预备人选建议名单，提请党的十七大主席团审议。

2007 年 6 月 25 日，胡锦涛在中央党校省部级干部进修班上发表重要讲话，科学分析了当前我国面临的新形势新任务，全面阐述了以邓小平理论和“三个代表”重要思想为指导、深入贯彻科学发展观的基本要求，深刻回答了党和国家未来发展的一系列理论和实践问题，从政治、思想和理论上为党的十七大的召开作了准备。

党的十七大的召开

2007 年 10 月 15 日至 21 日，中国共产党第十七次全国代表大会在北京召开。全世界的目光都集中在中国的首都北京，人们在等待着倾听东方巨人新的宣言。

《澳大利亚人报》驻中国首席记者罗文凯回忆说，“中共十七大在艳阳高照、一片祥和的气氛下召开。15日清晨，我在前往会场的途中，发现北京街头人人喜气洋洋。搭乘出租车，司机正在播放音乐，脸上挂着灿烂的微笑。下车后，我直奔人民大会堂。在门前，我采访了几位代表。他们更是激动不已。一位来自基层的女代表说，党的十七大在中国发展的重要时期召开。这一历史性盛会将有力推动中国小康社会的全面建立，并将有力推动中国和谐社会的建设。”

出席大会的正式代表2213人，特邀代表57人，共2270人。因事因病请假33人，实到2237人，他们代表着全党7300多万名党员。大会的主题是：“高举中国特色社会主义伟大旗帜，以邓小平理论和‘三个代表’重要思想为指导，深入贯彻落实科学发展观，继续解放思想，坚持改革开放，推动科学发展，促进社会和谐，为夺取全面建设小康社会新胜利而奋斗。”①

大会通过了胡锦涛代表第十六届中央委员会所作的《高举中国特色社会主义伟大旗帜　为夺取全面建设小康社会新胜利而奋斗》的报告，批准了中央纪律检查委员会工作报告，审议通过了《中国共产党章程(修正案)》，选举了新一届中央委员会和中央纪律检查委员会。

在报告中，胡锦涛明确指出，中国特色社会主义伟大旗帜，是当代中国发展进步的旗帜，是全党全国各族人民团结奋斗的旗帜。解放思想是发展中国特色社会主义的一大法宝，改革开放是发展中国特色社会主义的强大动力，科学发展、社会和谐是发展中国特色社会主义的基本要求，全面建设小康社会是党和国家到2020年的奋斗目标，是全国各族人民的根本利益所在。

党的十七大是在我国改革发展关键阶段的一次历史性会议，对我们党和国家的建设和发展有以下几方面的贡献：一是鲜明地回答了在当今中国，我们党举什么旗、走什么路，以什么样的精神状态、朝着什么目标前进的重大问题，回答了党和国家事业发展的重大理论和实际问题；二是第一次提出了中国特色

---

① 胡锦涛:《高举中国特色社会主义伟大旗帜　为夺取全面建设小康社会新胜利而奋斗》，人民出版社2007年版，第1页。

社会主义理论体系的重大命题，这是马克思主义中国化最新成果的最精辟概括，在马克思主义的发展史上具有划时代的意义；三是第一次系统深刻地阐述了科学发展观的科学内涵和根本要求，在新的历史起点上开辟了中国特色社会主义的新篇章，为我们自觉把握和践行科学发展观指明了方向，是我们党对“三大规律”的认识深化的基本标志；四是牢牢把握国内国际发展大势和当前我国发展的阶段性特征，与时俱进地提出了实现全面建设小康社会奋斗目标的新要求，全面部署了社会主义经济建设、政治建设、文化建设和社会建设的任务，充分体现了理论创新与实践创新的有机统一；五是适应新世纪新阶段的历史重任，对全面推进党的建设新的伟大工程作出了部署，强调党要站在时代前列，以执政能力和先进性建设为主线，以改革创新精神加强党的自身建设，进一步丰富和发展了党的建设的理论；六是通篇贯穿着坚持解放思想、实事求是、与时俱进的思想路线，勇于变革、勇于创新，永不僵化、永不停滞，不为任何风险所惧，不被任何干扰所惑，理论创新、制度创新、文化创新又大大地向前推进了一步。

在明确执政能力建设和先进性建设这个主线下，党的十七大报告提出了思想、组织、作风、制度和反腐倡廉五项建设，从而形成了“一条主线、五项任务”的党的建设新布局。

10月22日，党的十七届一中全会选举了新一届中央政治局。胡锦涛当选为中央委员会总书记；胡锦涛、吴邦国、温家宝、贾庆林、李长春、习近平、李克强、贺国强、周永康当选为中央政治局常委。根据中央政治局常委会的提名，通过了中央书记处成员；决定胡锦涛为中央军事委员会主席，批准贺国强为中央纪律检查委员会书记。

党的十七大科学总结了党在全国执政58年来特别是领导改革开放30年来历史进程中的宝贵经验，并得出了一条重要结论：“改革开放以来我们取得一切成绩和进步的根本原因，归结起来就是：开辟了中国特色社会主义道路，形成了中国特色社会主义理论体系。高举中国特色社会主义伟大旗帜，最根本的就是要坚持这条道路和这个理论体系。”①

① 胡锦涛：《高举中国特色社会主义伟大旗帜 为夺取全面建设小康社会新胜利而奋斗》，人民出版社2007年版，第11页。

党的十七大党章修改的过程

中国共产党历来高度重视党章建设。这次是党的十二大通过的现行党章的第五次修改。中央对修改党章的建议高度重视，要求中央纪委、中央办公厅、中央组织部、中央宣传部、中央联络部、中央政策研究室等部门进行研究和论证。

2007年3月10日，胡锦涛在中南海主持召开中央有关部门主要负责同志座谈会，就党章修改听取意见。在充分讨论的基础上，与会同志一致赞成党的十七大对党章进行适当修改。3月下旬，中央政治局常委会和中央政治局会议决定对党章进行适当修改。中央确定了党章修改工作必须遵循的指导原则：坚持以马克思列宁主义、毛泽东思想、邓小平理论和"三个代表"重要思想为指导，体现科学发展观等党的十六大以来党中央提出的一系列重大战略思想；把党的十七大报告确立的重大理论观点、重大战略思想、重大工作部署写入党章；坚持发扬党内民主，集中全党智慧；保持党章的总体稳定，只修改那些必须改的、在党内已经形成共识的内容，努力使修改后的党章充分体现马克思主义中国化最新成果，充分体现党的工作和党的建设的新鲜经验，以适应新形势新任务对党的工作和党的建设提出的新要求。

中央决定成立由吴邦国任组长的党章修改小组，在中央政治局常委会直接领导下工作。4月4日，20多位来自中央多个部门的同志齐集中南海，党的十七大党章修改小组举行第一次全体会议，肩负着全党同志的期望，正式揭开了党章修改工作的序幕。现行党章是党的十二大通过的，党的十三大、十四大、十五大、十六大作了四次修改。通过修改党章，及时把党的理论创新和实践发展的重大成果体现到党章中来，对于更好地指导党的工作和党的建设起到了重要作用。

3月24日，中央发出通知，就党章修改工作向各地区各部门征求意见。这一做法，同起草党的十七大报告先就议题征求全党意见一样，是发扬党内民主的生动体现。4月上旬，各地区各部门按照中央通知的要求，先后报送了125份关于党章修改的书面报告，普遍赞成党的十七大对党章进行适当修改，赞同中央确定的党章修改工作原则。各地区各部门共提出修改意见和建议1603条，扣除重复意见，共有116条实质性修改意见。

党章修改小组对这些报告认真进行梳理，还收集了党的十六大以来一些党组织和党员向中央有关部门提出的关于修改党章的意见和建议。党章修改小组认真研究了各地区各部门提出的每一条修改意见和建议，本着适当修改的原则，提出了党章修改建议方案，覆盖了各地区各部门提出的116条实质性修改意见中的72条。

5月10日、6月14日，中央政治局常委会两次审议党章修改方案，提出重要修改意见。6月15日，中央政治局会议审议并同意党章修改方案。7月11日，中央将《中国共产党章程（修正案）》征求意见稿同党的十七大报告征求意见稿一起，印发各地区各部门征求意见。这次征求意见扩大了范围，各省区市、各部门和解放军总政治部统计征求意见人数共5560人，比党的十六大时增加了约2520人。党的十六大代表和新当选的党的十七大代表都参加了讨论。

9月17日，中央政治局召开会议，研究并通过了拟提请党的十六届七中全会讨论的党章修正案稿。

10月9日，党的十六届七中全会在北京召开。吴邦国就《中国共产党章程（修正案）》讨论稿向全会作了说明。与会同志认真研究和讨论，提出很好的修改意见和建议。党章修改小组据此对党章修正案稿进行了修改。会议通过了《中国共产党章程（修正案）》，决定提请党的十七大审议。

10月15日，党的十七大在北京召开。大会期间，38个代表团的2200多名代表，对党章修正案进行了认真审议。代表们普遍认为，把党的理论创新和实践发展的重大成果写入党章，把党的十七大报告确立的重大理论观点、重大战略思想、重大工作部署写入党章，顺应党心民心，顺应时代潮流，有利于全党更好地学习和遵守党章，更好地贯彻落实党的理论和路线方针政策。同时，代表们积极建言献策，提出了进一步修改的意见和建议，党章修改小组又进行了进一步修改。

党章修改小组以高度的政治责任感和使命感对待工作，先后召开5次全体会议、40多次工作班子会议。广泛征求意见的做法，科学严谨的态度，为提出适应推进党的工作、加强党的建设需要的党章修正案提供了重要保障。

10月21日，在党的十七大闭幕会上，党章修正案获得一致通过。党的十七大通过的党章修正案主要修改内容共有15条，既充分体现了党的理论创新和实践发展的重大成果，又充实论述了党的基本路线和中国特色社会主义事业总体布局的内容，充实了党的建设的内容。

党的十七大党章的特点

党的十七大通过的《中国共产党章程(修正案)》把党的十二大以来党章的成就加以继承、提升、发展和创新，共 11 章 53 条，主要修改内容共有 15 条，修改后党章充分体现了马克思主义中国化最新成果，也充分体现了党的工作和党的建设的新鲜经验。具有以下特点：

(一) 充分体现党的理论创新成果。

党章总纲增写了关于科学发展观的表述。增写的第七自然段表述为："十六大以来，党中央坚持以邓小平理论和'三个代表'重要思想为指导，根据新的发展要求，集中全党智慧，提出了以人为本、全面协调可持续发展的科学发展观。科学发展观，是同马克思列宁主义、毛泽东思想、邓小平理论和'三个代表'重要思想既一脉相承又与时俱进的科学理论，是我国经济社会发展的重要指导方针，是发展中国特色社会主义必须坚持和贯彻的重大战略思想。"①

党章总纲和条文部分的其他修改，也都体现了科学发展观的要求。比如，总纲关于经济建设、政治建设、文化建设、社会建设和党的建设修改的内容，都体现了深入贯彻落实科学发展观的要求。条文部分关于党员、党的干部的要求和党的基层组织的基本任务的修改，也都增写了学习和贯彻落实科学发展观的内容。科学发展观反映了我们党对发展问题的新认识，把科学发展观写入党章，是确保我国经济社会又好又快发展的根本要求，是继续推进中国特色社会主义伟大事业的客观需要，是全党全国各族人民的共同心愿。

同时，构建社会主义和谐社会，建设创新型国家，建设社会主义新农村，努力推动建设持久和平、共同繁荣的和谐世界等也写入了党章。这充分说明，党的十七大党章是一部充分体现党的理论创新成果的党章修正案。

(二) 充分反映党的实践发展成果。

党章总纲第九自然段在阐述社会主义初级阶段基本国情和现阶段奋斗

① 《中国共产党第十七次全国代表大会文件汇编》，人民出版社 2007 年版，第 59 页。

目标时，增写了必须按照中国特色社会主义事业总体布局，全面推进经济建设、政治建设、文化建设、社会建设的内容，并在党章总纲第十四至十七自然段，分别论述了经济建设、政治建设、文化建设、社会建设。这样修改，有利于全面反映社会主义现代化建设的内在要求，使中国特色社会主义事业的布局、目标、任务更加明确，有利于动员全党全国各族人民更好地全面推进中国特色社会主义伟大事业。同时，党章总纲第九自然段还增写了促进人的全面发展，尊重劳动、尊重知识、尊重人才、尊重创造，做到发展为了人民、发展依靠人民、发展成果由人民共享的内容。这就清楚地表明，我们所强调的发展，是要在经济发展的基础上实现社会全面进步、促进人的全面发展，努力使全体人民共享改革发展成果。

在党章中确立中国特色社会主义事业总体布局，丰富了党的基本路线的内涵，有利于全党同志更加自觉、更加全面地贯彻党的基本路线。

（三）对党的建设和党的领导提出了新要求。

党章总纲对加强和改善党的领导、加强和改进党的建设提出了一系列新要求，强调要加强党的执政能力建设和先进性建设，以改革创新精神全面推进党的建设新的伟大工程，坚持立党为公、执政为民。在党的建设基本要求中，增写了深入贯彻落实科学发展观的内容，强调要从组织上保证党的基本理论、基本路线、基本纲领、基本经验的贯彻落实；弘扬求真务实精神，推进马克思主义中国化；坚持权为民所用、情为民所系、利为民所谋，坚持标本兼治、综合治理、惩防并举、注重预防的方针，建立健全惩治和预防腐败体系；保障党员民主权利，保证全党的团结统一。“党的领导”的自然段增写了坚持科学执政、民主执政、依法执政的内容，明确提出了促进经济社会全面发展的要求。

党章修正案对党的建设和党的领导提出的这些要求，集中体现了加强党的执政能力建设和先进性建设这条主线，有利于在新的形势下进一步加强和改进党的建设，不断提高党的执政能力，保持和发展党的先进性。

（四）凸显发展党内民主和强化党内监督的理念和要求。

对推进党内民主和党内监督作出多个首次规定，是党的十七大党章修改一大亮点，显示了推进党内民主发展和强化党内监督的决心和力度。

首次在党章中规定实行党务公开，有利于进一步发展党内民主，增强党组织工作的透明度，使党员更好地了解和参与党内事务，增强党的团结和活力，树立良好的开明形象。

首次规定党的各级代表大会代表实行任期制，可以为充分发挥代表作用创造条件。将来根据这项规定制定具体实施意见，明确党的各级代表大会闭会期间代表的职责和权利。

首次为巡视制度提供了党章依据，提升巡视制度的规范性，有利于加强党内监督，促进反腐倡廉。

首次规定报告工作制度。党的十六大以来，中央政治局向中央委员会报告工作已经形成制度，地方各级党委也在这方面作了积极实践。在党章中作出这样规定，有利于发展党内民主，强化党内监督，有利于发挥党的各级委员会全体会议的作用。

在改革发展的关键阶段，党的十七大对党章的修改具有十分重大的意义。全党只有在思想上和行动上达到高度一致，才能更好地坚持党的基本理论、基本路线、基本纲领、基本经验，更好地贯彻落实党的方针、政策和重大部署，更好地把中国特色社会主义伟大事业和党的建设新的伟大工程推向前进。

第十一章
继往开来谱华章

一、党的十八大党章修改的历史背景

党的建设新局面

为了落实党的十六大精神，在2002年12月召开的全国组织工作会议上，胡锦涛首次提出了“坚持以加强党的执政能力建设为重点，全面推进党的思想、组织、作风和制度建设”的总体要求，并强调“党的执政能力建设要紧密围绕发展这个主题来展开”，从而拉开了新一届中央领导集体全面推进党的建设新的伟大工程的序幕。

首先，在全党开展保持共产党员先进性教育活动。

保持马克思主义政党的先进性，历来是马克思主义建党理论中一个带根本性的重大课题。按照党的十六大的部署，2004年11月7日，中央下发了《关于在全党开展以实践“三个代表”重要思想为主要内容的保持共产党员先进性教育活动的意见》，决定从2005年1月开始，用一年半时间，在全党开展一次保持共产党员先进性教育活动。

通过这次先进性教育活动，广大党员普遍受到了一次深刻的理想信念教育和党性锻炼，基层党组织的创造力、凝聚力、战斗力进一步增强，党员队伍建设和改革发展中存在的突出问题、涉及群众切身利益的一些重点问题得到有效解决，各级党组织还在加强党员教育管理、建立健全基层党建工作责任制等方面形成了一些新的规章制度，推动了保持共产党员先进性长效机制的建立，取得了丰硕的实践成果、制度成果和理论成果。

其次，把执政能力建设和先进性建设作为党执政后的一项根本建设。

执政能力建设是党自身建设的一个重要组成部分，贯穿于党的建设各个方面。党的十六大明确把加强党的执政能力建设、提高党的执政能力和执政水平作为新时期党的建设的重要任务。在认真总结我们党长期执政经验的基础上，党的十六届四中全会作出《中共中央关于加强党的执政能力建设的决定》，对加强党的执政能力建设的重要性和紧迫性、深刻内涵、基本原则、根本目标和主要任务等重大问题进行了系统而深刻的阐述，抓住了提高领导水平和执政水平、提高拒腐防变和抵御风险的能力这两大历史性课题，抓住了进一步为人民掌好权、用好权这个根本问题，体现了我们党审时度势、居安思危的忧患意识和执政为民、造福人民的责任意识。在全党开展保持共产党员先进性教育活动，正是基于对不断解决好这个重大课题的战略思考，标志着我们党对共产党执政规律和自身建设规律的认识达到了新的高度。

第三，采取新举措发展党内民主，加强和改进党的基层组织建设。

各级党组织以保障党员民主权利为基础，以完善党的代表大会制度和委员会制度为重点，从改革体制机制入手，建立健全充分反映党员和党组织意愿的党内民主制度。2004 年 9 月，中央颁布《中国共产党党员权利保障条例》，逐步扩大党务公开范围，建立和完善党内情况通报制度、党内重大决策征求意见制度等，党组织工作的透明度得到增强，广大党员对党内事务有了更多的了解和参与。

党的基层组织是党的全部工作和战斗力的基础，也是提高党的执政能力、巩固党的执政地位的基础。党的十六大以来，中央先后下发了《关于深入开展农村党的建设“三级联创”活动的意见》、《关于进一步加强和改进街道社区党的建设工作的意见》、《关于加强和改进中央企业党建工作的意见》，在调整组织设置、改进工作方式、创新活动内容等方面做了大量卓有成效的工作，基层党组织的覆盖面得到扩大，凝聚力和战斗力得到增强。

第四，深入学习实践科学发展观。

按照党的十七大的部署，中央决定通过学习实践活动，提高思想认识，解决突出问题，创新体制机制，推动科学发展。从2008年9月开始，用一年半左右时间，在全党分批开展深入学习实践科学发展观活动，强调它“是用中国特色社会主义理论体系武装全党的重大举措，是提高党的执政能力、保持和发展党的先进性的必然要求，是顺应人民新期待、保持党同人民群众血肉联系的重要步骤”。

在全党共同努力下，学习实践活动取得了丰硕的认识成果、实践成果、制度成果。广大党员、干部贯彻落实科学发展观的自觉性和坚定性明显增强，制定了一批推动科学发展的政策措施，解决了一批影响和制约科学发展的突出问题，建立健全了一批保障和促进科学发展的体制机制；解决了大量涉及群众切身利益的实际问题，密切了党群、干群关系；党的基层组织建设得到明显加强，扩大了党的组织和党的工作覆盖面，丰富了党组织和党员发挥作用的有效途径和方法，改进了基层党的建设领导体制和工作机制。

第五，加强党内监督，坚定不移地反对腐败。

2003年12月31日，《中国共产党党内监督条例(试行)》出台。作为党内首部监督大法，这部法规是建立健全教育、制度、监督并重的惩治和预防腐败体系的重要一环。2004年9月19日，党的十六届四中全会经过充分讨论，审议通过了《中共中央关于加强党的执政能力建设的决定》。这是中国共产党历史上的第一个就加强党的执政能力建设专门制定的纲领性文件，记载着执政半个多世纪的中国共产党人的艰辛探索历程。2005年年初颁布实施的《建立健全教育、制度、监督并重的惩治和预防腐败体系实施纲要》，是从源头上防治腐败的根本举措，对于提高党的执政能力，巩固党的执政地位，具有极其重要的意义。

按照党要管党、从严治党的要求，从中央到地方陆续建立巡视制度，并于2009年3月颁布实施《中国共产党巡视工作条例(试行)》。巡视制度的建立，不仅从制度上强化了党内监督，促进党员领导干部廉洁自律、依法执政，而且把一些不正之风和腐败问题解决在萌芽状态，减少腐败现象的滋生，提升了党内监督的水平和效果。

2009年9月15日至18日，党的十七届四中全会审议通过《中共中央关于加强和改进新形势下党的建设若干重大问题的决定》。全会提出，加强和改进新形势下党的建设，必须全面贯彻党的十七大关于党的建设总体部署，按照党章要求，“着眼于继续解放思想、坚持改革开放、推动科学发展、促进社会和谐，着眼于提高党的执政能力、保持和发展党的先进性，着眼于增强全党为党和人民事业不懈奋斗的使命感和责任感，着眼于保持党同人民群众的血肉联系。”①

这四个“着眼于”，是贯彻落实党的十七大作出的重大部署的“再推进”，是基于党所处的历史方位，瞄准更远大目标的党的建设新的伟大工程的“再出发”，是新形势下加强和改进党的建设的立足点。随着党的建设实践发展，我们党对马克思主义执政党建设规律的认识不断深化。适时把这些新的实践和理论成果充实到党章之中很有必要，符合形势和任务发展变化需要，符合广大党员意愿。

治国理政的成就

党的十七大以来，面对前所未有的机遇和挑战，面对复杂的国内外形势，以胡锦涛为总书记的党中央带领全国各族人民全面贯彻党的十七大及各次中央全会精神，高举中国特色社会主义伟大旗帜，以邓小平理论和“三个代表”重要思想为指导，深入贯彻落实科学发展观；隆重纪念党的十一届三中全会召开30周年、中华人民共和国诞生60周年、中国共产党成立90周年；大力弘扬伟大的抗震救灾精神、北京奥运精神、载人航天精神，万众一心，迎难而上，锐意改革，共克时艰，全力保增长、促民生、抓稳定；加大转变经济发展方式和调整经济结构力度，取得应对国际金融危机冲击、保持经济平稳较快发展的明显成效；推动深入学习实践科学发展观活动健康开展，加快推进特大自然灾害灾区恢复重建，维护民族地区社会大局稳定；全面推进社会主义经济建设、政治建设、文化建设、社会建设以及生态文明建设，全面推进党的建设新的伟大工程，治党、治国、治军、内政、外交、国防等各项工作取得新进展，中国特色社会主义事业展现出勃勃生机。

---

① 《中共中央关于加强和改进新形势下党的建设若干重大问题的决定》,《人民日报》2009年9月28日。

五年来，不论面对怎样错综复杂的国内外形势，党中央始终坚持科学发展，统筹推进中国特色社会主义各项事业。胡锦涛等党和国家领导人更是在许多场合反复强调“聚精会神搞建设，一心一意谋发展”，“不动摇、不懈怠、不折腾”。正是因为抓住了全面发展这个关键，我国文化产业蓬勃发展，社会建设和生态建设步伐不断加快，国防和军队现代化建设稳步推进，祖国和平统一大业迈出重大步伐，中国特色社会主义事业朝着科学发展的方向一路向前。

从坚持以人为本到转变经济发展方式，从构建社会主义和谐社会到推动建设和谐世界，从大力实施人才强国战略到建设创新型国家，从建设社会主义核心价值体系到建设社会主义文化强国，从建设社会主义新农村到全面推进党的建设新的伟大工程……一个个重大决策，是科学发展观理论力量的具体体现，是科学发展观走向深入的历史足迹。

五年来，不论面对多大的灾难、多大的考验，党中央始终坚持把民生放在首位，把切实解决人民最关心最直接最现实的利益问题，努力实现好、维护好、发展好最广大人民根本利益作为一切工作的出发点和着力点。义务教育全面推广，就业政策体系日渐完善，社会保障体系建设稳步推进，医疗卫生事业稳步发展，住房保障体系建设加快推进，党中央以全心全意为人民服务的实际行动，赢得了亿万群众的衷心拥护。

从北京奥运会、残奥会到上海世博会，从“嫦娥”揽月、太空漫步到超级计算机、基因测序等前沿科技实现重大突破，从南水北调到西气东输等重大工程捷报频传，中华民族书写了一个又一个传奇，让世界惊叹。从席卷全球的国际金融危机，到特大地震、特大泥石流等严重自然灾害，以胡锦涛为总书记的党中央科学决策，沉着应对，团结带领全国人民众志成城，迎难而上，经受住了一次又一次重大考验，不断提升驾驭复杂局面的能力。

五年来，以胡锦涛为总书记的党中央始终高举和平、发展、合作的大旗，秉持维护世界和平、促进共同发展的宗旨，始终不渝地走和平发展道路，始终不渝地奉行互利共赢的开放战略，统筹国内国际两个大局，推动国际政治经济秩序朝着更加公正合理的方向发展，国际影响力不断上升，一个负责任的发展中大国形象愈发鲜明。

从不断创新的上海合作组织到日臻成熟的中非合作论坛、中国—阿拉伯国家合作论坛，从备受瞩目的金砖国家领导人会晤机制到倡议中的中国—拉丁美洲合作论坛，一系列对话机制成为增强互信、促进合作的新平台。

国际形势风云变幻，国内改革发展稳定任务繁重，中国共产党人紧紧抓住和用好发展的重要战略机遇期，战胜了一系列严峻挑战，奋力把中国特色社会主义事业推进到一个新的发展阶段。

修改现行党章的必要性

现行党章是1982年9月党的十二大修改制定的。根据形势和任务发展变化，1987年11月，党的十三大对条文作了部分修改；1992年10月，党的十四大对总纲和条文作了部分修改；1997年9月，党的十五大对总纲作了个别修改；2002年11月，党的十六大对总纲和条文作了部分修改；2007年10月，党的十七大对总纲和条文作了部分修改。

党的十七大以来，我们党坚持以邓小平理论和“三个代表”重要思想为指导，深入贯彻落实科学发展观，团结带领全国各族人民，在推进中国特色社会主义事业的实践中，继续推进马克思主义中国化，提出了一系列新观点和重大战略思想，丰富和发展了科学发展观。科学发展观得到全党全国各族人民广泛认同和拥护，列入党的指导思想的时机和条件已经成熟。

我们党确立了社会主义经济建设、政治建设、文化建设、社会建设、生态文明建设的中国特色社会主义事业总体布局，完善了建设富强民主、文明和谐的社会主义现代化国家的奋斗目标，形成了贯彻落实科学发展观的一系列方针政策，努力推动我国经济社会又好又快发展。

围绕党的执政能力建设和先进性建设这条主线，我们党扎实推进党的建设新的伟大工程，深入学习实践科学发展观活动取得重大成果，创先争优活动和创建学习型党组织成效明显，发展党内民主、加强干部教育培训、深化干部人事制度改革、推进组织制度创新、加强党的基层组织建设、建立健全惩治和预防腐败体系等方面取得新的重要进展。

对党章进行适当修改，把科学发展观与马克思列宁主义、毛泽东思想、邓小平理论、“三个代表”重要思想一道确立为党的指导思想，把中国特色社会主义制度写入党章，把生态文明建设作为中国特色社会主义事业总体布局的重要组成部分写入党章，把改革开放和社会主义现代化建设新的重要思想和重大方针政策写入党章，把党的建设的理论创新和实践发展成果写入党章，是适应新形势任务发展变化推进党的工作、加强党的建设的客观需要，是统一全党思想行动、凝聚全党智慧和力量、调动全党积极性的重要举措。

二、党的十八大的筹备与召开

党的十八大报告的起草

2011 年 10 月召开的党的十七届六中全会决定 2012 年下半年召开党的十八大。起草一份科学总结五年成就和十年历程，系统阐述坚持和发展中国特色社会主义的一系列重大理论和实践问题，全面部署未来党和国家各项事业的报告，是开好这次大会的关键。

2012 年 1 月，根据中央政治局常委会和中央政治局的决定，党的十八大报告起草工作正式启动，中央成立由习近平同志任组长，李克强、刘云山同志任副组长，包括党中央、国务院有关部门和部分省区负责同志在内的文件起草组。

1 月 5 日，胡锦涛在文件起草组第一次全体会议上发表重要讲话，对报告起草工作作出全面部署，确定了“四个必须”的指导原则：必须坚持以科学发展观为指导，必须认真总结党领导人民推进改革开放和社会主义现代化建设的生动实践和新鲜经验，必须从战略全局上对我国改革发展作出部署，必须坚持解放思想、实事求是、与时俱进，努力把党的十八大报告写成坚持以马克思主义为指导、适应党和国家事业发展要求、符合全党全国人民意愿、富有改革创新精神的文件。

1 月 6 日，在报告起草工作启动第二天，中央向各省、自治区、直辖市党委，中央各部委，国家机关各部委党组(党委)，解放军各总部、各大单位党委，各人民团体党组发出《关于对党的十八大报告议题征求意见的通知》，决定对党的十八大报告议题在党内一定范围组织讨论，广泛征求意见，同时通过一定方式征求部分党外人士意见和建议。

主题是报告的灵魂。对于党的十八大的主题，以胡锦涛为总书记的党中央一直在深入思考。对中国共产党这样一个马克思主义政党来说，党的十八大报告的主题，需要简明而又鲜明地向党内外、国内外宣示我们党将举什么旗、走什么路、以什么样的精神状态、朝着什么样的目标继续前进这四个关系党和国家工作全局的重大问题。

7月23日，胡锦涛在北京京西宾馆举行的省部级主要领导干部专题研讨班开班式上，就党的十八大报告起草涉及的若干重大问题作了重要讲话，科学分析了当前我国面临的新形势新任务，深刻阐述了事关党和国家全局的若干重大问题，深刻回答了党和国家未来发展的一系列理论和实践问题，为党的十八大的胜利召开作了重要的思想准备。

胡锦涛对报告主题进行了深入、精辟的阐述：高举中国特色社会主义伟大旗帜，以邓小平理论、“三个代表”重要思想、科学发展观为指导，解放思想，改革开放，凝聚力量，攻坚克难，坚定不移地沿着中国特色社会主义道路前进，为全面建成小康社会而奋斗。这个主题向世界昭示：中国共产党人要举的旗帜就是中国特色社会主义的旗帜；要走的道路，就是中国特色社会主义的道路；要弘扬的精神，就是解放思想，改革开放，凝聚力量，攻坚克难；要实现的目标，就是为全面建成小康社会而奋斗。

党中央高度重视报告起草工作。10个多月来，胡锦涛先后主持召开四次中央政治局常委会会议、两次中央政治局会议，听取报告起草工作的情况报告，审议修改报告稿。习近平8次主持召开起草组全体会议，研究部署报告起草工作。党的十七届中央政治局常委吴邦国、温家宝、贾庆林、李长春、李克强、贺国强、周永康对报告起草工作提出许多重要的意见。

11月1日至4日，党的十七届七中全会在北京召开。出席会议的200名中央委员、165名候补中央委员，以及列席会议的中央纪律检查委员会委员和有关负责同志分组讨论了党的十八大报告稿。文件起草组根据全会分组讨论所反馈的196条意见，其中原则性修改意见15条，具体修改意见181条，对报告稿作了41处修改，提交中央政治局常委会会议审议，修改后再次提交全会分组讨论。各组经过认真讨论，又提出5条意见，起草组建议修改1处。4日下午，党的十七届七中全会表决通过了修改后的党的十八大报告稿，决定正式提交党的十八大审议。

11月8日，党的十八大开幕式上，一份厚达64页、近3万字的党的十八大报告，醒目地摆在2300多名代表和特邀代表的座席前。

党的十八大代表的基本条件与构成特点

党的十七届六中全会作出2012年下半年召开党的十八大的决定后，中共中央印发了《关于党的十八大代表选举工作的通知》。《通知》要求各级党组织加强领导，精心组织，周密安排，抓好落实，真正使党的十八大代表选举产生过程，成为党性党风党纪教育的过程，成为党内民主实践和民主集中制教育的过程，成为保持和发展共产党员先进性、巩固和扩大深入学习实践科学发展观活动和创先争优活动成果的过程。按照《通知》的规定，党的十八大代表应当具备以下几项条件：

一是能够模范遵守和贯彻党章，按照党员标准严格要求自己，保持共产党员先进性，具有共产主义远大理想和中国特色社会主义坚定信念，努力学习马克思列宁主义、毛泽东思想、邓小平理论和“三个代表”重要思想，深入贯彻落实科学发展观；

二是能够坚决执行党的路线方针政策，正确理解和认真贯彻中央的指示精神，维护党的集中统一，与党中央保持高度一致，讲政治，顾大局，守纪律，立场坚定，明辨是非，坚持原则，在关键时刻经得起考验；

三是能够自觉践行党的根本宗旨和社会主义核心价值体系，密切联系群众，热忱服务群众，受到群众拥护，遵守国家法律法规，有良好的思想作风、工作作风和生活作风，公道正派，清正廉洁，道德品质好；

四是能够充分发挥共产党员先锋模范作用，带头创先争优，敬业勤奋，真抓实干，开拓创新，努力推动科学发展、促进社会和谐，在生产和工作中作出显著成绩；

五是能够正确行使党员的民主权利，忠实履行代表的职责，具有较强的议事能力和群众工作本领，积极并如实反映党员和群众的意见和要求，自觉接受监督。

根据《通知》的要求，中央组织部召开会议对党的十八大代表选举工作进行了部署。全国40个选举单位，分别召开党的代表大会或党代表会议，选举产生了2270名代表出席党的十八大代表。党的十八大代表名额比党的十七大时增加了50名，主要是考虑要适当增加生产和工作第一线代表，同时也考虑到五年来全国基层党组织和党员数有所增加。

党的十八大代表肩负着8000多万名党员的重托，他们当中既有各级党员领导干部，又有生产和工作第一线党员；既有工人、农民、专业技术人员和军人，又有基层干部和企事业单位管理人员，还有来自非公有制企业和新社会组织的党员。必须具有广泛的党员代表性，才能够代表各行各业、各个方面的广大党员，反映最大多数党员的意愿，真正体现党员是党内生活的主体。细数党的十八大代表构成，可以发现以下几个特点：

首先，分布广泛。代表的分布状况，是衡量党员代表性的重要依据。党的十八大代表中，要有经济、科技、国防、政法、教育、宣传、文化、卫生、体育和社会管理等各个领域，省、市、县、乡镇和街道社区等各个层级，以及机关、企事业单位、人民团体、非公有制经济组织和新社会组织等各个方面的代表。女党员代表所占比例应有所提高，少数民族党员代表应占一定比例。

其次，增加生产和工作第一线党员代表比例，相应减少党员领导干部比例，一直是中国共产党代表大会的趋势。党的十八大代表中，既有各级党员领导干部，又有生产和工作第一线的党员。党员领导干部占69.5%，比党的十七大时降低2.1个百分点。生产和工作第一线党员占30.5%，比党的十七大时提高了2.1个百分点。其中，省（区、市）当选代表中，党员领导干部占65.6%，比党的十七大时降低2.6个百分点；生产和工作第一线党员占34.4%，比党的十七大时增加51人，提高了2.6个百分点。

第三，工人代表数量大幅增加是党的十八大代表构成的一大鲜明特色。党的十八大工人党员代表由党的十七大时的51人增加到169人，占代表总数的7.4%，比党的十七大时提高5.1个百分点；省区市和中央在京企业的代表中，工人党员占10.4%，比党的十七大时提高了7.1个百分点。改革开放以来，农民工成为工人的重要组成部分，为工人队伍注入新鲜血液。26名农民工党员进入党的十八大代表行列，第一次以群体形象出现在人们面前。较大幅度提高工人党员代表比例，对于彰显党的阶级属性、增强党的阶级基础、保持党的先进性具有十分重要的意义。

第四，注重推优，是党的十八大代表选举中在结构比例上的一个突出特点。近些年来，在工人、农民、专业技术人员党员队伍中，涌现出大批先进模范人物，他们以突出事迹和高尚品德充分展现了党的先进性，赢得了人民群众的信赖和拥护。中共中央组织部副部长王京清表示，来自基层一线的代表中，97.8% 获得过全国优秀共产党员、全国优秀党务工作者、全国劳动模范、全国先进工作者和全国道德模范等荣誉称号。

党的十八大的召开及报告的几个特点

2012 年 11 月 8 日上午，举世瞩目的中国共产党第十八次全国代表大会在北京人民大会堂隆重开幕。大会的主题是："高举中国特色社会主义伟大旗帜，以邓小平理论、'三个代表'重要思想、科学发展观为指导，解放思想，改革开放，凝聚力量，攻坚克难，坚定不移沿着中国特色社会主义道路前进，为全面建成小康社会而奋斗。"①

胡锦涛作了题为《坚定不移沿着中国特色社会主义道路前进　为全面建成小康社会而奋斗》的报告。报告共分为 12 个部分：一、过去五年的工作和十年的基本总结；二、夺取中国特色社会主义新胜利；三、全面建成小康社会和全面深化改革开放的目标；四、加快完善社会主义市场经济体制和加快转变经济发展方式；五、坚持走中国特色社会主义政治发展道路和推进政治体制改革；六、扎实推进社会主义文化强国建设；七、在改善民生和创新管理中加强社会建设；八、大力推进生态文明建设；九、加快推进国防和军队现代化；十、丰富"一国两制"实践和推进祖国统一；十一、继续促进人类和平与发展的崇高事业；十二、全面提高党的建设科学化水平。

报告以高度凝练的语言，准确而鲜明地向党内外、国内外阐述了关系我们党和国家工作全局的一系列重大理论和实际问题，在与会代表和广大党员、干部、群众中产生热烈反响。主要有以下几个特点：

第一，提出科学发展观是党的指导思想。

① 胡锦涛：《坚定不移沿着中国特色社会主义道路前进　为全面建成小康社会而奋斗——在中国共产党第十八次全国代表大会上的报告》，人民出版社 2012 年版，第 1 页。

中国共产党是十分重视理论指导的党。科学发展观是党的十六大以来我们党带领人民推进改革发展伟大实践中应运而生的最新理论成果。党的十六届三中全会首次提出科学发展观之后，在10年实践中发挥了重要作用，得到全党的拥护。对科学发展观的作用，过去我们党的文献是这样表述的：即"以邓小平理论和'三个代表'重要思想为指导，深入贯彻落实科学发展观"，或者说是"经济社会发展的指导方针"，就是说它还没有上升到党的指导思想的高度。

党的十八大报告高度评价科学发展观的重大理论贡献和实践价值，着眼坚持和发展中国特色社会主义的战略全局，明确提出科学发展观同马克思列宁主义、毛泽东思想、邓小平理论、"三个代表"重要思想一道，是党必须长期坚持的指导思想。这就实现了党的指导思想又一次与时俱进，是这次大会的重大历史性贡献。这对于坚持和发展中国特色社会主义，全面建成小康社会和实现社会主义现代化，具有重大现实意义和深远历史意义。

第二，高举中国特色社会主义伟大旗帜。

党的十八大报告指出，"中国特色社会主义道路，中国特色社会主义理论体系，中国特色社会主义制度，是党和人民九十多年奋斗、创造、积累的根本成就，必须倍加珍惜、始终坚持、不断发展。"①

中国特色社会主义道路是实现途径，中国特色社会主义理论体系是行动指南，中国特色社会主义制度是根本保障，三者统一于中国特色社会主义伟大实践，这是党领导人民在建设社会主义长期实践中形成的最鲜明特色。习近平总书记在主持中共十八届中央政治局第一次集体学习时指出，"中国特色社会主义是中国共产党和中国人民团结的旗帜、奋进的旗帜、胜利的旗帜。我们要全面建成小康社会、加快推进社会主义现代化、实现中华民族伟大复兴，必须始终高举中国特色社会主义伟大旗帜，坚定不移坚持和发展中国特色社会主义。党的十八大要求全党坚定对中国特色社会主义的道路自信、理论自信、制度自信，其根本原因就在这里。"②

---

① 胡锦涛：《坚定不移沿着中国特色社会主义道路前进　为全面建成小康社会而奋斗——在中国共产党第十八次全国代表大会上的报告》，人民出版社2012年版，第12页。

② 《习近平在十八届中共中央政治局第一次集体学习时的讲话》，《人民日报》2012年11月19日。

第三，强调全面“建成”小康社会及“五位一体”的总布局。

中国共产党十七届中央委员会向党的十八大的报告的综合创新还体现在提出由全面“建设”小康社会到全面“建成”小康社会。从“建设”到“建成”，这一字之变，是个质的飞跃，为我们扎扎实实地迈向中华民族伟大复兴提供了一个看得见、摸得着、感受得到的阶段性目标，把全面建成惠及十几亿人口的更高水平小康社会美好前景，更加清晰地呈现在全国人民面前，必将极大激发全国人民的奋斗热情。

胡锦涛在报告中提出，建设中国特色社会主义，总依据是社会主义初级阶段，总布局是五位一体，总任务是实现社会主义现代化和中华民族伟大复兴。从这里可以清楚地看到，中国特色社会主义现代化建设事业，目前全面建成小康社会的整体布局已由原来的经济、政治、文化建设的“三位一体”，经过经济、政治、文化、社会建设的“四位一体”，到这次代表大会报告的经济、政治、文化、社会、生态文明建设的“五位一体”。这“五位一体”的总体布局，表明我们党对中国特色社会主义建设规律从认识到实践都达到了新的水平。

第四，提出全面提高党的建设科学化水平的新格局。

中国共产党十七届中央委员会向党的十八大的报告的综合创新还体现在按照全面提高党的建设科学化水平的要求提出了党的建设的新格局。胡锦涛强调，“全党要增强紧迫感和责任感，牢牢把握加强党的执政能力建设、先进性和纯洁性建设这条主线，坚持解放思想、改革创新，坚持党要管党、从严治党，全面加强党的思想建设、组织建设、作风建设、反腐倡廉建设、制度建设，增强自我净化、自我完善、自我革新、自我提高能力，建设学习型、服务型、创新型的马克思主义执政党，确保党始终成为中国特色社会主义事业的坚强领导核心。”①

这个新格局不仅指出中国共产党安身立命之根本，也指出了中国共产党长期执政的合法依据；不仅强调了今后党的建设的主线，还强调了党的建设的新部署，即全面加强党的思想建设、组织建设、作风建设、反腐倡廉建设、制度建设；不仅指明今后党的建设要增强“四自能力”，还要把党建设成为学习型、

① 胡锦涛：《坚定不移沿着中国特色社会主义道路前进　为全面建成小康社会而奋斗——在中国共产党第十八次全国代表大会上的报告》，人民出版社2012年版，第49—50页。

服务型、创新型的马克思主义执政党。

第五，“八个坚持”丰富了中国特色社会主义内涵。

党的十八大报告对中国特色社会主义作出新的理论概括，强调在新的历史条件下，夺取中国特色社会主义新胜利，必须牢牢把握八个基本要求，分别是：必须坚持人民主体地位，必须坚持解放和发展社会生产力，必须坚持推进改革开放，必须坚持维护社会公平正义，必须坚持走共同富裕道路，必须坚持促进社会和谐，必须坚持和平发展，必须坚持党的领导。

这八个基本要求，必将极大地推进解放思想、改革开放、凝聚力量、攻坚克难，扎扎实实地夺取中国特色社会主义新胜利，奋力开拓中国特色社会主义更为广阔的发展前景。

第六，重申了群众利益至上的执政理念。

党的十八大报告明确提出：“凡是涉及群众切身利益的决策都要充分听取群众意见，凡是损害群众利益的做法都要坚决防止和纠正。”①

这两个“凡是”，符合马克思主义辩证唯物法，符合中国共产党“全心全意为人民服务”的宗旨，是中国共产党成立以来一脉相承的、具有普遍的真理性。历史的经验和教训告诉我们，一个民族要强盛，一个国家要强大，一个政党要永久执政，必须依靠人民群众，始终维护人民群众的根本利益。中国共产党 90 多年发展壮大和 60 多年执政理国的实践证明，党必须依靠广大人民群众，充分尊重人民群众当家作主的基本权利、坚决维护人民群众的根本利益。在党的十八大报告中，“人民”这两个字是我们能频繁地听到一个响亮的字眼。据不完全统计，仅仅在报告最后谈及的党建等部分，“人民”这两个字就出现了 20 次之多。据此，人们有理由对中国的未来充满期望。

在总监票人和监票人监督下，到会的代表和特邀代表以无记名投票方式，选举出由 205 名委员、171 名候补委员组成的党的十八届中央委员会，选举出党的十八届中央纪律检查委员会委员 130 名。

在选举产生新一届中央委员会和中央纪律检查委员会，通过关于十七届

① 胡锦涛：《坚定不移沿着中国特色社会主义道路前进　为全面建成小康社会而奋斗——在中国共产党第十八次全国代表大会上的报告》，人民出版社 2012 年版，第 29 页。

中央委员会报告的决议、关于中央纪律检查委员会工作报告的决议、关于《中国共产党章程(修正案)》的决议后，中国共产党第十八次全国代表大会于11月14日上午在人民大会堂胜利闭幕。

三、党的十八大党章的修改及特点

党的十八大党章的修改原则和过程

在深入调研论证的基础上，党的十七届中央政治局决定对党章进行适当修改，并成立由习近平任组长的党章修改小组，在中央政治局常委会直接领导下工作。党中央认为，综合考虑各方面因素，党的十八大对党章进行适当修改是必要的，也符合各级党组织和广大党员的意愿。

现行党章是在全面总结我们党的历史经验的基础上，根据改革开放和社会主义现代化建设以及党的组织和队伍的实际情况制定的，总体上适应指导党的工作和党的建设的需要。因此，中央确定这次对党章只作适当修改，并确定了这次修改党章遵循的原则，那就是：坚持以马克思列宁主义、毛泽东思想、邓小平理论、“三个代表”重要思想和科学发展观为指导，把党的十八大报告确立的重大理论观点和重大战略思想写入党章；坚持发扬党内民主，集中全党智慧；保持党章总体稳定，只修改那些必须改的、在党内已经形成共识的内容，努力使修改后的党章充分体现马克思主义中国化最新成果，充分体现党的十七大以来党中央提出的一系列重大战略思想，充分体现党的工作和党的建设的新鲜经验，以适应新形势新任务对党的工作和党的建设提出的新要求。确定和坚持这样的修改原则，既有利于实现党章与时俱进、体现党和国家事业发展新要求，又有利于维护党章的权威性、保持党章基本内容的稳定性和连续性，更好规范和指导当前和今后一个时期党的工作和党的建设。

2012年7月25日，党的十八大党章修改小组在中南海举行第一次全体会议。从历史和现实的结合上，习近平阐明了修改党章的重要性和必要性，要求大家以高度的使命感和责任感做好这项工作。此时，距离党的十八大召开仅有105天。

7月23日，中央发出通知，就党章修改工作向各地区各部门征求意见。

这一做法，同起草党的十八大报告先就议题征求全党意见一样，表明了对党员的知情权、参与权和表达权的尊重。8 月中旬，按照中央通知要求，各地区各部门先后报送了 121 份关于党章修改的书面报告，完全赞同中央确定的修改原则。各地区各部门共提出修改意见和建议 1490 条，扣除重复意见，共有 119 条实质性修改意见。围绕党章修正案涉及的重大理论观点和提法，党章修改小组列出 40 个专题逐一深入研究论证。

9 月 4 日，中央将《中国共产党章程（修正案）》征求意见稿，印发各地区各部门征求意见。党的十七大代表和新当选的党的十八大代表全部参加了讨论，直接参加讨论的达 4000 多人。

8 月下旬至 9 月上旬，胡锦涛先后在北京主持召开 6 个座谈会，与党章修改小组负责同志一道，面对面地听取各省、区、市、军队和各大单位主要负责同志的意见，同大家就党章修改问题进行深入研究。

11 月 1 日，党的十七届七中全会在北京召开。习近平就《中国共产党章程（修正案）》讨论稿向全会作了说明。与会同志认真研究和讨论，提出了很好的修改意见和建议。党章修改小组据此对党章修正案稿进行了修改。会议通过了《中国共产党章程（修正案）》，决定提请党的十八大审议。

11 月 8 日至 14 日，党的十八大在北京召开。大会期间，38 个代表团的代表、特邀代表，对党章修正案进行了认真审议，提出了进一步修改的意见和建议，党章修改小组又进行了修改。11 月 14 日，大会全体会议一致通过党章修正案。

在 3 个多月时间里，党章修改小组始终以高度的政治责任感、科学严谨的态度，先后召开四次全体会议和数十次工作班子会议，形成了 30 多份修改稿、过程稿。从某种意义上来说，制定、修订和通过党章修正案的过程，也是一个落实党的建设制度化和科学化要求的过程。

党的十八大党章修改的主要内容及特点

党的十八大对党章的修改主要集中在以下几个方面：

一是对科学发展观作出新的定位和阐述。

把科学发展观列入党的指导思想，是这次党章修改的最大亮点和最突出的历史贡献。

党章修正案总纲部分第七自然段充实了党的十六大以来党的理论创新特别是科学发展观的定位的内容，表述为："十六大以来，以胡锦涛同志为主要代表的中国共产党人，坚持以邓小平理论和'三个代表'重要思想为指导，根据新的发展要求，深刻认识和回答了新形势下实现什么样的发展、怎样发展等重大问题，形成了以人为本、全面协调可持续发展的科学发展观。科学发展观，是同马克思列宁主义、毛泽东思想、邓小平理论、'三个代表'重要思想既一脉相承又与时俱进的科学理论，是马克思主义关于发展的世界观和方法论的集中体现，是马克思主义中国化最新成果，是中国共产党集体智慧的结晶，是发展中国特色社会主义必须坚持和贯彻的指导思想。"①

这段话深刻阐明了科学发展观的时代背景、科学内涵、精神实质和贯彻落实科学发展观的基本要求。"根据新的发展要求"阐明了科学发展观提出的时代背景，这个新的发展要求就是新世纪新阶段我国发展的阶段性特征对发展提出的新要求。"以人为本、全面协调可持续发展"是科学发展观的基本内涵。解放思想、实事求是、与时俱进、求真务实，是科学发展观最鲜明的精神实质。全党必须更加自觉地把推动经济社会发展作为深入贯彻落实科学发展观的第一要义，把以人为本作为深入贯彻落实科学发展观的核心立场，把全面协调可持续作为深入贯彻落实科学发展观的基本要求，把统筹兼顾作为深入贯彻落实科学发展观的根本方法。

二是充实完善了中国特色社会主义重要成就的内容。

确立了中国特色社会主义制度，是这次修改党章时新增写的内容。将中国特色社会主义道路、理论体系、制度作为一个整体在党章进行完整表述，有利于全党深化对中国特色社会主义的认识、全面把握中国特色社会主义的内涵，增强坚持中国特色社会主义自觉性和坚定性。

党章修正案总纲部分第八自然段开头一句表述为："改革开放以来我们取得一切成绩和进步的根本原因，归结起来就是：开辟了中国特色社会主义道路，形成了中国特色社会主义理论体系，确立了中国特色社会主义制度。"②

中国特色社会主义制度，就是人民代表大会制度的根本政治制度，中国

① 《中国共产党章程》，人民出版社2012年版，第5—6页。
② 《中国共产党章程》，人民出版社2012年版，第6页。

共产党领导的多党合作和政治协商制度、民族区域自治制度以及基层群众自治制度等基本政治制度，中国特色社会主义法律体系，公有制为主体、多种所有制经济共同发展的基本经济制度，以及建立在这些制度基础上的经济体制、政治体制、文化体制、社会体制等各项具体制度。

中国特色社会主义道路、中国特色社会主义理论体系、中国特色社会主义制度是中国特色社会主义三个相互联系的组成部分。中国特色社会主义道路是实现途径，中国特色社会主义理论体系是行动指南，中国特色社会主义制度是根本保障，三者统一于中国特色社会主义伟大实践，是党领导人民在建设社会主义长期实践中形成的最鲜明特色。将中国特色社会主义道路、中国特色社会主义理论体系、中国特色社会主义制度作为一个整体在党章进行完整表述，对于全党深化对中国特色社会主义的认识，全面把握中国特色社会主义的科学内涵，进一步增强道路自信、理论自信、制度自信，坚定不移地推进中国特色社会主义伟大事业，具有十分重要的意义。

三是充实了坚持改革开放的内容。

改革开放是强国之路，是新时期最鲜明的特点。我国过去 30 多年的快速发展靠的是改革开放，未来发展也必须坚定不移地依靠改革开放。当前，我国改革进入攻坚阶段、发展进入关键时期，必须以更大的政治勇气和智慧坚定不移地推进改革开放，不断推进我国社会主义制度自我完善和发展。党的十八大对深化改革开放作出新的部署，提出新的目标任务。党章修正案总纲部分对阐述改革开放的自然段作了充实，增写了只有改革开放，才能发展中国、发展社会主义、发展马克思主义的内容。作这样的充实，有利于全党更加充分、更加深刻地认识坚持改革开放的重大意义，更加自觉、更加坚定地推进改革开放。

四是充实完善了中国特色社会主义总体布局的内容。

根据党的十七大以来推进中国特色社会主义事业的新实践新认识，总纲中的相关部分进行了充实和调整，对经济建设、政治建设、文化建设、社会建设四个自然段充实了内容，并增写了生态文明建设自然段，表述为："树立尊重自然、顺应自然、保护自然的生态文明理念，坚持节约资源和保护环境的基本国策，坚持节约优先、保护优先、自然恢复为主的方针，坚持生产发展、生活富裕、生态良好的文明发展道路。着力建设资源节约型、环境友好型社会，形成节约资源和保护环境的空间格局、产业结构、生产方式、生活方式，为人民创造良好生产生活环境，实现中华民族永续发展。”①

这样的增写，既阐明了建设社会主义生态文明的总要求和指导原则，又阐明了生态文明建设的主要着力点。这是我们党对自然规律及人与自然关系再认识的重要成果，是推动我国经济社会实现科学发展的必然要求。在党章中作这样的修改，使中国特色社会主义事业总体布局更加完善，使生态文明建设的战略地位更加明确，有利于动员全党全国各族人民更好地全面推进中国特色社会主义事业。

同时，党章修正案还对经济建设、政治建设、文化建设、社会建设等方面的内容进行了充实。

五是充实完善关于党的建设总体要求的内容。

加强和改进党的建设，使党始终成为中国特色社会主义事业的坚强领导核心，是党和国家事业不断从胜利走向新的胜利的根本保证。新形势下，不断提高党的领导水平和执政水平、提高拒腐防变和抵御风险能力，是党巩固执政地位、实现执政使命必须解决好的重大课题。

根据近些年来党的建设积累的经验和形势任务对党的建设提出的新要求，党章修正案在总纲部分对加强和改进党的建设提出了一系列新要求，强调要加强党的执政能力建设、先进性和纯洁性建设，整体推进党的思想建设、组织建设、作风建设、反腐倡廉建设、制度建设，全面提高党的建设科学化水平，建设学习型、服务型、创新型的马克思主义执政党。在党的建设基本要求中，强调全党要用邓小平理论、“三个代表”重要思想、科学发展观和党的基本路线统一思想，统一行动；进一步强调求真务实，把它与解放思想、实事求是、与时俱进并列作为党的建设第二项基本要求；增写了尊重党员主体地位、加强对主要领导干部的监督的内容。

这些修改体现了我们党对马克思主义执政党建设规律认识的深化，有利于进一步加强和改进党的建设，应对党面临的考验和风险，切实提高党的执

① 《中国共产党章程》，人民出版社2012年版，第14页。

政能力，保持和发展党的先进性、纯洁性，不断增强党的创造力、凝聚力、战斗力。

六是对部分条文作了适当修改。

总结吸收近年来党的建设成功经验，并与总纲部分的修改相衔接，党章修正案对条文部分关于党员、党的基层组织、党的干部这三条作了一些修改。

第三十三条增写了干部选拔监督的内容，第一款强调选拔干部要坚持德才兼备、以德为先的原则，坚持五湖四海、任人唯贤；第二款增写了党重视监督干部的内容。充实这方面的内容，有利于更好树立正确用人导向、坚持公道正派的用人作风、提高选人用人公信度，强化干部监督，促进干部健康成长，建设高素质干部队伍。

第三十四条第五项增写了党的各级领导干部必须具备的基本条件的内容，强调党的各级领导干部要坚持原则，讲党性、重品行、作表率。充实这方面的内容，有利于促进全党特别是党的各级领导干部坚持党性原则、加强道德修养、更好发挥表率作用。

第三十一条第一项增写了积极创先争优的内容。增写这个内容，有利于推动创先争优常态化、长效化，引导党的基层组织充分发挥推动发展、服务群众、凝聚人心、促进和谐的作用，充分发挥战斗堡垒作用。第二项第一句修改为组织党员认真学习马克思列宁主义、毛泽东思想、邓小平理论、“三个代表”重要思想和科学发展观。作这样的修改，有利于落实用马克思主义中国化创新成果特别是科学发展观武装全党的战略任务，发挥基层组织在推动科学发展观落到基层、落到实处方面的重要作用。

党的十八大党章修改的意义

党章是一面党公开树立的旗帜，表达了全党的理论基础和政治主张，体现了全党的整体意志和共同理想。党的十八大修改党章具有重要的历史意义，主要表现在以下几个方面：

第一，体现了党的先进性。

“在 90 多年的奋斗历程中，我们党总是认真总结革命建设改革的成功经验，及时把党的实践创新、理论创新、制度创新的重要成果体现到党章中，从而使党章在推进党的事业、加强党的建设中发挥了重要指导作用。”[①]

每一次党章的修订都体现着我党与时俱进，锐意进取，不断改革发展的新的经验，使党章作为中国共产党党员的原则和标准时刻保持着先进性。党的十八大是在全面建设小康社会的关键时期和深化改革开放、加快转变经济发展方式攻坚时期召开的一次十分重要的大会，因此，将党的十八大报告中确立的重大理论观点和战略思想写入党章是党的先进性的体现。

第二，体现了党的时代性。

党章的发展完善必须紧跟时代前进的步伐。党章是一面公开树立起来的旗帜，这就要求党章必须顺应历史潮流，反映时代要求，为党的建设和事业发展指明方向。党的十八大从继续推进党的理论创新、推进党和国家事业发展、推进党的建设新的伟大工程出发，对中国共产党章程进行修改，把我们党在推进中国特色社会主义伟大事业和党的建设新的伟大工程中取得的重大实践成果、理论成果、制度成果体现在党章中，实现了党章又一次与时俱进。

作为一个发挥重要作用的章程，党章不能一成不变。只有科学的发展和改变，它才能发挥好应有的作用，才能与时俱进、铸就辉煌。把党的十八大报告确立的重大理论观点和战略思想写入党章，使党章充分体现了马克思主义中国化最新成果，充分体现了党的十七大以来中央提出的重大战略思想，充分体现了党的工作和党的建设的新鲜经验。因此，党的十八大对党章的修改体现着党的时代性。

第三，体现了党的发展与发展的必然要求。

党的十八大通过的党章修正案，把科学发展观同马克思列宁主义、毛泽东思想、邓小平理论、“三个代表”重要思想一道，确立为党的行动指南；在党章中完整表述了中国特色社会主义道路、中国特色社会主义理论体系、中国特色社会主义制度，全面揭示了中国特色社会主义的科学内涵；把生态文明建设纳入中国特色社会主义事业总体布局；把加强党的执政能力建设、先进性和纯洁性建设，整体推进党的思想建设、组织建设、作风建设、反腐倡廉建设、制度建设，全面提高党的建设科学化水平，建设学习型、服务型、创新型的马克思主

① 习近平:《认真学习党章　严格遵守党章》,《人民日报》2012 年 11 月 20 日。

义执政党等内容写入党章，并对党员义务、党的基层组织和党的干部的要求作了充实。通过这次修改，党章这个党的总章程更加完善，必将在推进党的事业和党的建设中更好发挥根本性规范和指导作用。

正如习近平总书记指出的，“党章是党的总章程，集中体现了党的性质和宗旨、党的理论和路线方针政策、党的重要主张，规定了党的重要制度和体制机制，是全党必须共同遵守的根本行为规范。没有规矩，不成方圆。党章就是党的根本大法，是全党必须遵循的总规矩。”①

中国共产党历来重视制定、修改和完善党章，特别是在革命、建设和改革的重大历史关头，总是通过进一步修改完善党章，以符合时代发展要求和历史发展趋势的新党章来指明方向。党的十二大以来的30年里，每一次党章的修改都体现出马克思主义中国化的最新成果，彰显出中国共产党人与时俱进、勇于创新的品质。我们相信，通过这次修改，党章将更加完善，必将在推进党的事业和党的建设中更好地发挥根本性规范和指导作用。

中国共产党自成立之日起，一代又一代中国共产党人团结带领全国各族人民在艰难困苦中奋起、在艰辛探索中前进，完成了民族独立和人民解放的历史任务，建立了社会主义制度，开创了中国特色社会主义伟大事业，创造了中华民族发展史上最辉煌的业绩。历史已经证明并且将不断证明，中国共产党成为执政党，是历史的选择、人民的选择。

继续朝着中华民族伟大复兴的目标奋勇前进

2012年11月15日，党的十八届一中全会在北京举行。全会选举出新一届中央领导机构及其成员，选举习近平、马凯、王岐山、王沪宁、刘云山、刘延东、刘奇葆、许其亮、孙春兰、孙政才、李克强、李建国、李源潮、汪洋、张春贤、张高丽、张德江、范长龙、孟建柱、赵乐际、胡春华、俞正声、栗战书、郭金龙、韩正为中央政治局委员。选举习近平为中央委员会总书记，习近平、李克强、张德江、俞正声、刘云山、王岐山、张高丽为中央政治局常委。通过了中央书记处成员：刘云山、刘奇葆、赵乐际、栗战书、杜青林、赵洪祝、杨晶。决定习近平为中央军

① 习近平：《认真学习党章　严格遵守党章》，《人民日报》2012年11月20日。

事委员会主席，范长龙、许其亮为中央军事委员会副主席。批准王岐山为中央纪律检查委员会书记，赵洪祝、黄树贤、李玉赋、杜金才、吴玉良、张军、陈文清、王伟为副书记。

春回大地，神州处处孕育着蓬勃的生机。在党的十八大圆满结束之际，世界眼中的中国，正以稳健、坚定的步伐迈向光明的未来。一个充满自信的政党、充满自豪的民族、充满希望的国家正凝聚在中国特色社会主义伟大旗帜下，奔向全面建成小康社会新征程。新一届中央领导集体接过了历史的接力棒，中华民族伟大复兴的新征程将如何接续？国人高度关注，世界也在瞩目。

2012 年 11 月 29 日，在党的十八大闭幕仅仅 15 天之后，新当选的中共中央总书记、中央军委主席习近平和中央政治局常委李克强、张德江、俞正声、刘云山、王岐山、张高丽等来到国家博物馆参观《复兴之路》展览，重温中华民族所经历的苦难与辉煌，回顾中国共产党 90 多年的奋斗与探索，在历史、现实与未来的交汇点上，传递出中国共产党人将牢记使命、不忘责任，团结带领全国各族人民实现伟大中国梦想的坚定决心和信心。

《复兴之路》是一部中华民族自 1840 年鸦片战争以来为实现民族独立富强而不断奋斗、牺牲、探索的历程的展览。170 余年来，中国人为实现这一目标付出了巨大的代价。而今，中华民族伟大复兴的目标已经初露曙光，把这一目标变成现实的历史重任落到了这一代中国共产党人的肩上。这个时候，新一代中央领导集体参观《复兴之路》说明，他们将牢记自己的历史使命，承担起历史赋予他们的责任，把中华民族伟大复兴由目标变成现实。

历史蕴含着盛衰兴亡的深刻哲理。在《复兴之路》展览中，鸦片战争期间虎门的大炮，列强瓜分中国的“时局全图”，《共产党宣言》第一个中文全译本，新中国第一面五星红旗……这些耐人寻味的片段，定格了令人感慨的历史瞬间。习近平总书记在参观《复兴之路》展览时的讲话，回首过去、审视现在、展望未来，彰显了共产党人的历史自觉和责任担当，发人深思、给人力量。“雄关漫道真如铁”，“人间正道是沧桑”，“长风破浪会有时”，在参观《复兴之路》展览时，习近平总书记引用的这三句诗，把中华民族的昨天、今天和明天，熔铸于百余年中国沧桑巨变的历史图景，再现了几代人为民族复兴奋斗的艰辛历程。这个讲话包涵了历史经验的总结，包涵了复兴之路的探索，包涵了对未来前景的展示，包涵了对实现目标过程中的要求，还包涵了个人与国家与社会的关系，甚至也包括了党的十八大报告中的旗帜、道路、目标的再次论述。

伟大的事业，源于伟大的梦想。习近平总书记语重心长地指出："我以为，实现中华民族伟大复兴，就是中华民族近代以来最伟大的梦想。这个梦想，凝聚了几代中国人的夙愿，体现了中华民族和中国人民的整体利益，是每一个中华儿女的共同期盼。历史告诉我们，每个人的前途命运都与国家和民族的前途命运紧密相连。国家好，民族好，大家才会好。实现中华民族伟大复兴是一项光荣而艰巨的事业，需要一代又一代中国人共同为之努力。空谈误国，实干兴邦。我们这一代共产党人一定要承前启后、继往开来，把我们的党建设好，团结全体中华儿女把我们国家建设好，把我们民族发展好，继续朝着中华民族伟大复兴的目标奋勇前进。"①

这段深情的阐述，展现了中华儿女不懈追求的美好愿景，揭示了中华民族内心深处的集体意识，道出了中国梦最为本质的核心内容。这个梦想，凝聚着近代以来无数仁人志士的探索奋斗；这个梦想，蕴藏着中华民族固有的"家国天下"情怀；这个梦想，更包含着中国走向未来的道路自信、理论自信、制度自信。

这是新一届国家领导人的第一次外出集体亮相，具有很强的象征意义。2002 年 12 月，胡锦涛带领第十六届中央书记处成员到西柏坡，重温"进京赶考"的历史箴言。而新一届领导人通过参观《复兴之路》展览向世人展示中华民族对伟大复兴的期盼，号召国人为实现这一目标而努力，同时也说明中华民族的复兴已是指日可待。

回顾过去，我们创造了不平凡的光辉业绩。中国共产党成立以来的 90 多年历史，充分展示了历史和人民怎样选择了马克思主义、选择了中国共产党、选择了社会主义道路、选择了改革开放，充分展示了历史和人民为什么始终坚持高举中国特色社会主义伟大旗帜不动摇，坚持中国特色社会主义道路不动摇，坚持中国特色社会主义理论体系不动摇。

展望未来，我们对国家的锦绣前程充满信心。发轫于 30 多年前的改革开

---

① 《承前启后 继往开来 继续朝着中华民族伟大复兴目标奋勇前进》,《人民日报》2012 年 11 月 30 日。

放，使我国成功实现了从高度集中的计划经济体制到充满活力的社会主义市场经济体制、从封闭半封闭到全方位开放的伟大历史转折。在团结带领人民进行这场伟大变革中，我们党成功开辟了中国特色社会主义道路，形成了中国特色社会主义理论体系，确立了中国特色社会主义制度，中国特色社会主义事业取得了一系列历史性成就，为全面建成小康社会、实现中华民族伟大复兴打下了坚实基础。历史充分证明，没有改革开放，就没有当代中国的发展进步。改革开放的方向和道路完全正确，停顿和倒退没有出路。

把中国梦变成现实，还有很长的路，需要付出长期艰巨的努力。历史告诉我们，中华民族之所以迎来复兴的曙光，靠的就是一代又一代人的艰辛奋斗和埋头苦干。空谈误国，实干兴邦。把一个拥有13亿人口规模的发展中大国带入现代化，实现民族复兴，这在人类发展史上还从来没有过。和平崛起的烦恼，经济社会双转型的压力，发展所面临的矛盾、问题和挑战，迫切要求我们党承前启后、继往开来，迫切要求党员干部求真务实、艰苦奋斗，迫切要求每一个人在各自岗位上付出更多的辛劳。中国人的命运掌握在自己手里，中国人的美好生活要靠自己创造。

在新的历史起点上，让我们紧密团结在以习近平同志为总书记的党中央周围，高举中国特色社会主义伟大旗帜，以邓小平理论、“三个代表”重要思想、科学发展观为指导，解放思想，改革开放，凝聚力量，攻坚克难，坚定不移地沿着中国特色社会主义道路前进，为全面建成小康社会进而实现中华民族伟大复兴而奋斗！

第十二章
中国特色社会主义新时代的党章

一、党的十九大修改党章的背景

党的十八大以来的成就

党的十八大以来的五年，是党和国家发展进程中极不平凡的五年。

从国内来看，这五年是以习近平同志为核心的党中央举旗亮剑、力挽狂澜，淬火成钢、攻坚克难，砥砺奋进、成就辉煌的五年。从世界范围来看，这五年世界经济复苏乏力、局部冲突和动荡频发、全球性问题加剧，而中国则政治稳定、社会安定、人民幸福、百业兴盛。我国国内生产总值从54万亿元增长到80万亿元，稳居世界第二，对世界经济增长的平均贡献率超过30%，居世界第一位，成为世界经济增长的动力之源、稳定之锚。

五年来，以习近平同志为核心的党中央以高瞻远瞩的战略眼光、一往无前的宏大气魄、激浊扬清的责任担当、雷厉风行的果敢行动，统筹推进改革发展稳定、内政外交国防、治党治国治军，提出了一系列新理念新思想新战略，出台了一系列重大方针政策，推出了一系列重大举措，推进了一系列重大工作，在各领域各方面都取得了辉煌成就，开启了中国特色社会主义新时代。

五年来，以习近平同志为核心的党中央以大智慧、大视野、大格局，确立了中国特色社会主义事业“五位一体”总体布局和“四个全面”战略布局，全面深化改革取得重大突破，全面依法治国深入推进，全面从严治党成效卓著，解决了许多长期想解决而没有解决的难题，办成了许多过去想办而没有办成的大事。

五年来，改革全面发力、多点突破、纵深推进，先后出台1500多项改革举措，重要领域和关键环节改革取得突破性进展，主要领域改革主体框架基本确立，很多改革成果都已经通过立法和制度确认下来。综观古今中外改革史，像党的十八大以来这样全方位、宽领域、大力度、深层次主动改革世所罕见。

五年来，党风、政风、社会风气发生了根本性变化，党的面貌、国家面貌、军队面貌发生了根本性变化。人心是最大的政治。党心凝聚了，军心振奋了，民心昂扬了，中国特色社会主义事业焕发出强大生机和活力。五年来的成就是全方位的、开创性的，五年来的变革是深层次的、根本性的。在中华人民共和国发展史上、中华民族发展史上具有重大意义，在世界社会主义发展史上、人类社会发展史上也具有重大意义。

党的十九大为什么要修改党章

党的十八大以来的中国面临新形势，进入全面建成小康社会决胜阶段，中国发展站在了新的历史起点上。经过近四十年的改革开放，中国发展已经进入了新阶段，中国特色社会主义已经向世界证明了自己的发展实力和潜力。同时，在党的十八大以来的这五年时间里，中国的发展路径、理念也给其他发展中国家的发展和世界治理提供了中国方案和智慧。因此，党的十九大修订党章注定成为中国政治生活中重要的承前启后的历史性节点。

历史地看，党的全国代表大会根据党的理论创新和实践发展需要对党章进行修改，是我们党的一个惯例。党的十三大以来历次党的全国代表大会，都对党章作了不同程度的修改。实践证明，根据新形势新任务对党章进行适当修改，有利于全党更好学习党章、遵守党章、贯彻党章、维护党章，有利于更好发挥党章对党的工作和党的建设的指导、规范作用。

首先，确保新时代沿着正确方向前进，需要与时俱进的科学理论作指导。

党的十八大以来，党和国家事业发生历史性变革，开创治国理政、管党治党新境界，最根本的在于以习近平同志为核心的党中央的坚强领导，在于习近平总书记系列重要讲话精神和治国理政新理念新思想新战略的正确指导。对习近平总书记系列重要讲话精神和治国理政新理念新思想新战略在理论上作出新概括，并同马克思列宁主义、毛泽东思想、邓小平理论、“三个代表”重要思想、科学发展观一道确立为党的行动指南写入党章，实现党的指导思想的与时俱进，对于在新的历史起点上进行伟大斗争、建设伟大工程、推进伟大事业、实现伟大梦想具有重大现实意义和深远历史意义。

其次，确保新时代沿着正确方向前进，需要一系列重大战略举措和大政方针作支撑。

党的十八大以来，以习近平同志为核心的党中央统筹推进“五位一体”总体布局、协调推进“四个全面”战略布局，坚持稳中求进工作总基调，迎难而上，开拓进取，在改革发展稳定、内政外交国防、治党治国治军等各方面积累了丰富的实践经验，形成了一系列新目标、新政策、新举措、新部署。把这些最新实践成果写入党章，有利于全党始终在思想上政治上行动上同以习近平同志为核心的党中央保持高度一致，不折不扣执行党中央的决策部署，把中国特色社会主义推向新的高度。

最后，确保新时代沿着正确方向前进，需要毫不动摇推进党的建设新的伟大工程作保证。

党的十八大以来，以习近平同志为核心的党中央以顽强意志和空前力度，扎实推进全面从严治党，在党的政治建设、思想建设、组织建设、作风建设、纪律建设及制度建设、反腐败斗争等各方面取得了历史性成就，赢得了党心民心。把这些行之有效的做法和经验提炼后写入党章，有利于促进全党同志保持清醒头脑，增强全面从严治党永远在路上的政治定力，不断提高党的建设质量，使党永葆生机活力。同时，把党的十九大报告确立的重大理论观点和重大战略思想体现到党章中，实现党章与党的十九大报告的紧密衔接，有利于全党更好地学习领会、贯彻落实党的十九大精神。

二、党的十九大的筹备与召开

党的十九大代表的产生

党中央高度重视党的十九大代表选举工作。习近平总书记多次听取汇报，作出重要指示，提出明确要求。中共中央政治局常委会和中央政治局先后召开会议，提出了做好这项工作的总体要求和工作任务。

2016年10月，党中央印发《关于党的十九大代表选举工作的通知》，明确了选举单位的划分、代表名额分配、代表条件和构成、产生程序等政策规定。根据党中央的要求，党的十九大代表的产生，坚持党的领导与发扬民主有机统一，采取自下而上、上下结合、反复酝酿、逐级遴选的办法进行，产生的过程大致分五步走：

第一，推荐提名。坚持走群众路线，推荐提名从基层开始，所有基层党组织和党员参加。基层党组织根据分配的名额，按照代表的条件和结构要求等，严肃认真推荐人选。基层党委根据多数党支部和党员的意见，集体研究遴选上报推荐人选。市、县和其他推荐单位对推荐人选进行研究遴选，召开党委全体会议讨论决定上报的推荐人选。选举单位召开党委常委会（工委会议、党组会议），确定代表候选人初步人选考察对象名单。

第二，组织考察。选举单位对代表候选人初步人选考察对象进行认真考察，充分听取基层党组织、党代表、党员和群众的意见。实行差额考察和考察预告。严把人选政治关，着重了解严守政治纪律和政治规矩，牢固树立“四个意识”，对党忠诚，坚决同以习近平同志为核心的党中央保持高度一致，坚定不移维护党中央权威、维护党的团结和集中统一领导等方面的情况。严把人选廉洁关，认真落实“四必”要求，即所有考察对象的档案材料必审，纪检机关的意见必听，违纪违法线索具体、具有可查性的信访举报必查，考察对象是党员领导干部的个人有关事项报告必核，坚决防止“带病提名”。

第三，确定代表候选人初步人选名单。选举单位召开党委常委会（工委会议、党组会议），根据考察情况和代表结构要求等，研究提出代表候选人初步人选名单，并在选举单位范围内以适当方式进行公示，进一步征求党组织、党代表和党员的意见。代表候选人初步人选名单确定前，征求同级纪检机关的意见。对金融机构、企业等方面的初步人选，还有针对性地听取行政执法、行业监管等有关部门的意见。

第四，确定代表候选人预备人选。选举单位召开党的委员会全体会议（工委会议、党组会议），投票确定代表候选人预备人选。代表候选人预备人选可以等额确定，也可以差额确定。

第五，会议选举。选举单位召开党代表大会或党代表会议进行选举。可以先采用差额选举办法进行预选，产生候选人名单，然后采用等额选举办法进行正式选举；也可以不经过预选，直接采用差额选举办法进行正式选举。差额选举的比例应多于15%。

此外，根据党内有关规定和《通知》精神，现任党和国家领导人中的中共党员，由党中央提名为党的十九大代表候选人，带头到脱贫攻坚、“一带一路”等国家重大发展战略的重点实施省份参选，为领导干部作出表率、树好导向，彰显了鲜明的政治担当。

按照党中央统一部署，从2016年11月开始，党的十九大代表选举工作在全党范围内有序展开。据统计，各选举单位基层党组织参与实现了全覆盖，党员参与率平均达到99.2%，比党的十八大时提高了1.2个百分点。

党的十九大代表的产生过程，真正成为全党理想信念教育和党性党风党纪教育的过程，成为党内政治生活生动实践和民主集中制教育的过程，成为落实全面从严治党要求、不断推进党的建设新的伟大工程的过程。党的十九大代表的产生过程，极大激发了广大党员的政治热情，凝聚了全党的共同意志，彰显了党中央全面从严治党的坚定决心。包括48位党和国家领导人在内的2287名党的十九大代表，肩负起全党8900多万名党员、450多万个党组织的重托，出席党的十九大，讨论和决定一系列事关党和国家未来发展的重大问题，书写实现中华民族伟大复兴中国梦的崭新篇章。

党的十九大代表名额原定为2300名，比党的十八大时增加了30名，主要是考虑五年来党的事业不断发展，全国基层党组织和党员数量都有所增加，同时还需要增加生产和工作第一线的代表名额。2017年9月29日，经中央批准公布代表名单共2287名。十九大代表名单公布后，又发现7人存在不宜作为代表的问题，经中央批准不再作为代表。经十九大代表资格审查委员会审议，确认2280名代表资格有效。这体现了“从严选拔代表”的方针，决不容许包括腐败分子在内的、不符合相关标准的人当选和参加党代会，这体现了管党治党建党命题的严肃性与纯洁性。

从党的十九大代表的比例与构成看，代表结构与分布比较合理，各项构成比例均符合党中央要求，具有广泛的代表性。生产和工作第一线党员代表比例明显提高，女党员代表、少数民族党员代表数量增加，代表年龄结构合理，代表文化程度较高，各个时期入党的都有代表。

在当选代表中，工人、农民、专业技术人员等生产和工作第一线党员771名，占33.7%，比党的十八大增加79名、提高3.2个百分点。代表结构比例实现了“三升三降”：31个省区市、中央金融系统、在京中央企业系统代表中，生产和工作第一线党员所占比例比党的十八大时分别提升了2.8、21.8、1.3个百分点，领导干部所占比例比党的十八大时分别降低了2.8、21.8、1.3个百分点。

女党员代表、少数民族党员代表数量增加。当选代表中，女党员551名，比党的十八大增加30名，占代表总数的24.1%；少数民族党员264名，比党的十八大增加15名，占代表总数的11.5%。

各选举单位统筹考虑代表的行业、领域和地区分布，做到了经济、科技、政法等各行各业，省、市、县、乡镇村组和街道社区等各个层次，机关、企事业单位、人民团体等各个方面都有代表。生产和工作第一线党员代表中，既有来自制造、交通、钢铁、煤炭等传统行业的工人，又有来自金融、互联网、社会组织等领域的从业人员。

当选代表平均年龄为51.8岁。其中，55岁以下的1615名，占70.6%，比党的十八大提高5.7个百分点；45岁以下的424名，占18.5%。

当选代表中，大专以上学历的2154名，占94.2%。其中，大学学历的727名，占31.8%；研究生学历的1227名，占53.7%。

党的十九大报告的起草

2016年10月，党的十八届六中全会作出《关于召开党的第十九次全国代表大会的决议》。作为党的十九大筹备工作的重要组成部分，起草出一个凝聚全党智慧、顺应人民群众期待、对我国发展具有指导作用、在国际社会产生广泛影响的报告，是大会胜利举行的重要环节。

党中央对党的十九大报告起草工作高度重视。2017年1月13日上午，习近平总书记在北京中南海怀仁堂主持召开党的十九大文件起草组第一次全体会议，宣布党中央关于成立党的十九大文件起草组的决定。文件起草组由习近平总书记担任组长，刘云山、王岐山、张高丽任副组长。

会上，习近平总书记明确指出，党的十九大报告起草要遵循“五个坚持”的指导原则：

坚持正确政治方向。“党的十九大报告是政治报告，阐明对关系党和国家事业发展一系列重大问题的政治立场、政治态度、政治原则，坚持从政治上研究和把握问题是第一位要求。”

坚持解放思想、与时俱进。提倡民主讨论、相互切磋、畅所欲言、集思广益，勇于探索和研究重点、难点、热点问题，激励大家开动脑筋、贡献智慧。

坚持战略思维和系统思维。“我们提出的思想理论和方针政策有没有前瞻性和预见性，我们作出的决策部署有没有指导性和可持续性，要看我们能不能从战略上全局上对我国发展和世界发展作出科学预判。”

坚持问题导向，强化问题意识。“要把问题作为研究制定方针政策的起点，从问题最集中的地方和最突出的问题入手，把准政策基点，合理设定预期，把政策建立在解决最突出的矛盾和问题、满足人民群众最迫切的愿望和要求之上。”

坚持从实际出发。“要坚持实事求是的科学态度，坚持立足现实和着眼长远相统一，提目标、定任务、出政策要从实际出发，决不能脱离实际、超越阶段。”

如何对过去五年的工作进行全面客观的总结？

如何对党的十八大以来党的理论创新和实践创新成果进行概括和提炼？

如何阐述新形势下中国共产党的历史使命以及完成历史使命必须坚持的重大原则和必须解决的重大问题？

……

要回答好这些重大问题，必须进行充分的调查研究。因此，报告起草工作从一开始，就对调研工作高度重视，并作出了专项部署。

2017年1月17日，党中央向各省、自治区、直辖市党委，中央各部委，国家机关各部委党组（党委），解放军各大单位、中央军委机关各部门党委，各人民团体党组发出《关于对党的十九大报告议题征求意见的通知》，决定对党的十九大报告议题在党内一定范围内组织讨论，广泛征求意见。同时，通过一定方式征求党外人士的意见和建议。

2月上旬，根据文件起草组的工作部署，9个调研组赴16个省区市，就党的十九大报告议题进行调研，召开各级各类座谈会65次。

2月20日至3月31日，按照党中央部署的21个重大理论和实践问题，59个承担部门和单位组成80个调研组，深入1817个基层单位开展实地调研，召开1501次座谈会和研讨会，参会或接受访谈人数21532人，形成80份专题调研报告。这些成果为报告起草奠定了坚实基础。

5月下旬，25个国家高端智库建设试点单位提交了65份围绕党和国家发展面临的重大理论和实践问题开展深入调研形成的报告，提供文件起草组研究参考。

在党的十九大报告起草调研中，几乎所有的反馈都认为，重新定义我国社会主要矛盾的时机已经成熟，但如何定义意见不一。习近平总书记要求先不要急于下结论，要深入调查研究，进行认真细致思考。有关方面按照要求，深入调研，听取各方面意见，进行广泛讨论，最终对当前我国社会主要矛盾的认识趋于一致。这一几上几下、科学审慎的认识过程，正是报告起草工作发扬党内民主、集中党内和各方智慧的写照。

7月13日至24日，习近平总书记先后主持召开两次中共中央政治局常委会会议和一次中共中央政治局会议，审议党的十九大报告稿。

7月26日，党的十九大召开前夕，习近平总书记在省部级主要领导干部专题研讨班开班式上发表重要讲话，指出中国特色社会主义是改革开放以来党的全部理论和实践的主题。全党必须高举中国特色社会主义伟大旗帜，牢固树立中国特色社会主义道路自信、理论自信、制度自信、文化自信，确保党和国家事业始终沿着正确方向胜利前进。这次重要讲话其实已经勾勒出中国共产党第十九次全国代表大会的政治和理论框架。

8月5日，党中央向各省、自治区、直辖市党委，中央各部委，国家机关各部委党组（党委），解放军各大单位、中央军委机关各部门党委，各人民团体党组发出通知，在党内一定范围组织讨论，征求对党的十九大报告稿的意见。

一次次访谈，汇聚了广大党员的意见和建议；一次次调研，带回基层群众的深切期盼。8月21日至25日，习近平总书记在中南海怀仁堂主持召开5次座谈会，分片当面听取31个省区市党政主要负责同志、解放军各大单位和中央军委机关有关部门主要负责同志对报告的修改意见和建议。这是党的全国代表大会文件起草工作的惯例，也是科学决策、民主决策的实践。

8月30日，党中央在中南海召开党外人士座谈会，就党的十九大报告征求意见稿听取各民主党派中央、全国工商联领导人和无党派人士的意见和建议。习近平总书记主持座谈会并发表重要讲话，强调要巩固和发展最广泛的爱国统一战线，最大限度把各阶层各方面的智慧和力量凝聚起来，最大限度把全社会全民族的积极性、主动性、创造性发挥出来，共同为实现中华民族伟大复兴的中国梦而奋斗。

根据习近平总书记的重要指示精神，文件起草组还重点研究吸纳了中央领导同志、从中央领导职务退下来的老同志对党的十九大报告征求意见稿反馈的意见和建议。经过汇总、整理，各地区各部门各方面共提出修改意见2027条，扣除重复意见后为1773条，其中原则意见179条，具体修改意见1594条；具体修改意见中，实质性修改意见1208条，文字性修改意见386条。

截止到提交党的十八届七中全会讨论，文件起草组对党的十九大报告共作出增写、改写、文字精简986处，覆盖各方面意见和建议864条。按照习近平总书记对报告起草工作强调的“寻求最大共识”的要求，文件起草组认真吸纳各方意见，逐条研究，对许多重大问题深入研究，对一些重要表述反复推敲、精心打磨。

10月18日，在党的十九大开幕式上，这份凝结了全党智慧和心血的报告摆在了2300多名代表和特邀代表面前。

党的十九大的召开

举世瞩目的中国共产党第十九次全国代表大会于2017年10月18日上午在北京人民大会堂开幕。大会的主题是：不忘初心，牢记使命，高举中国特色社会主义伟大旗帜，决胜全面建成小康社会，夺取新时代中国特色社会主义伟大胜利，为实现中华民族伟大复兴的中国梦不懈奋斗。

习近平代表第十八届中共中央委员会向大会作的题为《决胜全面建成小康社会，夺取新时代中国特色社会主义伟大胜利》的报告，共分13个部分：（1）过去五年的工作和历史性变革；（2）新时代中国共产党的历史使命；（3）新时代中国特色社会主义思想和基本方略；（4）决胜全面建成小康社会，开启全面建设社会主义现代化国家新征程；（5）贯彻新发展理念，建设现代化经济体系；（6）健全人民当家作主制度体系，发展社会主义民主政治；（7）坚定文化自信，推动社会主义文化繁荣兴盛；（8）提高保障和改善民生水平，加强和创新社会治理；（9）加快生态文明体制改革，建设美丽中国；（10）坚持走中国特色强军之路，全面推进国防和军队现代化；（11）坚持"一国两制"，推进祖国统一；（12）坚持和平发展道路，推动构建人类命运共同体；（13）坚定不移全面从严治党，不断提高党的执政能力和领导水平。

习近平在报告中指出，经过长期努力，中国特色社会主义进入了新时代，这是我国发展新的历史方位。这标志着我国社会主要矛盾已经转化为人民日益增长的美好生活需要和不平衡不充分的发展之间的矛盾。我国社会主要矛盾的变化，没有改变我们对我国社会主义所处历史阶段的判断，我国仍处于并将长期处于社会主义初级阶段的基本国情没有变，我国是世界最大发展中国家的国际地位没有变。

习近平强调，全党要牢牢把握社会主义初级阶段这个基本国情，牢牢立足社会主义初级阶段这个最大实际，牢牢坚持党的基本路线这个党和国家的生命线、人民的幸福线，领导和团结全国各族人民，以经济建设为中心，坚持四项基本原则，坚持改革开放，自力更生，艰苦创业，为把我国建设成为富强民主文明和谐美丽的社会主义现代化强国而奋斗。

习近平强调，实现伟大梦想，必须进行伟大斗争；实现伟大梦想，必须建设伟大工程；实现伟大梦想，必须推进伟大事业。伟大斗争、伟大工程、伟大事业、伟大梦想，紧密联系、相互贯通、相互作用，其中起决定性作用的是党的建设新的伟大工程。

习近平用"八个明确"对新时代中国特色社会主义思想进行了阐述。他说，新时代中国特色社会主义思想明确坚持和发展中国特色社会主义，总任务是实现社会主义现代化和中华民族伟大复兴，在全面建成小康社会的基础上，分两步走，在21世纪中叶建成富强民主文明和谐美丽的社会主义现代化强国。

习近平阐述了构成新时代坚持和发展中国特色社会主义基本方略的“十四个坚持”：坚持党对一切工作的领导，坚持以人民为中心，坚持全面深化改革，坚持新发展理念，坚持人民当家作主，坚持全面依法治国，坚持社会主义核心价值体系，坚持在发展中保障和改善民生，坚持人与自然和谐共生，坚持总体国家安全观，坚持党对人民军队的绝对领导，坚持“一国两制”和推进祖国统一，坚持推动构建人类命运共同体，坚持全面从严治党。

习近平在谈到“两个一百年”奋斗目标时说，改革开放之后，我们党对我国社会主义现代化建设作出战略安排，提出“三步走”战略目标。解决人民温饱问题、人民生活总体上达到小康水平这两个目标已提前实现。从现在到2020年，是全面建成小康社会决胜期。从党的十九大到党的二十大，是“两个一百年”奋斗目标的历史交汇期。我们既要全面建成小康社会、实现第一个百年奋斗目标，又要乘势而上开启全面建设社会主义现代化国家新征程，向第二个百年奋斗目标进军。

习近平提出，从2020年到21世纪中叶，可以分两个阶段来安排。第一个阶段，从2020年到2035年，在全面建成小康社会的基础上，再奋斗15年，基本实现社会主义现代化。第二个阶段，从2035年到21世纪中叶，在基本实现现代化的基础上，再奋斗15年，把我国建成富强民主文明和谐美丽的社会主义现代化强国。

10月24日上午，在选举产生新一届中央委员会和中央纪律检查委员会，通过关于十八届中央委员会报告的决议、关于十八届中央纪律检查委员会工作报告的决议、关于《中国共产党章程（修正案)》的决议后，中国共产党第十九次全国代表大会在北京人民大会堂胜利闭幕。

三、党的十九大对党章的修改

党的十九大修改党章的过程

2017年1月，在党中央就党的十九大议题征求意见的过程中，各地区各部门普遍建议党的十九大根据党的理论创新和实践发展、根据形势任务发展变化对党章作适当修改。

在深入调查论证的基础上，党中央认为，综合考虑各方面因素，党的十九大对党章进行适当修改是必要的，也符合各级党组织和广大党员的意愿。

5月18日，习近平总书记主持召开中共中央政治局常委会会议，作出党的十九大对党章进行适当修改的重大决定。党中央成立了由刘云山任组长、王岐山任副组长的党章修改小组，在中共中央政治局常委会直接领导下工作。

党中央确定了这次修改党章必须遵循的原则：坚持以马克思列宁主义、毛泽东思想、邓小平理论、“三个代表”重要思想、科学发展观为指导，深入贯彻落实习近平总书记系列重要讲话精神和治国理政新理念新思想新战略；坚持发扬民主，集中全党智慧，保持党章总体稳定，只修改那些必须改的、在党内已经形成共识的内容，可改可不改的不改，不成熟的意见不改。

6月2日，党中央就党章修改工作向各地区各部门征求意见，并明确提出，要坚持解放思想、实事求是、集思广益，努力使修改后的党章充分体现党的理论创新和实践创新的最新成果，适应党和人民事业、党的建设新发展的需要。从中央领导同志到各地区各部门有关负责同志，再到基层党员、干部，都一同参与到党章修改工作中，使这次党章修改成为发扬党内民主的一次生动实践。

6月下旬，各地区各部门先后报送了118份书面报告，一致赞成对现行党章作适当修改并保持党章总体稳定，完全赞同党中央确定的修改原则，共提出修改意见和建议1775条。

7月20日、24日，中共中央政治局常委会会议、中共中央政治局会议先后审议党章修正案（送审稿）。习近平总书记强调，要把党的十八大以来加强党的领导和加强党的自身建设取得的重要成果，及时地充分地体现到党章中去，转化为全党的共同意愿和共同遵循，并对做好党章修正案下发各地区各部门征求意见工作提出了明确要求。

8月5日，党中央将《中国共产党章程（修正案）》征求意见稿同党的十九大报告征求意见稿一道印发各地区各部门，党的十八大代表和新当选的党的十九大代表参加了讨论。

8月下旬，各地区各部门再次向党中央报送了118份书面报告，普遍认为这次党章修改工作积极稳妥、务实严谨，指导思想、修改原则、修改程序、修改内容正确，同时提出了390条修改意见。

8月21日至25日，习近平总书记在中南海连续召开6场座谈会，当面听取各省区市、解放军各大单位和军委机关各部门主要负责同志的意见，同大家就党章修改问题深入进行研究。

9月14日、18日，习近平总书记分别主持召开中共中央政治局常委会会议、中共中央政治局会议审议党章修正案（讨论稿），强调要根据会议提出的意见抓紧修改好相关文件，要求在提请党的十八届七中全会审议前，对各地区各部门的反馈意见进行再研究再吸收，认真打磨、精益求精，做到思想观点准确、新增内容稳妥、文字表述精到。

党的十九大召开期间，38个代表团的代表、特邀代表对党章修正案进行了认真审议。大家普遍认为，修改后的党章顺应党心民心、顺应时代潮流，对于我们党在中国特色社会主义新时代进一步提高党的建设质量、提高党的执政能力和领导水平，更好地引领党和人民事业发展具有十分重大的意义。同时，代表们积极建言献策，共提出51条修改意见和建议，党章修改小组又进行了修改。经大会主席团常务委员会会议讨论通过，再次提请代表们审议。

10月24日上午，在北京人民大会堂，习近平以铿锵有力的声音，庄严宣布党的十九大表决通过关于《中国共产党章程（修正案）》的决议。热烈的掌声回荡在万人大礼堂，这是党和人民的共同意愿、意志和心声。

党的十九大修改党章的主要内容

党章修正案规定：中国共产党以马克思列宁主义、毛泽东思想、邓小平理论、“三个代表”重要思想、科学发展观、习近平新时代中国特色社会主义思想作为自己的行动指南。把习近平新时代中国特色社会主义思想确立为党的指导思想，写在党的旗帜上，是这次党章修改的最大亮点和最突出的历史贡献。

党的十九大通过的党章修正案，共修改107处；其中，总纲部分修改58

处，条文部分修改49处。每一处修改，都凝结着党的十八大以来的丰富实践探索，蕴含着对新时代党的事业发展和党的建设的新要求，昭示着党的前进方向。

（一）党章修正案对改革开放以来取得一切成绩和进步的根本原因作了充实。

将发展了中国特色社会主义文化，同开辟了中国特色社会主义道路、形成了中国特色社会主义理论体系、确立了中国特色社会主义制度一道写入党章。同时，在高举中国特色社会主义伟大旗帜后面，增写了坚定道路自信、理论自信、制度自信、文化自信，贯彻党的基本理论、基本路线、基本方略的内容；在三大历史任务后面，增写了实现“两个一百年”奋斗目标、实现中华民族伟大复兴中国梦的内容。作这样的充实，有利于全党全面把握中国特色社会主义内涵，增强坚持和发展中国特色社会主义的政治定力，为实现党和国家的宏伟目标提供强大精神支撑。

（二）党章修正案对社会主义初级阶段的内容作了调整和充实。

党的十九大报告作出我国社会主要矛盾已经转化为人民日益增长的美好生活需要和不平衡不充分的发展之间的矛盾这一重大政治论断。与之相适应，党章修正案在总纲原第九自然段作了相应修改。这一自然段还增写了必须坚持以人民为中心的发展思想，坚持创新、协调、绿色、开放、共享的发展理念的内容；将必须按照中国特色社会主义事业总体布局修改为必须按照中国特色社会主义事业“五位一体”总体布局和“四个全面”战略布局，并增写了协调推进全面建成小康社会、全面深化改革、全面依法治国、全面从严治党的内容。同时，将新世纪新时代经济和社会发展目标调整表述为：到建党一百年时，全面建成小康社会；到新中国成立一百年时，全面建成社会主义现代化强国。作这些修改，有利于推动全党把思想和行动统一到党中央的科学判断和战略部署上来，树立和践行新发展理念，自觉地为实现“两个一百年”奋斗目标不懈努力。

（三）党章修正案对党的基本路线进行了充实和完善。

党章修正案吸收各地区各部门的建议，将党的十八大以来习近平总书记的重要思想观点和党的十九大报告的相关提法充实进总纲有关自然段。一是将总纲原第十自然段最后一句调整表述为：为把我国建设成为富强民主文明和谐美丽的社会主义现代化强国而奋斗。二是把握我国发展阶段性特征，在总纲原第十一自然段中增写了实施创新驱动发展战略、乡村振兴战略、区域协调发展战略、军民融合发展战略，充分发挥创新作为引领发展第一动力的作用等内容。同时，将又好又快发展修改为更高质量、更有效率、更加公平、更可持续发展。作这些修改，体现了我们党对现阶段我国经济发展趋势和特征的准确把握，有利于推动经济社会持续健康发展。三是在总纲原第十三自然段中增写了要全面深化改革，完善和发展中国特色社会主义制度，推进国家治理体系和治理能力现代化，更加注重改革的系统性、整体性、协同性等内容。作这些增写，有利于增强全党全面深化改革的政治定力，不断巩固和拓展改革成果。

（四）党章修正案在中国特色社会主义“五位一体”总体布局方面进行了充实和完善。

党的十八大以来，习近平总书记在经济建设、政治建设、文化建设、社会建设、生态文明建设方面提出了许多新理念新思想新战略。党章修正案吸收这些重大成果，对总纲原第十四至第十八自然段进行了充实和完善。

党章修正案在总纲原第十四自然段中，将发挥市场在资源配置中的基础性作用修改为发挥市场在资源配置中的决定性作用，更好发挥政府作用，并增写了推进供给侧结构性改革、建设世界科技强国等内容。作这样的修改，进一步完善了发展社会主义市场经济的内容，有利于推进供给侧结构性改革、有利于全党凝心聚力朝着建设世界科技强国的目标奋进。

建设中国特色社会主义法治体系、建设社会主义法治国家，是党的十八届四中全会确立的全面推进依法治国的总目标。协商民主是我国社会主义民主政治的特有形式和独特优势，是党的群众路线在政治领域的重要体现。党章修正案将总纲原第十五自然段中的健全社会主义法制修改为建设中国特色社会主义法治体系，并增写了推进协商民主广泛、多层、制度化发展的内容。作这样的修改，进一步充实和完善了发展社会主义民主政治的内容，有利于我们坚持走中国特色社会主义政治发展道路，把握全面依法治国的正确方向，不断丰富和发展社会主义民主政治的内涵和形式。

党章修正案在总纲原第十六自然段中，将弘扬民族优秀传统文化，繁荣和发展社会主义文化，修改为推动中华优秀传统文化创造性转化、创新性发展，继承革命文化，发展社会主义先进文化，提高国家文化软实力；增写了培育和践行社会主义核心价值观、牢牢掌握意识形态工作领导权、不断巩固马克思主义在意识形态领域的指导地位、巩固全党全国人民团结奋斗的共同思想基础等内容。作这样的充实，有利于促进全党坚持社会主义文化发展道路，激发全民族文化创新创造活力，坚定文化自信，增强文化自觉，建设社会主义文化强国。

党章修正案在总纲原第十七自然段中，将加强和创新社会管理修改为加强和创新社会治理；增写了不断增强人民群众获得感，坚持总体国家安全观，坚决维护国家主权、安全、发展利益等内容。作这样的修改和完善，有利于全党加强和创新社会治理，以有力举措保障和改善民生，切实维护国家安全，为满足人民对美好生活的向往创造良好条件。

党章修正案吸收习近平总书记关于推进生态文明建设的重要思想观点，在总纲原第十八自然段中，增写了增强绿水青山就是金山银山的意识、实行最严格的生态环境保护制度等内容。作这样的充实，有利于全党牢固树立社会主义生态文明观，自觉践行绿色发展理念，同心同德建设美丽中国，开创社会主义生态文明新时代。

（五）党章修正案对党的建设总体要求进行了调整和充实。

吸收习近平总书记全面从严治党思想和党的十八大以来党的建设实践创新成果，对总纲原第二十三至第二十七自然段进行了适当修改。一是明确提出坚持党要管党、全面从严治党这一党的建设指导方针，将加强党的执政能力建设、先进性和纯洁性建设修改为加强党的长期执政能力建设、先进性和纯洁性建设。二是根据党的十九大报告的表述，把政治建设、纪律建设纳入党的建设总体布局，并且凸显了党的政治建设在党的建设中的统领地位。同时，增写了不断增强自我净化、自我完善、自我革新、自我提高能力的内容。三是在党的建设基本要求第一项坚持党的基本路线中，增写了用习近平新时代中国特色社会主义思想统一思想、统一行动的内容；将选拔使用在改革开放和社会主义现代化建设中政绩突出、群众信任的干部修改为培养选拔党和人民需要的好干部；将党的基本理论、基本路线、基本纲领、基本经验修改为党的基本理论、基本路线、基本方略，删去了全面执行党在社会主义初级阶段的基本纲领的内容。四是在党的建设基本要求第四项坚持民主集中制中，增写了牢固树立政治意识、大局意识、核心意识、看齐意识，坚定维护以习近平为核心的党中央权威和集中统一领导，加强和规范党内政治生活，增强党内政治生活的政治性、时代性、原则性、战斗性，发展积极健康的党内政治文化，营造风清气正的良好政治生态等内容。五是增写了坚持从严管党治党的基本要求，将党的建设的基本要求从四项扩展为五项。作这样的修改，进一步明确了党的建设指导方针，使党的建设目标更加清晰、布局更加完善、要求更加全面，有利于全党以更加科学的思路、更加有效的举措推进党的建设，不断提高党的建设质量。

（六）党章修正案在党的领导方面进行了充实。

将总纲原第二十八自然段第一句修改为：中国共产党的领导是中国特色社会主义最本质的特征，是中国特色社会主义制度的最大优势。党政军民学，东西南北中，党是领导一切的。作这样的修改，更加明确了党在中国特色社会主义各项事业中的领导地位，有利于强化党的领导，确保党的事业始终沿着正确方向前进。

（七）党章修正案对党员队伍建设和党的干部工作提出了新要求。

根据新时代新要求，党章修正案对党员义务进行了完善，增写了认真学习习近平新时代中国特色社会主义思想、自觉遵守党的政治纪律和政治规矩、勇于揭露和纠正违反党的原则的言行、带头实践社会主义核心价值观、弘扬中华民族传统美德等内容。

为从源头上保证党员队伍质量，党章修正案强调发展党员必须把政治标准放在首位。作这样的充实，对于建设一支政治合格、品德合格、执行纪律合格、发挥作用合格的党员队伍具有重要意义。

党章修正案与总纲关于党的指导思想表述的修改相衔接，将原第三十四条第一项修改为：具有履行职责所需要的马克思列宁主义、毛泽东思想、邓小平理论、“三个代表”重要思想、科学发展观的水平，带头贯彻落实习近平新时代中国特色社会主义思想，努力用马克思主义的立场、观点、方法分析和解决实际问题，坚持讲学习、讲政治、讲正气，经得起各种风浪的考验。同时，将做到忠诚干净担当，坚持事业为上、公道正派，党的各级领导干部必须信念坚定、为民服务、勤政务实、敢于担当、清正廉洁，反对形式主义、官僚主义、享乐主义和奢靡之风等内容写入相关条款。

（八）党章修正案对党的组织制度作出了调整和完善，对各级党组织提出了新要求。

党的十八大以来，党的组织建设的体制机制不断健全，党建工作的制度化、规范化、科学化水平不断提高，取得许多重要的实践成果和制度成果。党章修正案吸收这些成果，对党的组织制度、党的中央组织、党的地方组织、党的基层组织四章的部分条文进行了充实和完善。

在党的组织制度一章，将原第十三条第四款巡视制度拓展为第十四条，增写了实现巡视全覆盖，开展中央单位巡视、市县巡察等内容。这是对巡视工作五年来实践经验的总结和运用，有利于落实党内监督的战略性制度安排，为推动巡视工作向纵深发展提供了制度保障。

在党的中央组织一章，将原第十九条党的全国代表大会的职权第二项听取和审查中央纪律检查委员会的报告修改为审查中央纪律检查委员会的报告。在原第二十二条第五款中，增写了中央军事委员会实行主席负责制的内容。把这一领导体制在党章中确立下来，有利于把党对军队的绝对领导落到实处。为进一步推动落实中央军委管党治党责任，加强军队中党的作用和政治工作，将原第二十三条第二、第三句修改为中央军事委员会负责军队中党的工作和政治工作，对军队中党的组织体制和机构作出规定。

在党的地方组织一章，将原第二十五条党的地方各级代表大会的职权第二项听取和审查同级纪律检查委员会的报告修改为审查同级纪律检查委员会的报告。

在党的基层组织一章，回应基层呼声，着眼于增强基层党组织领导班子的稳定性和工作连续性，将原第三十条中总支部委员会、支部委员会每届任期两年或三年调整为每届任期三年至五年。适应党的指导思想的与时俱进，充实党的基层组织的基本任务，将认真学习习近平新时代中国特色社会主义思想、推进“两学一做”学习教育常态化制度化、坚定理想信念等内容写入相关条款。根据习近平总书记在全国国有企业党的建设工作会议上的重要讲话精神，明确了国有企业党组织的地位和作用，将原第三十二条第二款第一句修改表述为：国有企业党委（党组）发挥领导作用，把方向、管大局、保落实，依照规定讨论和决定企业重大事项。适应社会组织发展趋势，增写一款规定社会组织中党的基层组织功能定位和职责任务的内容。增写一条规定党支部地位和作用的内容，表述为：党支部是党的基础组织，担负直接教育党员、管理党员、监督党员和组织群众、宣传群众、凝聚群众、服务群众的职责。增写这一条，对于加强党支部建设、充分发挥党支部的战斗堡垒作用具有重要意义。

（九）党章修正案对党的纪律、党的纪律检查机关两章作了调整和完善。

党章修正案吸收近几年党的纪律建设和纪检体制改革的新成果，对党的纪律、党的纪律检查机关两章进行了调整和充实。在党的纪律一章原第三十八条第一款之前增写一款，明确了党的纪律主要包括政治纪律、组织纪律、廉洁纪律、群众纪律、工作纪律、生活纪律。同时，将原第三十八条第一、第二款合并充实后作为第二款，表述为：坚持惩前毖后、治病救人，执纪必严、违纪必究，抓早抓小、防微杜渐，按照错误性质和情节轻重，给以批评教育直至纪律处分。运用监督执纪“四种形态”，让“红红脸、出出汗”成为常态，党纪处分、组织调整成为管党治党的重要手段，严重违纪、严重触犯刑律的党员必须开除党籍。党的十八大以来，各级党委、纪委把纪律挺在前面，强化日常管理监督，发现问题及时处理，给以警告或严重警告处分已经成为执纪工作的大多数，有效防止了党员干部在错误的道路上越滑越远。这次修改党章，在原第四十条中补充了给以中央和地方各级党委委员、候补委员党纪轻处分的程序规定。充实这些内容，规范了给以党纪轻处分的权限，填补了纪律处分程序的空白。

在党的纪律检查机关一章，总结五年来管党治党的实践经验，顺应全面从严治党要求，重点完善了纪检机关双重领导体制、全面派驻机制的内容；进一步明确了纪检机关的职责定位，将党的各级纪律检查委员会是党内监督专责机关，协助党的委员会推进全面从严治党，职责是监督、执纪、问责等内容写入相关条款；完善了各级纪委对同级党委委员进行执纪审查的程序规定。

（十）党章修正案还调整和充实了其他一些内容。

根据党的十八大以来习近平总书记关于国防和军队建设、民族工作、统一战线工作和外交工作的重要思想观点，对相关部分作了修改。一是在总纲原第十九自然段将中国共产党坚持对人民解放军和其他人民武装力量的领导中的领导修改为绝对领导，增写了贯彻习近平强军思想，坚持政治建军、改革强军、科技兴军、依法治军，建设一支听党指挥、能打胜仗、作风优良的人民军队，切实保证人民解放军有效履行新时代军队使命任务的内容。二是在总纲原第二十自然段增写了铸牢中华民族共同体意识的内容。三是在总纲原第二十一自然段将致力于中华民族伟大复兴的爱国者纳入爱国统一战线的范畴。四是在总纲原第二十二自然段增写了坚持正确义利观，推动构建人类命运共同体，遵循共商共建共享原则，推进“一带一路”建设等内容。此外，根据党组工作的实践需要和党中央关于落实管党治党主体责任的要求，在第九章原第四十六条中明确党组履行全面从严治党责任、领导机关和直属单位党组织的工作，并赋予其发展党员和处分党员等职责权限。

向着新时代中国特色社会主义伟大胜利前进

2017年10月25日，中国共产党第十九届中央委员会第一次全体会议在北京举行。出席全会的有中央委员204人、候补中央委员172人。中央纪律检查委员会委员列席了会议。

全会选举了中央政治局委员、中央政治局常务委员会委员、中央委员会总书记；根据中央政治局常务委员会的提名，通过了中央书记处成员，决定了中央军事委员会组成人员；批准了十九届中央纪律检查委员会第一次全体会议选举产生的书记、副书记和常务委员会委员人选。名单如下：

中央政治局委员（按姓氏笔画为序）

丁薛祥　习近平　王　晨　王沪宁　刘　鹤　许其亮　孙春兰（女）

李　希　李　强　李克强　李鸿忠　杨洁篪　杨晓渡　汪　洋

张又侠　陈　希　陈全国　陈敏尔　赵乐际　胡春华　栗战书
郭声琨　黄坤明　韩　正　蔡　奇

中央政治局常务委员会委员
习近平　李克强　栗战书　汪　洋　王沪宁　赵乐际　韩　正

中央委员会总书记
习近平

中央书记处书记
王沪宁　丁薛祥　杨晓渡　陈　希　郭声琨　黄坤明　尤　权

中央军事委员会主席、副主席、委员
主　席　习近平
副主席　许其亮　张又侠
委　员　魏凤和　李作成　苗　华　张升民

中央纪律检查委员会书记、副书记、常务委员会委员
书　记　赵乐际
副书记　杨晓渡　张升民　刘金国　杨晓超　李书磊　徐令义
　　　　肖　培　陈小江

常务委员会委员（按姓氏笔画为序）
王鸿津　白少康　刘金国　李书磊　杨晓超　杨晓渡　肖　培
邹加怡（女）　张升民　张春生　陈小江　陈超英　赵乐际
侯　凯　姜信治　骆　源　徐令义　凌　激　崔　鹏

进入新时代，开启新征程
一个永远以人民为中心的政党必然赢得人民拥护，一个始终与时代共进

步的政党必将永葆生机活力。

回望过去不平凡的五年，以习近平同志为核心的党中央迎难而上、开拓进取，革故鼎新、励精图治，以巨大的政治勇气和强烈的责任担当，进行具有许多新的历史特点的伟大斗争，国家的经济实力、科技实力、国防实力、综合国力、国际影响力和人民的获得感显著提升，在新中国成立特别是改革开放以来我国发展取得重大成就基础上，把中国特色社会主义推进到新的发展阶段。

从站起来、富起来到强起来，中华民族的伟大复兴不仅是综合国力的提升，更是一种古老文明的浴火重生，还是一次包含了丰富价值内涵与制度体系的“文明的崛起”。这些历史性成就和历史性变革，标志着我国的发展站到了新的历史起点上，对党和国家事业发展具有重大而深远的意义。

而21世纪中国的马克思主义必将展现出更强大、更有说服力的真理力量，党章的旗帜也将更加高高地飘扬。党的十九大闭幕会通过关于《中国共产党章程（修正案)》的决议，号召党的各级组织和全体党员在以习近平同志为核心的党中央坚强领导下，高举中国特色社会主义伟大旗帜，以马克思列宁主义、毛泽东思想、邓小平理论、“三个代表”重要思想、科学发展观、习近平新时代中国特色社会主义思想为指导，更加自觉地学习党章、遵守党章、贯彻党章、维护党章，坚持和加强党的全面领导，坚持党要管党、全面从严治党，为决胜全面建成小康社会、夺取新时代中国特色社会主义伟大胜利、实现中华民族伟大复兴的中国梦、实现人民对美好生活的向往继续奋斗！